영유아 발달

황인주 신희이 이옥임 공저

정민사

머리말

최근 여성의 사회참여와 가족구조의 변화 등으로 영유아 교육에 대한 사회적 요구는 높아가고 있다. 이에 전문적인 어린이집과 유치원 교사를 위한 영유아발달에 대한 서적이 필요하게 되었다. 영유아의 시기별, 영역별 발달 특징을 알고 현장에 적용할 수 있는 것은 영유아 교사로서 가져야 하는 기본적인 지식이라고 할 수 있다. 자격증을 위한 필수과목으로 각 대학에서 영유아발달 과목이 개설되어 있다. 저자들은 대학에서 영유아발달을 강의하면서 예비교사들이 영유아의 발달적 특성과 학습 양식을 고려할 수 있는 발달 교재의 필요성을 느끼게 되어 그 작업으로 영유아발달 교재를 집필하게 되었다.

이 책은 총 5부로 구성되어 있다.

Ⅰ부 영유아발달의 기초에서는 발달의 개념, 발달 연구방법, 발달을 이해하는 데 있어 기본이 되는 발달이론에 대해 다루었다.

Ⅱ부 생의 시작에서는 태내발달 및 출산과 신생아의 발달특성에 대해 다룸으로써 생의 초기에 대한 중요성에 대하여 언급하고 있다.

Ⅲ부 영아기 발달에서는 영아의 신체, 운동, 인지, 언어, 사회, 정서 발달에 대해 깊이 있게 다룸으로써 보육현장에서 영아를 위한 상호작용에 도움이 되도록 하였다.

Ⅳ부 유아기 발달에서는 유아의 신체, 운동, 인지, 언어, 사회, 정서 발달을 다룸으로써 어린이집과 유치원에서 유아를 위한 적절한 교육의 기초가 되도록 하였다.

Ⅴ부 영유아발달과 생태학적 맥락에서는 영유아발달에 영향을 주는 다양한 생태학적인 가족 내적 환경과 가족 외적 환경을 다룸으로써 영유아를 가르치는 교사로서 고려해야 하는 환경적 영향에 대한 중요성을 강조하였다.

예비교사들에게 실제적이고 실용적인 교재가 될 수 있도록 각 장의 시작 부분에 학습개요, 학습목표, 주요용어를 제시하였으며, 본문에는 활용의 팁(Tip), 쉬어가기, 책 소개, 토론활동 등을 첨부하였다. 가급적 사진자료나 동영상 자료를 활용하여 시각적인 교재가 되도록 노력하였다. 각 장의 마지막에는 연습문제를 제시하여 배운 내용을 검토하며 중요한 부분을 다시 한번 짚어 볼 수 있도록 하였다.

이 책이 나오기까지 교정과 편집, 표지 디자인 등 도움을 주시고, 저자들의 바쁜 사정을 인내와 아량으로 기다려 주신 정민사 대표님, 책을 쓰는 동안 불편을 감수한 사랑하는 가족들에게 감사하는 마음을 나누고 싶다.

2020년 9월

저자 일동

차례

PART II 생의 시작

PART III 영아기 발달

PART IV 유아기 발달

PART Ⅴ 영유아발달과 생태학적 맥락

PART I

영유아발달의 기초

제Ⅰ부에서는 각 시기별 발달의 특징을 살펴보기에 앞서 기초가 되는 발달의 개념, 발달 연구의 방법, 다양한 발달이론 등을 살펴본다.

제1장에서는 발달의 개념과 영유아발달의 특성, 그리고 발달에 영향을 미치는 유전과 환경의 중요성에 대해서 다루도록 한다. 제2장 발달연구방법에서는 발달연구의 목적 및 과학적 연구과정, 발달연구 설계에 대해 살펴본다. 제3장 발달이론은 영유아발달에 대한 다양한 학자들의 관점을 살펴본다. 성숙이론, 정신분석이론, 행동주의이론, 사회학습이론, 인지발달이론, 동물행동학이론, 생태학적 이론을 알아보고, 이러한 이론들을 숙지함으로써 영유아를 위한 전문적인 교사로서 인간의 발달에 대한 기본 원리를 깊이 이해하고 현장에서의 다양한 사례들에 적용할 수 있는 능력을 기른다.

CHAPTER 1 발달의 개념

제1장에서는 발달의 개념과 영유아발달의 특성, 그리고 발달에 영향을 미치는 유전과 환경의 중요성에 대해서 다루도록 한다. 첫 번째 발달의 개념에서는 발달의 의미, 발달의 속성과 원칙, 발달의 단계에 대해서, 두 번째 영유아발달의 특성에서는 인간 발달의 단계 중 영유아발달만이 가지는 특성에 대해서 알아보도록 한다. 마지막으로 발달에 영향을 미치는 유전과 환경의 중요성에 대해서 논의해보고자 한다.

학습목표

1. 발달의 개념, 발달단계, 발달의 속성에 대해 이해한다.
2. 영유아발달의 중요성을 인식한다.
3. 발달에 영향을 미치는 유전과 환경의 차이점을 알고 실제에 적용한다.

주요용어

발달, 성숙, 성장, 학습, 발달의 순서와 방향, 발달의 상호작용, 영아기, 유아기, 유전, 환경

1 발달의 개념

1. 발달의 개념

인간은 태어나서 시간이 지남에 따른 신체적, 행동적, 정서적 변화를 보이는데 이러한 변화를 발달이라고 한다. 발달이라는 용어는 성장, 성숙, 학습 등의 용어와 혼용되어 구분되지 않고 사용되는 경우가 있다. 발달에 관련된 각각의 용어를 자세히 설명하면 다음과 같다.

성장(growth)은 신체의 크기나 능력이 증가하는 것으로 양적인 증가를 의미한다. 즉 키가 크거나 몸무게가 늘고 근육의 양이 늘어 신체적 능력이 증가하는 것을 의미한다. 반면, 성숙(maturation)은 외부환경이나 경험에 의하여 영향을 받지 않은 유전적인 요인에 의한 생물학적 과정을 말한다. 예를 들어, 기던 영아가 서고 걷게 되는 것, 2차 성징 출현 등의 신체적 변화, 자기중심적이던 유아가 타인을 이해하게 되는 등의 사회정서적 변화 등도 성숙에 의한 변화이다. 또한 학습(learning)은 외부 자극에 의한 직접 또는 간접 경험, 훈련, 연습과 같은 후천적인 과정을 의미한다. 예를 들어, 젓가락 사용하기, 자전거 타기, 악기 연주, 외국어 학습 등을 의미하므로 성숙과 성장과는 구별된다고 할 수 있다. 발달은 이와 같이 성숙, 성장, 학습에 의한 변화의 과정이라고 할 수 있으며 인간의 일생을 통하여 일어나는 변화이다.

발달이 인간의 일생을 통하여 일어나는 변화라고 할 때 영유아기는 인간발달의 전 단계 중에서 생후 첫 시기에 해당하는 시기로 나름의 고유한 특성을 가지는 중요한 시기이다.

첫째, 영유아기는 신체와 두뇌가 급속하게 성장하는 시기이다. 태어나서 생후 1년 동안 몸무게는 출생시 무게의 3배, 신장은 1.5배가 증가하며, 뇌 발달 역시 생후 3년 동안 90% 이상이 형성된다. 뿐만 아니라 사회적 상호작용, 언어 습득, 논리적 사고력, 학습을 위한 기억력 발달 등 그의 모든 발달의 영역이 급격히 일어나며 이러한 발달이 정상적으로 이루어지도록 하기 위해 영유아 시기에 풍부한 영양과 원활한 발달을 위한 최적의 환경을 제공해 주는 것이 필요하다.

둘째, 영유아기는 전적으로 양육자에게 의존해야 하는 시기이다. 인간은 다른 동물에 비해 덜 성숙된 상태로 태어나며 급격한 성장이 일어나기는 하나 영유아는 여전히 서툴고 상대적으로 무능력하여 혼자 힘으로는 생존이 어렵기 때문에 절대적인 보호와 양육이 필요한 시기라고 할 수 있다.

셋째, 영유아기 즉 생의 초기에 습득되어야 잠재력을 발현시킬 수 있는 능력이 있다. 이러한 능력은 생의 초기에 습득되어 이후 장기적인 영향을 미치게 된다. 예를 들어 영아기에 주양육자와 맺게 되는 정서적 유대감인 긍정적인 애착은 이후 자아존중감, 타인과의 관계 맺기에 영향을 미치게 된다. 또한 영유아기의 언어발달이 급격히 일어나는 시기로 이 시기에 적절한 언어환경의 결핍은 향후 정상적인 언어발달을 저해하는 요인이 될 수 있다.

2. 발달단계

인간의 발달단계는 대략적으로 태아기, 영아기, 유아기, 아동기, 청소년기, 성인기, 노년기로 구분할 수 있다. 연령에 따라 인간의 발달 특징을 구분하는 것은 개인의 발달 과정도 다르고, 각 사회의 문화에 따라 다르기 때문에 단순하지는 않아 학자마다 발달단계를 구분하는 데 이견이 있을 수 있다.

각 발달단계의 특징을 간단히 살펴보면 태아기는 수정 후부터 출생 전에 이르는 시기로 어머니의 자궁 안에서 태아의 신체 조직이 구성되고 발달하는 시기이다. 신체의 기본구조와 기관이 형성되는 시기로 자궁 내의 환경이 중요한 영향을 미치게 된다.

영아기는 출생부터 만 3세에 이르는 시기를 일컫는다. 태어난 직후 1개월은 신생아로 출생 후 며칠 동안은 신생아기로 언급되기도 한다. 신체, 인지, 언어, 정서 등 발달 영역에서 급격한 성장을 이루는 시기임과 동시에 심리적, 신체적으로 성인에게 절대적으로 의존하는 단계이기 때문에 양육자의 역할이 특히 중요한 시기라고 할 수 있다.

유아기는 만 3세부터 초등학교 입학 이전까지의 시기로 취학 전 시기(preschool age)라고도 한다. 급속한 언어의 획득으로 사고의 범위가 넓어지고 부모와의 관계뿐만 아니라 친구 관계를 통한 기본적 사회화가 이루어지는 시기이다.

아동기는 공식적인 교육이 시작되는 초등학교에 다니는 시기를 말한다. 유아기에 비하여 발달된 인지능력과 언어능력을 가지게 되며 학업을 시작하게 된다. 학교라는 사회에서 영유아기보다 더 넓은 세상과 문화를 접하게 된다.

인간의 발달단계에 대한 연령과 주요특성은 다음과 같다.

표 1-1 발달의 단계

단계	연령	주요특성
태아기	수정~출생	• 수태부터 출생까지 • 기본적 신체구조와 기관이 형성되는 시기
영아기	출생~3세	• 출생 후 36개월까지 • 출생 후 첫 1개월은 신생아기임 • 발달의 여러 영역에서 급속한 성장을 이루는 시기
유아기	3~6세	• 3세부터 초등학교 입학 이전까지의 시기 • 인지능력이 발달 • 사회정서발달의 중요한 시기
아동기	6~12세	• 초등학교에 다니는 시기 • 학업을 시작하는 시기 • 다양한 사회적 관계와 또래관계 형성
청소년기	12~23세	• 급속한 신체적 성숙 • 독립된 성인으로서의 삶을 준비하는 시기
성인기	23~60세	• 배우자 선택, 가족형성, 자녀 양육하는 시기 • 직업인으로서 사회에 기여하는 시기
노년기	60세 이후	• 직장에서의 은퇴 • 삶을 정리하는 시기

3. 발달의 원리

발달은 일정한 속성을 가지고 있으므로 대부분은 인간은 발달의 일반적인 발달의 속성을 따르게 된다. 즉 발달은 유전적 요인과 환경적 요인의 영향을 받아서 일어나는 모든 변화로 신체, 운동, 지능, 창의성, 언어, 성격, 인지, 사회성, 도덕성, 정서 등의 모든 분야에서 일어난다. 또한 발달은 상승적인 변화뿐만 아니라 하강적인 변화도 포함한다. 인간은 일생동안 변화의 과정을 겪게 되는데 청년기까지는 상승적인 변화를 그 이후는 하강적인 변화를 보이게 되며, 발달은 이 모든 과정을 포함한다. 발달은 일련의 순서를 가지고 있다. 이것을 발달의 체계성 또는 예측 가능성이라고 설명한다. 즉, 태어난 후 바로 성인기가 되는 것이 아니라 영아기, 유아기, 아동기, 청소년기를 거쳐 성인기가 되며, 정상적인 발달을 거치는 경우 생후 1년이면 혼자 걷기를 할 수 있다는 것을 예측할 수 있는 것을 의미한다.

정옥분(2002)은 아동발달의 원리를 다음과 같이 제시하고 있다.

① 발달에는 일정한 순서가 있다.

발달에는 일정한 순서가 있다. 따라서 임의의 단계를 건너뛰어 발달하지 않는 것이다. 즉 모든 영유아는 앉을 수 있게 된 다음에 비로소 설 수 있고 선 다음에 걸을 수 있다. 또한 언어발달에서도 옹알이를 한 다음 말을 할 수 있으며 간단한 문장을 사용한 다음에 복잡한 문장을 사용하게 된다.

그림 1-1 **발달의 순서**

출처: 최경숙, 박영아(2005)에서 발췌.

② 발달은 일정한 방향으로 진행된다.

발달은 일정한 방향성을 가지고 있다. 몇 가지를 살펴보면 두미발달원칙은 머리에서 발 방향으로 발달이 진행되는 것으로 머리 부분이 몸통이나 사지보다 일찍 발달한다는 것이다. 다음으로 근원발달원칙은 안에서 바깥쪽으로 발달이 진행되는 것으로 중심부가 말초신경보다 먼저 발달한다는 것이다. 즉 팔, 손목, 손, 손가락 순서로 발달이 이루어진다. 세분화발달원칙은 일반적인 것에서 특수한 것으로 발달이 진행되는 것으로 처음에는 몸체를 사용하여 거칠고 분화되지 않은 상태이지만 점차로 분화되어 세밀한 행동을 하게 된다.

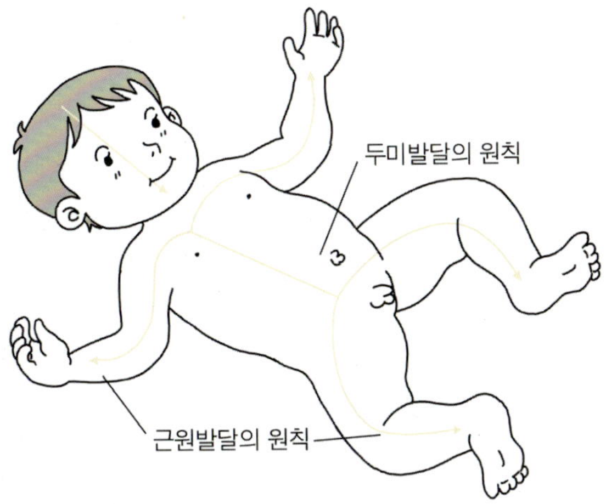

그림 1-2 발달의 방향

③ 발달은 계속적인 과정이지만 발달의 속도는 일정하지 않다.

발달은 멈추지 않는 계속적 과정이지만 각각의 단계마다 발달의 속도가 동일한 것은 아니다. 예를 들어 출생 후 첫돌까지는 신체가 급속도로 성장하다가 영유아기가 되면 신체발달의 속도는 예전 1년처럼 급속도로 이루어지지 않지만 어휘력이 갑자기 풍부해지는 등 언어발달이 급속도로 일어난다. 즉 각각의 발달 영역에 따라 급속도로 성장하는 시기가 존재하며 각 발달 영역의 속도는 일정하지 않다는 것이다.

④ 발달에는 개인차가 있다.

모든 영유아의 발달은 일정한 순서대로 이루어지지만, 발달의 속도와 양상은 아동마다 각각 다르다. 또한, 한 영유아의 발달 영역 중에서도 신체발달의 속도는 빠르지만 언어발달의 속도는 상대적으로 천천히 발달될 수 있다. 양육자는 영유아의 이러한 개인차를 고려하여 개별적인 교육과 양육을 하는 것이 바람직하다.

⑤ 발달의 각 영역은 상호 밀접한 연관이 있다.

발달은 여러 가지 영역을 포함한다. 신체 크기, 신체비율, 외모의 변화, 지각 및 감각 운동능력을 포함하는 신체발달 영역, 주의집중, 기억, 문제해결, 창의성, 언어발달 등의 지적 능력의 변화를 의미하는 인지발달영역, 자기이해, 대인관계 기술, 도덕성 등을 포함하는 사회정서발달영역 등으로 구분될 수 있다. 중요한 것은 각각의 발달 영역이 상호작용하면서 발달한다는 것이다. 즉 신체발달은 인지발달에 영향을 미치고 인지적 발달은 다시 사회정서적 과정에 영향을 미치게 되는 것을 의미한다.

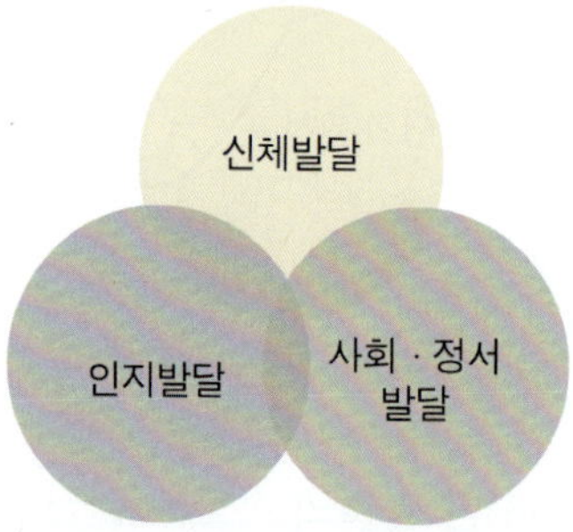

그림 1-3 발달 영역 간의 상호작용

4. 발달에 대한 쟁점

인간은 태어나면서부터 사망에 이르기까지 계속적인 발달의 과정을 겪는다. 이러한 발달의 과정에 결정적 영향을 미치는 것이 과연 유전일까, 환경일까 하는 논란은 끊임없이 인간발달연구에 있어서 이슈가 되어 왔다. 유전의 영향을 중요시하는 성숙주의, 환경의 중요성을 강조하는 행동주의, 유전과 환경 모두 인간의 발달에 중요한 영향을 미친다는 상호작용 이론 등을 살펴보고자 한다.

1) 유전과 환경

유전의 영향을 중요시하는 성숙론은 발달적 변화는 유전적으로 결정된 순서로 일어난다는 입장이다. 루소(Rousseau)의 자연주의, 다윈(Darwin)의 진화론, 홀(Hall)의 반복이론, 게젤(Gesell)의 발달규준(developmental norms)으로 계승되었다. 게젤의 발달규준은 특정연령에서 나타나는 보편적인 행동을 목록화한 것으로, 예를 들어 '1주에 걷는 것 같은 다리 동작을 한다', '12~18개월에 혼자 걸을 수 있다', '21개월에 달릴 수 있다' 등으로 기술되어 있다.

이에 반해 환경의 영향을 강조하는 입장은 인간의 발달은 환경에 의해 수동적으로 일어나며 생물학적 요인보다 환경의 영향만이 인간의 발달을 전적으로 설명할 수 있다는 이론이다. 초기의 인간은 백지와 같은 상태로 태어나 어떤 경험을 하였느냐에 따라 달라진다는 로크(Locke)의 백지설(Tabula Rasa)을 효시로 파블로프의 고전적 조건화, 스키너의 조작적 조건화로 이어져 왓슨에 의해 행동주의 이론을 정립하게 된다.

인간의 발달에 있어서 유전과 환경 중 어느 한 가지 요인만 중요하다고 단정 짓기에는 무리가 있다. 유전적 요인에 의한 성숙이 중요하기는 하지만 환경의 영향을 전혀 받지 않는다고 하기는 어려우며 반대로 유전적인 요인은 완전히 배제하고 환경에 의해서만 인간 발달이 이루어지지는 않기 때문이다. 따라서 오늘날에는 발달을 유전과 환경의 상호작용 결과로 보는 입장이 지배적이다. 예를 들어 극단적으로 아무리 언어적으로 우수한 유전자를 가지고 태어났다고 하더라도 영유아기에 적절한 언어적 환경과 언어적 상호작용에 노출되지 않으면 언어습득이 이루어지지 않는다.

유전과 환경 모두 발달에 중요한 영향을 미친다고 할 때 유전과 환경 중 무엇이 더 중요한가에 집중하기보다는 각각의 발달영역에 유전과 환경이 어떻게 영향을 미치는가를 규명하는 것이 바람직하다. 상대적으로 어떤 발달 영역에서는 유전의 영향력이 더 크고(키, 지능 등) 어떤 영역에서는 환경의 영향력이 더 크다(몸무게, 외국어 능력 등).

2) 결정적 시기와 최적의 시기

인간발달은 연속적인 과정을 거치는 변화이다. 그러나 이러한 변화 중 어떤 발달은 특정 시기에 매우 빠르게 일어나고 그 시기가 지나면 느리게 일어나는 것처럼 보인다. 결정적 시기(critical period)란 인간을 둘러싼 내적, 외적 환경이나 사건들이 발달에 최대의 영향을 미치는 짧은 기간을 말한다. 대표적인 것으로 언어발달을 예로 들 수 있다.

1970년에 발견된 지니는 발견 당시 13세로 심한 영양실조였고 13세가 될 때까지 부모는 지니에게 한마디도 말을 하지 않았다고 한다. 따라서 지니는 발견된 당시 말을 할 수 없는 상태였고 온 세계의 언어학자들은 지니가 과연 말을 배울 수 있을 것인가에 대해 큰 관심을 보였다. 그러나 많은 언어학자의 노력에도 불구하고 지니는 결국 언어습득을 하지 못하였다고 한다. 즉 일정 나이가 지나면 성장이 멈추는 것처럼 언어습득에 있어서도 결정적 시기가 있다는 것을 알 수 있다.

그림 1-4 언어습득에서의 결정적 시기 '지니'
출처: EBS 아기성장보고서 제2부. 언어습득의 비밀.

그러나 어떤 발달 영역에 있어서 결정적 시기라는 개념은 최적의 시기(optimal period) 개념으로 대체되고 있다. 이 입장에 따르면 나이 어린 아동은 나이 든 아동보다 많은 면에서 환경에 민감하며 환경의 영향을 많이 받는다. 인생의 첫 단계로서 영유아기는 이후 발달의 토대를 제공하며, 영유아기의 영향이 오래 지속되기는 하지만 영유아기의 모든 경험이 장기효과를 갖는다거나 그 영향력을 반드시 돌이킬 수 없는 것은 아니라는 견해이다. 즉 영유아기의 경험이 계속되거나 사라지는 것은 환경의 지속 여부에 달려 있다. 예를 들어 부정적인 환경이 지속된다면 그 속성이 강화되고 유지될 가능성이 크나 환경이 긍정적인 방향으로 변하게 되면 영유아의 발달도 긍정적인 방향으로 변할 수 있다는 견해이다(한유미, 2014).

연습문제

- 발달, 성장, 성숙, 학습의 개념을 구분하여 설명하시오.
- 유전과 환경의 중요성을 설명하고 발달에 있어서 무엇이 더 중요한지 본인의 의견을 정리해보세요.

CHAPTER 2 발달 연구방법

발달연구는 왜 하는 것인가? 발달연구는 어떻게 이루어지는가? 발달연구를 통해서 우리가 알 수 있는 것은 무엇인가? 발달연구를 통해서 알게 된 사실을 교육과 양육에 어떻게 적용해야 할까? 우리는 위와 같은 목적으로 발달에 대한 연구를 한다. 그러나 인간, 그중에서도 특히 영유아를 연구하는 것은 결코 쉬운 일이 아니다. 발달에 대한 연구는 각기 다른 영유아를 주의 깊게 관찰하고 시간이 지나면서 어떻게 변화하는가를 객관적으로 정확하게 기술하는 것으로부터 시작한다. 그리고 연령에 따른 발달 영역별 변화와 개인차를 설명한다. 이러한 결과는 영유아의 바람직한 성장과 발달을 위해서 교육과 양육에 적절히 적용되어야 한다.

이 장에서는 결코 쉬운 작업이 아닌 영유아발달을 연구하는 여러 가지 과학적이고 객관적인 여러 가지 방법에 대해 살펴보도록 한다.

학습목표

1. 영유아발달 연구의 어려움을 이해한다.
2. 영유아발달 연구방법을 알고 적용한다.
3. 연구방법 중 종단적 접근, 횡단적 접근, 연속적 접근의 특징과 차이점을 안다.

주요용어

영유아발달 연구, 연구의 윤리적 문제, 관찰법, 면접법, 실험법, 표준화 검사, 선호법, 습관화 검사, 종단적 접근, 횡단적 접근, 연속적 접근

2 발달 연구방법

1. 발달연구의 목적 및 과학적 연구과정

영유아발달에 대한 연구는 인간의 초기 발달의 기원에 대한 의문과 이후 발달에 미치는 영향을 알아보기 위한 연구로 과학적이고 객관적인 방법을 사용하는 것이 매우 중요하다. 그러나 실제로 영유아를 대상으로 연구를 진행하기에는 다음과 같이 여러 가지 제약이 따른다.

첫째, 연구대상 모집의 어려움이 따른다. 영유아기는 발달의 속도가 빠른 시기로 영유아기 발달 연구의 대상연령을 선정할 때 주의 깊게 선정해야 한다. 예를 들어 '부모의 책읽어 주는 습관이 영유아의 언어발달에 미치는 영향'이라는 주제의 연구를 진행하기 위해서는 언어발달의 결정적 시기를 지나고 있는 영아를 선정해야 하며, 부모와의 상호작용을 알아보기 위해 영아의 가정으로 일일이 방문해야 하는 등의 어려움이 따른다. 또한 영유아들은 스스로 연구 참여 의사를 밝힐 수 없으므로 부모의 참여동의가 필요하며 이에 따른 사생활 보호 문제도 고려해야 한다.

둘째, 측정의 어려움이 있다. 대부분의 연구는 언어를 매개물로 하여 묻거나 응답하는 식으로 이루어져 있다. 그러나 영유아의 경우 언어를 사용한 의사소통이 미숙하여 몸짓, 울음 등의 비언어적 의사소통을 사용하는 경우가 많다. 따라서 영유아의 능력과 선호 등을 정확히 알아내기 위한 측정에서의 제한이 있다.

셋째, 영유아는 연구에 참여해야 한다는 의지가 있는 것이 아니므로 연구 도중 신체나 정서 상태에 영향을 받아 중간에 연구를 중단해야 하는 경우가 발생한다. 어린이집에서의 영유아의 놀이유형을 관찰하는 경우 하필 관찰 당일 질병 등의 이유로 영유아가 결석할 경우 이것은 연구 대상의 높은 탈락률과 연관이 되고 이는 연구결과를 일반화하기 어려워지는 문제를 야기할 수 있다.

넷째, 어떠한 경우라도 영유아의 발달에 부정적인 영향을 미치는 연구를 수행해서는 안 된다. 예를 들어 영유아기 언어환경의 결핍이 언어발달에 미치는 영향을 알아보기 위하여 일부러 부적절한 언어환경을 만드는 것이나, 영유아가 폭력적인 장면에 노출되었을 때 나타나는 공격적 행동을 알아보기 위해 일부러 폭력적인 장면에 노출시키는 등의 연구는 결과적으로 영유아의 발달에 부정적인 영향을 주게 되므로 수행해서는 안 된다.

이러한 제약에도 불구하고 영유아의 행동을 과학적이고 객관적으로 관찰하기 위한 노력은 계속 이루어져 왔다. 자료 수집방법은 관찰법, 면접과 질문지법, 실험법, 검사법 등이 있으며 이를 소개하고자 한다.

1) 관찰법

관찰법(Observation)은 아동의 행동을 관찰하고, 관찰된 행동을 객관적인 방법으로 기록하는 것으로 가장 오래된 연구방법이다. 관찰한 내용을 자유기술식으로 기록하거나 미리 준비한 체크리스트에 표시하는 방법이 주로 사용되어 진다. 최근에는 VTR을 사용하여 관찰한 행동을 녹화하고 이를 분석하여 관찰대상 행동을 체계적으로 분류·기록하는 방법이 더욱 많이 사용되고 있다(송명자, 1995). 관찰법은 실험실 관찰법과 자연적 관찰법으로 구분할 수 있다.

(1) 실험실 관찰법

실험실 관찰법(laboratory observation)은 관찰하고자 하는 행동이 나타날 수 있는 상황을 인위적으로 만들어놓고 그 상황에서의 행동을 관찰하는 것이다. 예를 들어 부모와 자녀 간의 상호작용을 알아보기 위해서 실험실에 VTR이나 일방경을 설치하여 관찰하는 것이다. 실제로 에인스워스(Ainsworth, 1978)의 부모와 자녀의 애착을 알아보기 위한 '낯선 상황 실험', 반두라(Bandra, 1969)의 '공격성 모방 실험' 등이 실험실 관찰법의 대표적인 예라고 할 수 있다. 실험실 관찰법은 연구자가 관찰하고자 하는 내용을 정확히 관찰할 수 있으나 실험에 참여하는 사람들이 관찰되고 있다는 사실을 의식하고 있기 때문에 부자연스러운 행동이 유발될 수도 있다.

(2) 자연적 관찰법

실험실 관찰법의 문제점을 해소하기 위해 사용되는 방법으로 자연적 관찰법이 있다. 자연적 관찰법은 일상의 장면에서 나타나는 행동 그대로를 관찰하는 방법으로 유치원, 학교, 집, 병원 같은 영유아가 생활하는 일상적인 장소에서 이루어진다.

피아제(Piaget)가 자신의 집에서 자신의 세 딸의 성장과정을 지켜보면서 영유아의 인지발달을 연구한 것이나 육아일기 등이 대표적인 예라고 할 수 있다.

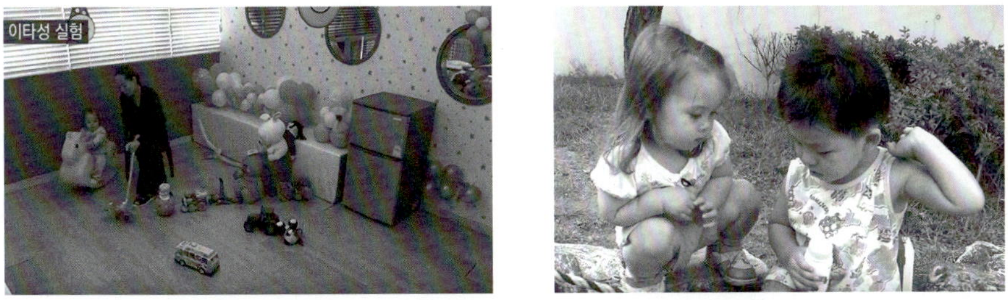

실험실 관찰법 자연적 관찰법

그림 2-1 실험실 관찰법과 자연적 관찰법

출처: EBS 다큐프라임. 아이의 사생활 2부. 도덕성.

2) 면접법과 질문지법

연구자가 알고 싶은 정보를 가장 빠르게 알 수 있는 방법은 영유아나 부모를 대상으로 직접적으로 질문하는 것이라고 할 수 있다. 면접법과 질문지법은 이처럼 알고 싶은 정보를 직접적으로 얻기 위한 연구방법이라고 할 수 있다.

면접법은 면접자와 피면접자가 일대일로 마주한 상황에서 이루어지는 자료수집 방법으로 직접 얼굴을 마주한 상태뿐만 아니라 전화면접도 가능하다. 면접법은 심층적인 자료수집이 용이하며 피면접자의 감정이나 무의식적인 비언어적 행동들을 동시에 관찰할 수 있다는 장점이 있으나 일대일로 질문을 하고 대답하는 과정에서 시간과 노력이 많이 걸리는 단점이 있다. 영유아발달 연구에서는 영유아나 부모를 대상으로 영유아의 선호, 발달 상태를 알아보기 위해서 광범위하게 사용된다. 그러나 언어를 매개로 질문하기 때문에 영유아의 언어발달 정도에 영향을 받을 수 있다.

질문지법은 미리 작성된 질문지에 응답하는 것으로 동시에 많은 대상에게 질문지를 배부하여 많은 정보를 얻을 수 있다. 보통 영유아에게 직접 질문하기보다는 부모나 교사를 대상으로 영유아에 대한 정보를 얻고자 할 때 사용된다.

3) 실험법

실험법은 인간의 발달에 어떤 변인이 영향을 미치는지 인과관계를 밝히기 위한 연구이다. 연구자가 관심을 가진 특성은 변화가 가능하도록 하고 그 외의 특성들은 고정시킨, 즉 통제된 상황에서 일어나는 현상을 관찰하는 연구방법이다. 예를 들어 '부모의 책 읽어주기 상호작용이 유아의 사회정서발달에 미치는 영향'을 알아보기 위해 실험집단은 하루 일정 시간 부모의 책 읽기 활동이 이루어지도록 하는 반면 통제집단은 책 읽기 활동을 제외하고 일상적인 활동이 이루어지도록 한다. 이후 영유아의 사회정서발달을 검사하여 과연 부모의 책 읽어주기 상호작용이 유아의 사회정서발달에 긍정적인 영향을 미쳤는지 인과관계를 밝히는 연구방법이라고 할 수 있다.

4) 검사법

검사법은 객관적인 형식과 절차를 통해 행동과 발달을 측정하는 것이다. 전통적인 표준화 검사와 어린 영아 발달을 연구하기 위한 선호법, 습관화 기법 등이 있다.

(1) 표준화 검사

표준화 검사(standardized test)는 각 영역의 수행력을 평가하기 위해 표준화 과정을 거쳐 개발된 검사이다. 표준화 검사는 유아의 지능, 수행력, 언어발달 정도 등을 평가하는 데 사용되는데, 이를 통해 개인의 능력이 전체의 어느 정도에 위치하는지 알 수 있다. 예를 들어 3~7세 유아의 지능을 측정하기 위한 한국 유아용 웩슬러 지능검사(K-WPPSI)(박혜원, 곽금주, 박광배, 1996) 등이 있다.

(2) 선호법

선호법(preference method)은 언어를 사용하여 연구할 수 없는 어린 영아를 대상으로 영아의 시 지각을 연구하기 위해 판츠(Fantz)가 고안한 방법이다. 선호법은 두 개 이상의 자극을 동시에 제시한 후 영아가 각 자극을 응시한 시간을 측정하는 것으로 영아가 선호하는 자극을 더 오래 볼 것이라는 가정에 기초한다(한유미, 2004). 선호법은 어린 영아에게도 사용할 수 있는 장점이 있으나 제한점이 있다. 즉 영아가 빨강 네모를 오래 보았다면 빨간색이어서 오래 보았는지, 네모 모양이어서 오래 보았는지 변별의 이유가 확실하지 않으며 또 오래 보았다고 해서 꼭 그것을 선호했다고 해석할 수는 없다는 것이다.

(3) 습관화 기법

습관화 기법(habituation method)은 인간은 익숙한 자극보다 새로운 자극을 선호한다는 가정에 기초하여 새로운 자극에 대해서는 주의를 집중하지만 반복 제시된 익숙한 자극에는 지루해져서 집중이 감소하는 습관화 과정을 활용한 것이다. 예를 들어 영아에게 똑같은 고양이 사진을 보여주다가 말(horse) 사진을 보여주면 영아는 고양이 사진보다 말 사진을 더 오래 응시한다. 이것은 영아가 고양이와 말을 변별하는 능력이 있음을 뜻한다.

고양이 사진만 보여주었을 경우 / 말과 고양이 사진을 보여주었을 경우

그림 2-2 습관화 기법

출처: EBS 아기성장보고서. 제2편. 아기는 과학자로 태어난다.

2. 발달연구 설계

영유아발달 연구에서는 연령에 따른 발달의 관계를 알아보는 것이 중요하다. 이를 위해 한 연령의 영유아를 일정 기간에 걸쳐 계속 연구하거나, 각기 다른 연령의 영유아를 비교하거나, 이 두 가지 방법을 병행하는 방법을 사용한다.

1) 종단적 접근

영유아기 영어교육의 효과는 중고등학교를 거쳐 성인기까지 지속되는가? 일찍 걷기 시작한 영아가 초등학교에서 달리기를 잘할 것인가? 영유아기의 모성결핍경험은 청소년기의 사회정서 발달에 영향을 미치는가? 위와 같은 질문에 답하기 위해서는 한 번 표집한 연구대상을 추적하여 조사하여야 하며 이러한 연구방법을 종단적 연구라고 한다.

종단적 접근(longitudinal design)은 한 연령집단을 표집하여 일정기간 연구대상을 추적하여 변화과정을 연구하는 설계이다. 영유아의 3~10세 언어발달을 연구하기 위해 3세 영유아를 표집하여 이 아이들이 5세, 7세, 10세가 되었을 때 각 연령단계의 언어발달을 진단함으로써 연령에 따른 언어발달과정에 대한 자료를 얻을 수 있게 된다.

종단적 연구방법은 발달과정을 정확하게 추적할 수 있다는 장점이 있으나 비용

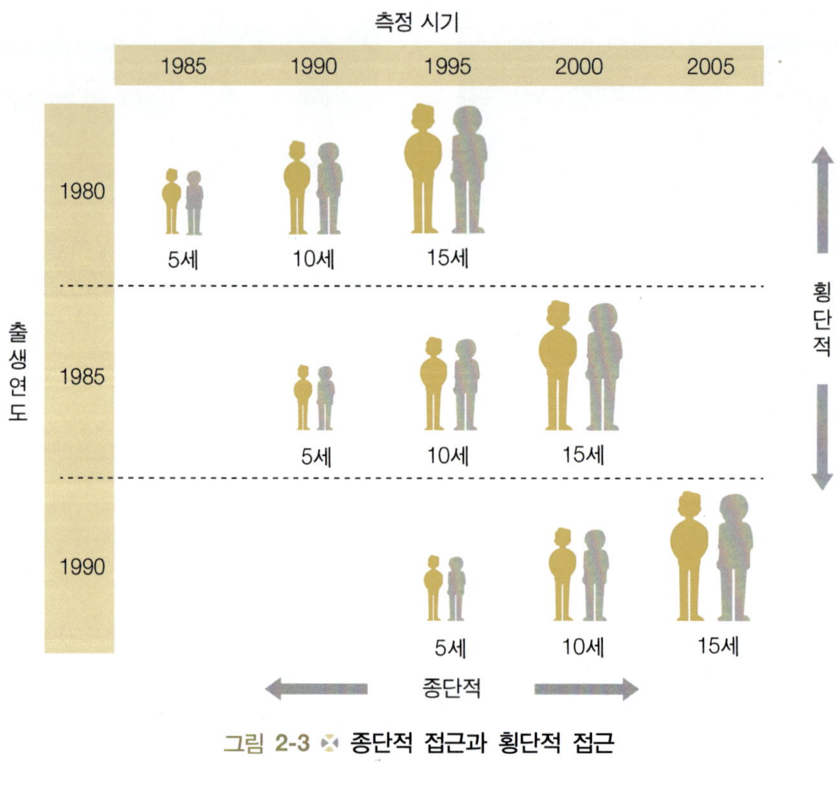

그림 2-3 종단적 접근과 횡단적 접근

이 많이 들고, 시간 소모가 많으며, 오랜 기간에 걸쳐 연구되기 때문에 연구대상의 탈락이 있다는 단점이 있다.

2) 횡단적 접근

횡단적 접근(cross-sectional design)은 여러 연령의 연구대상자들을 동시에 표집해 연령집단별 행동이나 특성의 발달적 차이를 조사하는 방법이다. 3~10세 영유아의 언어발달을 알아보기 위해 3세, 5세, 7세, 10세 집단의 영유아를 각각 표집하여 이들을 대상으로 언어발달에 대한 정보를 수집하여 각 연령에 따른 언어발달의 정도 차이에 의한 언어발달의 과정을 유추하는 것이다.

횡단적 접근법은 연구 대상이 성장하기를 기다리지 않아도 되므로 자료수집이 비교적 짧은 시기에 이루어질 수 있다는 장점이 있으나 개인의 발달에 어떤 요인이 어떻게 작용하였는지 인과관계를 알 수 없어 개인의 변화를 알 수 없고, 횡단적 접근법에서의 연령 차이는 연령 그 자체의 영향이라기보다는 동시대 출생 집단효과로 인해 나타났을 수 있다는 단점이 있다.

3) 연속적 접근

연속적 접근은 위의 종단적 연구의 단점과 횡단적 연구의 단점을 보완하기 위한 연구방법으로 횡단적 설계의 대상이 되는 집단을 단기간 추적함으로써 종단적 발달의 변화도 함께 연구하는 방법이다. 앞의 언어발달 예와 같이 3세, 5세, 7세의 영유아를 선정하여 발달 차이를 알아본 후 이 연구대상을 2년 동안 추적하여 5세, 7세, 9세까지 조사하여 개인의 변화추이까지 알아보는 방법이다.

연습문제

- 영유아 연구방법 중 관찰법, 면접법과 질문지법, 실험법, 검사법에 대하여 간단히 설명하시오.
- 종단적 접근, 횡단적 접근, 연속적 접근의 장단점에 대하여 설명하시오.

CHAPTER 3 발달이론

인간이 태어나서 어떤 발달과정을 거치며 각각의 발달과정에서 어떤 특징을 가지는지 또한 최적의 발달을 위해 어떤 것들이 고려되어야 하는지에 대한 것은 인간을 교육하고자 하는 인류의 관심사라고 할 수 있다. 제3장 발달이론에서는 영유아발달에 대한 다양한 학자들의 관점을 살펴보고자 한다. 발달은 예정된 유전적 시간표에 의해 성장하면서 자연스럽게 발달한다는 성숙주의, 인간 발달에 있어서 무의식의 중요성을 주장하면서 어린 시절 양육의 중요성을 강조하는 데 영향을 미친 정신분석이론, 인간의 발달과 행동은 치밀하게 계획되고 조작된 최적의 환경을 제공함으로써 조절할 수 있다고 주장한 행동주의이론, 인간의 발달과 학습에서 모방의 중요성을 강조한 사회학습이론, 발달에 있어서 인지적 발달과 환경과의 상호작용을 강조한 인지발달이론, 생의 초기의 애착의 중요성을 강조한 동물행동학이론, 마지막으로 한 인간이 성장하고 발달하기 위해서는 가족, 학교부터 시작해 국가, 민족, 시대의 영향을 받는다고 주장한 생태학적 이론 등을 구체적으로 살펴보고자 한다. 이러한 이론들을 숙지함으로써 영유아를 위한 전문적인 교사로서 인간의 발달에 대한 기본 원리를 깊이 이해하고 현장에서의 다양한 사례들에 적용할 수 있는 능력을 기른다.

학습목표

1. 성숙이론의 개념을 알고 실제 예를 찾을 수 있다.
2. 정신분석이론을 알고 실제에 적용할 수 있다.
3. 행동주의이론을 알고 영유아발달에 적용할 수 있다.
4. 사회학습이론을 이해하고 모방의 중요성을 안다.
5. 동물행동학이론에서의 생애 초기 경험의 중요성에 대해 안다.
6. 인지발달이론의 인지발달과 환경의 상호작용 중요성을 이해한다.
7. 생태학적이론의 개념을 알고 영유아의 발달에 영향을 미치는 환경의 중요성에 대해 이해한다.

주요용어

성숙, 발달규준, 의식, 전의식, 무의식, 원초아, 자아, 초자아, 조건형성, 강화, 모방, 사회학습이론, 각인, 애착, 동화, 조절, 감각운동기, 전조작기, 구체적 조작기, 사회적 상호작용, 근접발달지대, 비계설정, 미시체계, 중간체계, 외체계, 거시체계, 시간체계

3 발달이론

1. 성숙이론

성숙이론은 18세기 중엽 루소의 자연주의 교육철학과 19세기 초 프뢰벨의 유치원 중심 교육 사상, 다윈의 유전론으로 이어져 20세기 초 홀과 게젤의 성숙이론으로 확립되었다.

성숙이론은 인간의 발달은 생물학적이고 유전적으로 계획된 순서에 따라 진행되며, 대부분의 영유아가 약간의 발달적 차이는 있으나 비슷한 속도와 단계를 거쳐 성장한다고 본다. 따라서 성숙이론은 영유아 자신의 발달속도에 맞춰 발달할 수 있도록 환경을 제공하고 특정기술은 특정연령에 도달하면 자연스럽게 습득된다고 보는 견해를 가지고 있다(안선희 외, 2017).

1) 홀

(1) 홀의 생애

홀(G. Stanley Hall, 1844~1924)은 20세기 초 가장 영향력 있는 미국의 심리학자이자 아동연구 운동의 창시자이다(Berk, 1997). 그는 미국의 심리학자로 하버드 대학에서 박사학위를 받았으며, 다윈(Darwin)의 영향을 받아 예정된 전개의 형태이론을 발달시켰다.

아동발달 연구에서 관찰법, 질문지법 등을 통하여 좀 더 객관적이고 과학적인 연구방법을 발전시켜 아동연구의 과학적 기초를 마련하였다.

(2) 주요개념

홀(Hall)은 영유아의 교육을 '계획된 틀'에 맞추기보다는 영유아의 특성에 맞게 반영시켜서 실시해야 한다는 것, 즉 영유아 중심적 접근법을 발견한 사람이다.

① 개체발생론

인간종의 각 개체는 종의 발달을 반복한다는 다윈(Darwin)의 진화론을 반영하였다. 발달은 유전에 기초하여 영유아가 무엇이 되느냐는 것은 유전적 기질에 의해 결정된다고 보았다.

② 규준적 접근(normative approach)

연령별 발달적 변화에 대한 규준을 설정한 것으로 아동연구의 객관적 자료 수집을 위해 게젤과 함께 시도했던 연구방법이다.

2) 게젤

(1) 게젤의 생애

미국의 대표 아동심리학자인 홀(Hall)의 제자로 성숙주의 이론을 체계적으로 정립한 학자이자 의사인 게젤(Arnold Gesell, 1880~1961)은 예일대학교에 재직하면서 많은 영유아들의 성장을 관찰한 자료를 바탕으로 영유아의 발달 규준표(developmental schedule)를 제시하였다.

행동발달 규준표는 영유아가 연령에 맞게 잘 성장하고 있는지 또는 발달규준에서 벗어나는지를 파악하는 데 사용되고 있다.

이 규준표(developmental schedule)는 너무나 완벽해서 아직까지 소아과 의사와 심리학자들을 위한 기본 정보자료로 사용되고 있다.

그러므로 게젤은 영유아 발달이 성숙(maturation)의 스케줄에 따라 통제되므로 일련의 행동발달단계들을 충분히 예견할 수 있다고 주장하였다.

(2) 주요개념

① 성숙

인간발달은 근본적으로 내적인 힘에 의해 이루어지므로 어떤 순간에 이르면 영유아들은 자신들의 내적 기제에 의해 과제를 쉽게 숙달하게 된다.

예를 들어, 일란성 쌍생아를 대상으로 계단 오르기 훈련에 대한 연구 결과를 보면 쌍생아 한 명은 계단 오르기를 학습할 시기 이전에 훈련을 시켰고, 다른 한 명

그림 3-1 일란성 쌍둥이의 계단 오르기 실험

에게는 훈련을 시키지 않았다가 계단 오르기를 학습할 정도로 성숙이 되었을 때 훈련을 시작하였다. 그 결과 한 명에게만 훈련을 시켰던 기간에만 훈련받지 않은 쌍생아보다 계단 오르기를 잘했으나 훈련을 받지 않았던 쌍생아가 성숙(maturation)이 되었을 시점에 맞추어 훈련을 시켰더니 이전 훈련받았던 쌍생아와 계단 오르기 수준 차이는 없었다. 이는 생물학적으로 성숙되기 전 조기교육의 효과가 비교적 효과가 일시적으로 나타나 궁극적으로 발달에 영향을 미치지 못했다(조성연 외, 2017).

② 내적 학습 준비성

영유아가 어떤 기능이나 행동을 수행할 수 있는 내적 학습 준비성(readiness)을 결정짓는 시간표가 존재한다. 즉, 영유아가 발달적인 준비가 되었을 때 자신의 발달수준에 적합한 활동을 스스로 선택하여 활동해 나간다. 만약 영유아 발달수준 이상의 능력을 확장시키려는 시도는 좌절을 야기시키거나 학습을 방해하는 역효과가 있다.

2. 정신분석이론

정신분석학적 접근은 인간의 행동은 많은 부분 무의식에 영향을 받으며 그럼으로써 부모와의 영유아기의 초기 경험이 발달에 지대한 영향을 미친다고 하였다. 정신분석학의 대표적인 두 학자는 프로이트(Freud)와 에릭슨(Erikson)으로 두 사람은 인간의 생존을 위한 기본욕구가 있고 이를 충족시켜주거나 억압하는 과정에서 갈등과 극복을 통해 질적인 성격이 형성되는 단계를 제시하였다. 인간의 성격이 형성되는 각 단계마다 부모와의 상호작용을 강조함으로써 생의 초기인 영유아 시기의 질 좋은 양육의 필요성을 강조하였다.

1) 프로이트의 심리성적 이론

프로이트(Sigmund Freud, 1856~1939)는 신경과 개업의로 환자를 치료하면서 인간의 무의식에 대해 관심을 가지게 되었고 이를 통하여 정신분석학의 기초를 다지게

된다. 프로이트는 인간을 이성적이고 논리적이며 지적인 존재이기보다는 비이성적이고 때로는 자신도 알지 못하는 무의식에 의해 영향을 받는 존재라고 하였다.

프로이트는 인간의 정신세계, 성격구조, 인간의 발달단계 등을 제시하였으며 이는 교육학에 많은 영향을 미치게 된다.

(1) 정신세계

프로이트는 인간의 정신세계를 크게 의식과 무의식으로 나누고 그 중간단계를 전의식이라고 하였다.

① 의식

인간의 기억 중 별다른 노력 없이 주의를 기울이면 바로 알 수 있는 것을 말한다. 예를 들어, 자신과 가족의 이름, 사는 곳, 최근에 배운 지식 등이다. 그러나 인간이 의식적으로 기억할 수 있는 것은 한계가 있어 주의를 기울이지 않거나 반복적으로 사용하지 않는 경우 전의식이나 무의식으로 사라지게 된다. 인간이 의식적으로 기억할 수 있는 전체 인간의 정신세계 중 의식은 아주 적은 일부분이라고 할 수 있다.

② 전의식

전의식은 의식처럼 바로 기억하지는 못하지만 주의를 기울여서 회상하려고 하면 의식으로 전환할 수 있는 것을 말한다. 예를 들어, 학창시절의 친구, 지난주에 수업 시간에 배운 내용, 새로 배운 영어 단어 등이다. 의식과 마찬가지로 주의를 기울이거나 반복적으로 사용하지 않을 경우 무의식으로 사라지게 된다.

③ 무의식

무의식은 이전에 경험하였으나 전혀 기억하지 못하는 경험이나 인간이 전혀 의식하지 못하는 본능적 욕구(성욕, 공격성 등)를 포함한다. 무의식은 인간이 의식하지는 못하지만 정신세계 중 가장 많은 부분을 차지하며 성격이나 무의식적인 행동 등 인간의 사고와 행동을 통제하는 가장 큰 역할을 한다.

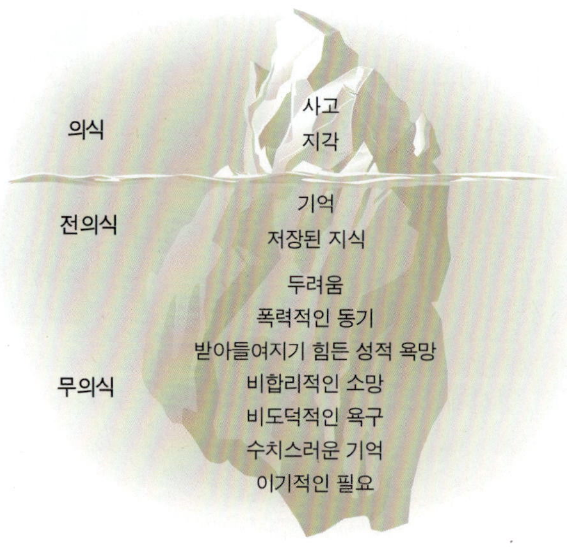

그림 3-2 인간의 정신세계

(2) 성격구조

프로이트는 인간의 성격은 원초아, 자아, 초자아가 상호작용하여 구성한다고 하였다.

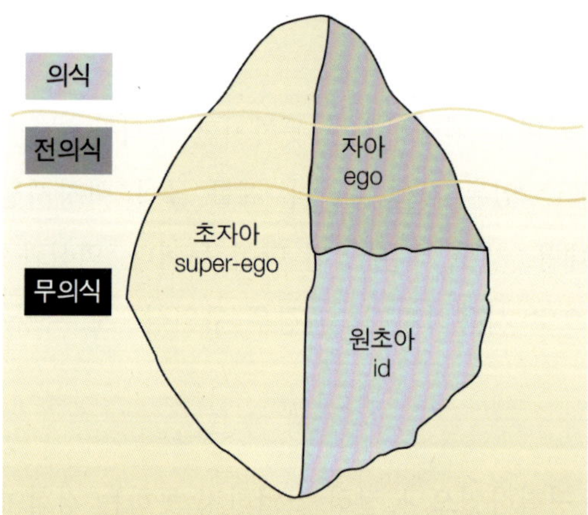

그림 3-3 성격의 구조

① 원초아

원초아(id)는 동물적인 쾌락원리로서 출생시부터 존재하여 전 생애동안 작용한다. 식욕, 배설욕, 수면욕, 성욕 등의 본능적 요구로서 고통이나 긴장을 감소시키기 위해 즉각적으로 만족하기 위한 쾌락원리에 의해 작동한다. 배고프면 먹고, 졸리면 어디서든 자고, 마려우면 바로 배설하는 등 무의식적이면서 동물적인 특성이다. 인간의 경우 원초아는 전 생애 동안 작동하기는 하지만 생의 초반에는 원초아의 쾌락원리에 의해서만 행동을 하게 된다.

② 자아

생후 2년 정도가 되면 자아(ego)가 분화되기 시작한다. 자아는 원초아를 현실적으로 해결하기 위한 것으로 원초아에 의한 본능적 욕구를 참았다가 사회에서 용인되는 방법으로 만족을 얻게 되는 현실원리로 움직이게 된다. 예를 들어 졸리면 아무 데서나 자는 것이 아니라 집에 갈 때까지 참으려고 한다거나 대변이 마려우면 즉시 배설하는 것이 아니고 변기에 갈 때까지 기다리는 등 사회에서 용인하는 방식으로 욕구를 해결하려고 하게 된다.

③ 초자아

초자아(super ego)는 생후 3~4년경에 발달하는 것으로 쾌락원리의 원초아에 반대하는 에너지이다. 부모로부터의 동일시나 훈육 등을 통해 사회적 규범이나 도덕적 가치 등을 습득하게 된다. '그렇게 하면 안 돼, 그건 옳지 않아' 등으로 원초아의 충동을 억제하는 역할을 하게 되며 쾌락보다는 완벽을 현실보다는 이상을 추구한다.

프로이트는 원초아, 자아, 초자아 모두 성격 형성에 있어서 중요한 역할을 하며 이 세 가지가 조화를 이루어 발달하여야 한다고 하였다. 즉 세 가지 중 한 가지 성격 구조만 발달하면 원만한 성격 형성이 저해되는데 원초아가 우세할 경우 본능적 욕구를 통제하지 못하여 사회적 윤리에 반하는 행동을 하게 되며 자아가 우세할 경우 너무나 현실적인 사람, 초자아가 우세할 경우 도덕적인 관념에 얽매이는 성격이 될 수 있다고 하였다.

(3) 인간의 발달단계

프로이트는 인간의 발달단계를 구강기, 항문기, 남근기, 잠복기, 성기기로 구분하였다. 이러한 발달단계의 구분은 리비도가 신체의 어느 부분에 머물고 있는지의 여부에 관련이 있다. 리비도(Libido)란 성적인 에너지, 성적인 본능을 의미하는 단어로 프로이트는 성적인 본능을 인간의 가장 중요한 본능으로 보고 성적인 에너지(리비도)가 신체의 어느 부분에 있느냐에 따라 발달단계를 구분하였다.

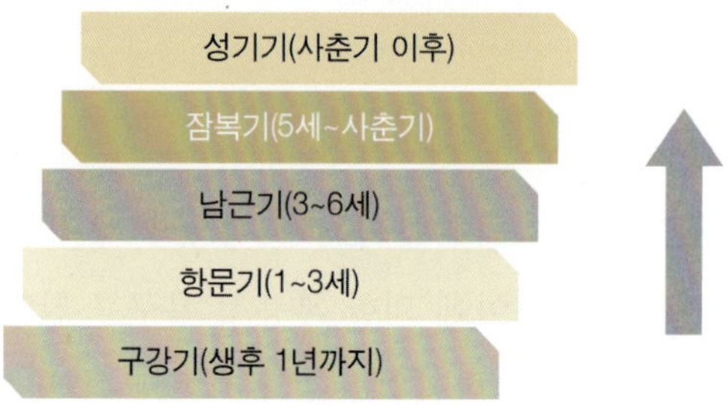

그림 3-4 프로이트의 인간 발달단계

① 구강기

구강기는 생후 1년 동안의 기간으로 리비도가 구강 주위에 머무는 것을 말한다. 영아가 입으로 엄마젖이나 우유병을 빨면서 배고픔뿐만 아니라 리비도까지 충족시키는 것을 말한다. 구강기적인 욕구가 적절히 충족되지 않을 경우 손톱 깨물기, 손가락 빨기 등의 행동이 나타나며 이후 성인이 되었을 때 폭식, 흡연 등의 습관으로 나타날 수 있다.

② 항문기

항문기는 1~3세에 리비도가 항문 주위에 머무르면서 대소변을 방출할 때 쾌감을 느끼게 된다. 이 시기는 영아가 대소변 훈련을 하는 시기로 양육자에 의하여 적절한 배변훈련이 이루어지면 원만한 성격을 형성하게 되나 너무 강압적이거나 허용적인 배변훈련을 경험하였을 때 극단적인 청결이나 무절제한 모습을 보이는 등의 행동이 나타날 수 있다.

③ 남근기

남근기는 3~6세 시기에 리비도가 성기 주변에 머무르게 된다. 영아기를 지나면서 아이들은 자신이 남자인지, 여자인지 생물학적 차이를 인지하게 되고 성기를 주무르면서 쾌감을 느낀다. 이성부모에게 성적인 열망을 느끼며 동시에 동성부모에게 적대감을 갖게 되면서 남아는 오이디푸스 콤플렉스, 여아는 엘렉트라 콤플렉스를 경험하게 된다. 이러한 과정을 거치면서 유아는 부모의 사랑을 얻기 위해 동성부모의 가치관과 특성을 받아들이며 초자아(super ego)를 형성하면서 성장하게 된다.

④ 잠복기

잠복기는 6~11세 사이에 리비도가 사라진 것처럼 보이는 시기이다. 이 시기의 아이들은 동성친구와 사회적 경험을 증가시키고 학업에 열중하게 되어 가족 외의 성인과 친구들로부터 사회적 가치를 받아들여 초자아를 더욱 발전시키게 된다. 이 시기의 동성친구들과의 우정과 사회적 경험은 이후 성인이 되었을 때 이성 간의 관계와 대인관계의 원만한 발달을 위해 꼭 필요한 요소가 된다.

⑤ 성기기

성기기는 사춘기 이후의 시기로 잠복기에 사라졌던 것처럼 보이는 성적에너지, 즉 리비도가 성기 주위로 나타나면서 다시 성적 충동이 나타나게 된다. 이성 관계에 관심을 보이기 시작하며 이전 단계를 원만히 지났으면 성인기로 잘 접어들게 된다. 올바른 이성관계, 결혼과 성, 자녀의 출산 등의 발달과업으로 이어지게 된다.

(4) 방어기제

심리적으로 두려운 정황이나 욕구 불만에 직면했을 때 스스로 벗어나 자신을 보호하기 위하여 자동적으로 취하는 적응 행동이다.

① 억압

억압(Repression)은 불안에 대한 1차적 방어기제로, 가장 흔히 쓰인다. 본능적 충동, 사회적 금기 행위를 포기함으로써 사회적 윤리나 관습을 유지하고 적응하도록 돕는다. 또한 죄책감, 괴로운 경험, 수치스러운 생각을 의식적으로 떠오르는 것을 밀어내어 생각하지 않는 것이다. 예를 들어, 수줍음, 복종: 어린 시절 공포, 분노가 의식화되려는 것에 대한 방어 등이다.

② 퇴행

퇴행(regression)은 스트레스나 불안 상황에서 불안정한 내면 상태를 해소하기 위해 현재보다 미숙한 과거 수준으로 후퇴하는 방어기제이다. 예를 들면, 배변 실수(동생이 생겼을 때 흔히 볼 수 있음), 어려운 상황에서 화를 내거나 울음을 터트리는 행동 등이다.

③ 반동작용

반동작용(reaction formation)은 불안이나 충돌하는 욕구를 억제하기 위해 그와 반대되는 감정이나 행동을 보이는 방어기제이다. 예를 들면, 미운 아이 떡 하나 더 준다, 어떤 사람을 싫어하면서도 겉으로는 지나치게 친절하게 하는 행동 등이다.

④ 승화

승화(sublimation)는 본능적 욕구나 참아내기 어려운 충동 에너지를 사회적으로 용납되는 형태로 돌려쓰는 방어기제이다. 예를 들면, 어릴 때 싸움쟁이 → 훌륭한 권투선수, 성적 욕망 → 예술적 표현 등이다.

⑤ 합리화

합리화(rationalization)는 불안하게 하는 부정적인 생각과 기분 따위를 없애고 나를 지키기 위해 변명하는 방어기제이다. 예를 들면, 이솝우화『여우와 신포도』등이다.

⑥ 부정

부정(denial)은 발달단계 중 최초의 가장 원시적인 방어기제이다. 자신에게 불안을 가져오는 것이 감당하기 힘들 때 그 일을 보거나 듣는 것을 거절하는 것이다.

즉, 절망 상황을 부정할 때 작동하는 방어기제로 예를 들면, "아니야 내가 암이라니….. 앞날이 창창한 나에게 이런 일이 일어날 리 없어…" 등이다.

⑦ 회피

회피(avoidance)는 위험한 상황이나 대상으로부터 안전한 거리를 유지하려는 방어기제이다. 예를 들면, '나도 내가 싫은데 다른 사람이 나를 좋아하겠어?'와 같이 자신의 감정 표현을 꺼리게 되고 타인을 멀리하게 되는 것이다.

⑧ 동일시

동일시(identification)는 자아성장을 결정짓는 중요한 심리기제이다. 부모, 윗사람 등 중요한 인물들의 태도와 행동을 자기 것으로 만들면서 닮아가는 방어기제이다. 예를 들면, 며느리를 맞을 때는 그 친정 엄마를 보고 데려온다는 것이다(부모를 보면 아이를 알 수 있다).

프로이트는 위와 같이 인간의 발달을 리비도의 활동에 근거하여 설명하였다. 각각의 단계는 적절한 욕구충족을 통해 정상적인 성격발달이 원만히 이루어져야 하며 그러지 못할 경우 고착(fixation)이 일어난다고 하였다. 고착이란 각 단계의 발달이 원만히 이루어지지 않아 리비도가 과소 충족되어 욕구불만이 일어나거나 과잉 충족되어 집착하게 될 경우 나타나는 행동을 말한다. 즉 각 단계에서 받은 양육은 평생의 성격과 행동패턴에 영향을 주게 된다고 하였다.

2) 에릭슨의 심리사회적 발달이론

에릭슨(Erik Erikson)은 1902년 독일에서 유대인인 어머니와 덴마크인인 아버지 사이에서 태어났다. 어린 시절 자아정체감의 혼란을 겪으면서 성장하였으며 심리학에 입문하기 전까지 미술공부를 하였다고 한다. 이후 프로이트의 딸 안나(Anna)를 만나 정신분석학을 공부하면서 심리사회적 발달이론을 정립하게 된다.

이처럼 에릭슨은 프로이트의 정신분석학을 계승하여 자신의 이론을 구축하였다. 에릭슨 자신이 어린 시절 자아정체감의 위기를 겪었기 때문에 성장하면서 겪게 되는 사회적 경험을 통해 자아가 형성되는 것을 중요하게 생각하였다. 에릭슨의 심리사회적 이론은 프로이트의 심리성적 발달 5단계를 확장한 것으로 인간발달의 전 생애 접근을 통한 8단계로 제시하였다. 에릭슨은 프로이트와 마찬가지로 8단계의 발달과업 중 이전 단계의 미해결된 갈등은 다음 단계에 영향을 미친다고 하였지만, 프로이트처럼 영구적인 고착이 일어나는 것이 아닌 인간의 의식 수준에서 통제할 수 있으며 예방과 치유도 가능하다는 긍정적 시각을 가졌다.

(1) 에릭슨의 심리사회적 발달단계

에릭슨은 인간의 발달은 전 생애를 거쳐 이루어진다고 하였다. 즉 출생부터 노년기까지 8단계의 발달 위기를 거치면서 성장한다고 믿었다. 8단계의 발달을 거치는 동안 '자아정체감' 발달이 중요하며 매 단계마다 갈등상황은 긍정적인 결과와 부정적인 결과(신뢰감 대 불신감, 자율성 대 수치심 등)를 초래하고 다음 단계에 영향을 미치게 된다.

그림 3-5 에릭슨의 심리사회적 인간의 발달단계

① 1단계: 신뢰감 대 불신감(Trust vs. Mistrust)

프로이트의 구강기에 해당하는 시기로 출생에서 생후 1년 동안의 시기이다. 이 시기에 영아는 양육자에게 절대적으로 의존하게 된다. 이때 반응적이고 따뜻한 양육자에 의해서 영양, 청결, 사랑, 안전, 신체적 접촉 등의 욕구가 적절히 충족되면 영아는 신뢰감을 가지게 되며 그렇지 못한 경우 불신감을 가지게 된다.

② 2단계: 자율성 대 수치심(Autonomy vs. Shame and Doubt)

2단계는 프로이트의 항문기에 해당하는 시기로 약 1세부터 3세까지의 시기이다. 생후 1년이 지나며 영아는 걷기 시작하게 되고 1~3세 사이에 근육의 발달로 식사, 배변, 탐색 등 무엇이든지 스스로 해결하려는 시도를 하게 된다. 이때 영아 스스로 또는 양육자의 도움을 받아 성공적으로 문제를 해결하게 되면 자율성이 그렇지 못할 경우 수치심이 생기게 된다. 따라서 영아에게 새로운 것들을 탐색할 기회를 주고 독립심을 기를 수 있는 기회를 주는 것이 바람직하다.

③ 3단계: 주도성 대 죄책감(Initiative vs. Guilt)

3단계는 프로이트의 남근기에 해당하는 시기로 3세에서 6세까지이다. 이 시기가 되면 인지구조가 발달하면서 목적 있는 행동(블록, 게임 등)을 하게 되고 친구와 함께 놀기 시작하면서 주도성이 발달하게 된다. 즉 활동에 대한 호기심, 왕성한 탐색으로 세상을 알아가는 데 주도적인 역할을 할 경우 주도성이, 주저하는 마음 사이에서 주도성이 발달하지 못할 경우 죄책감이 생기게 된다. 예를 들어, 예쁘게 포장되어 있는 물건을 왕성한 호기심으로 뜯었을 때 선물을 허락없이 뜯는 것에 대해 처벌을 받게 되거나, 성기에 대한 호기심으로 탐색적 행동을 했을 때 부모에게 제지당하거나 비난을 받았을 때 죄책감 발달이 조장될 수 있다.

④ 4단계: 근면성 대 열등감(Industry vs. Inferiority)

4단계는 프로이트의 잠복기에 해당하는 시기로 6~11세까지이다. 학교에 입학하게 되면서 학업을 시작하게 되고 새로운 인지적, 신체적 기술 등을 숙달하며 더욱 넓어진 친구관계를 가지게 된다. 이때 성공적인 학습 경험이나 인지적, 신체적 기술의 유능한 사용을 통해 근면성을 형성하게 되며 그렇지 못할 경우 열등감을 가지게 된다.

⑤ 5단계: 정체감 대 정체감 혼미(Identity vs. Identity confusion)

프로이트의 생식기에 해당하는 시기로 대략 12~19세이다. 에릭슨은 이 시기에 가장 중요한 발달과업은 자아정체감의 확립이라고 보았다. 청소년기에 해당하는 시기로 자신이 누구인가에 대한 질문에 대답을 찾으려고 한다. 에릭슨은 이 시기에 자아 정체감을 가지게 되는 것은 매우 중요하며 정체감은 저절로 얻어지는 것이 아니라 지속적인 노력을 통해서 획득된다고 하였다. 아동기에서 성인기로 넘어가는 시기의 급격한 신체적 성장과 더불어 앞으로의 진로, 직업, 이성 관계 등에 대한 고민으로 정체성을 확립하게 되며 그렇지 못할 경우 정체감에 혼란을 겪게 된다.

⑥ 6단계: 친밀감 대 고립감(Intimacy vs. Isolation)

20~24세의 성인기가 시작되는 시기로 타인과의 친밀감을 추구하게 된다. 에릭슨은 친밀감을 자신의 정체성과 타인의 정체성을 융합시키는 능력이라고 표현하였다. 즉 친밀감은 타인을 이해하고 공감하며 자신의 정체감을 희생과 양보하며 타인의 정체감을 수용하는 능력이라고 할 수 있다. 특히 이성과의 사랑을 추구하면서 타인에 대한 친밀감을 형성하게 되는데, 이때 타인으로부터 거절당한다고 생각하거나 친밀감을 형성하는 것이 두렵다면 고립감을 가지게 된다고 하였다.

⑦ 7단계: 생산성 대 침체감(Generativity vs. Stagnation)

25~60세까지의 성인중기에 해당하는 시기로 직업을 가지고 결혼을 하며 자녀를 양육하는 시기이다. 적극적으로 사회와 가정에 기여하는 시기로서 창조적이고 성공적으로 기여하였을 경우 생산성을 가지게 되며 그렇지 않을 경우 침체감을 가지게 된다.

⑧ 8단계: 자아통합감 대 절망감(Integrity vs. Despair)

직장에서 은퇴하고 자녀를 결혼시킴으로써 떠나보내는 시기로 자신의 삶을 돌아보거나 현재의 자신의 처지를 살펴보고 자신이 일생동안 선택했던 결과에 대해 긍정적일 경우 자아통합감을 가지게 되며 그렇지 못할 경우 자신의 삶을 후회하면서 절망감을 가지게 된다.

에릭슨은 위와 같이 인간은 8단계의 발달 위기를 정상적으로 극복하여야 한다고 하였다. 프로이트는 한 단계에서 욕구충족이 일어나지 않을 경우 고착이 되어 되돌릴 수 없다고 하였으나 에릭슨은 이전 단계의 과업을 성공적으로 극복하지 못했다고 하더라도 치유가 가능하다고 하였다.

3. 행동주의이론

행동주의이론은 인간의 발달에 성숙보다는 외부환경이나 학습에 의한 결과로 인간의 발달에 더 영향을 받는다는 이론이다. 그 기초가 되는 조건형성은 고전적 조건형성과 조작적 조건형성으로 발전하게 된다.

1) 조건형성

① 고전적 조건형성(파블로프, 왓슨)

고전적 조건형성은 러시아의 생리학자 파블로프에 의해 처음 제시된 개념이다. 파블로프는 개에게 음식을 줄 때마다 종소리를 들려주면 나중에 음식을 주지 않고 종소리만 들려주어도 침을 흘린다는 것을 발견했다. 음식과 함께 종소리를 들려줄 때 개는 음식(무조건 자극)에 의해 힘을 흘리게 되나 이 과정을 반복하게 되면 음식과 종소리가 조건형성을 하여 나중에는 종소리(조건 자극)만 들어도 침을 흘리는 반응을 하게 되는 것이다.

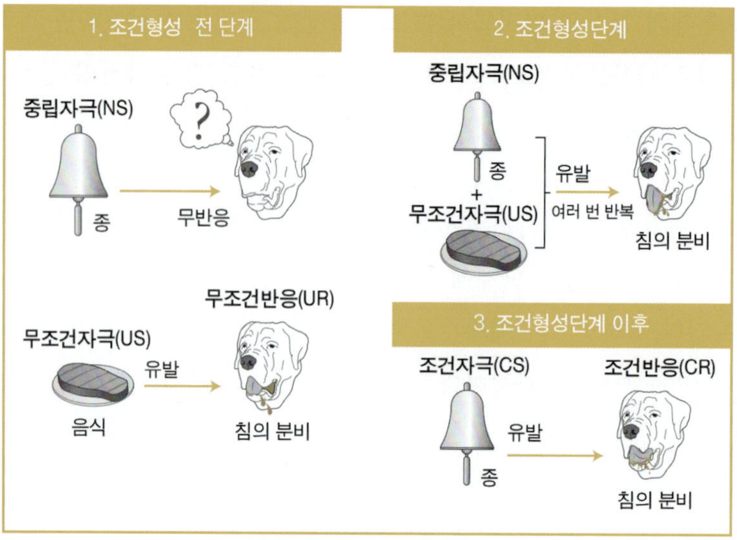

그림 3-6 파블로프의 고전적 조건형성 과정

이와 같은 고전적 조건형성은 일상생활에서 수없이 많이 경험한다. 쉬운 예로 레몬을 생각만 하여도 침이 고이거나 개에게 물린 경험이 있을 경우 개만 보아도 공포반응을 보이는 경우, 또는 큰 자동차 사고를 당하여 다친 경험이 있을 때 차 타기를 무서워한다거나 성인이 되어서도 운전을 하지 못하는 경우이다.

즉 인간도 고전적 조건형성이 될 수 있는데 파블로프는 동물대상으로 고전적 조건형성을 발견하였으나 왓슨은 인간에게도 역시 고전적 조건형성이 된다는 것을 실험을 통하여 발견하였다. 왓슨은 생후 9개월 된 알버트에게 흰쥐를 무서워하도록 흰쥐와 큰 소리를 짝지어 조건화하였다. 알버트는 처음에는 털 있는 동물을 좋아하였으나 알버트가 흰쥐를 만지려고 할 때마다 큰 소리(무조건 자극)를 제시하였더니 나중에는 흰쥐(조건 자극)를 보기만 하여도 알버트는 무서워하는 공포 반응을 보였다. 이 실험으로 인간에게도 공포, 분노, 사랑 등의 감정을 고전적 조건형성을 통해 조건화할 수 있음을 보여준다.

왓슨은 인간도 조건형성이 되므로 양육의 과정에서 부모가 조건화로 자녀의 행동과 발달을 조절할 수 있다고 생각하게 되었다. 왓슨은 "나에게 12명의 건강한 아이들과 그들

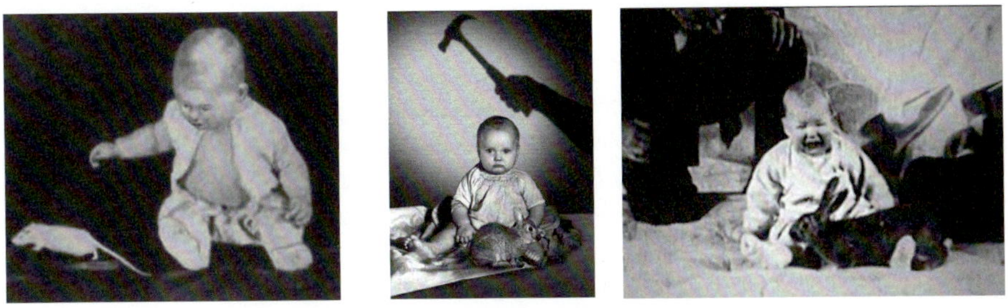

그림 3-7 ✜ 왓슨의 알버트 고전적 조건형성 실험

을 기를 수 있는 환경을 주면 그들 중 아무라도 재능이나 취미, 성향, 능력, 적성, 인종에 상관없이 의사나, 변호사, 예술가, 경영자 심지어는 거지와 도둑으로까지 전문가로 만들 수 있다."라고 호언장담을 하였다고 한다. 물론 그 실험은 현실로 실행되지는 않았지만 당시 왓슨이 쓴 육아서는 베스트셀러로 부모들로부터 큰 호응을 받았다고 한다.

② 조작적 조건형성(스키너)

고전적 조건화로 인간에게 어떤 행동을 하거나 반응하게 할 수는 있을지라도 인간의 학습에 대한 모든 부분을 설명하기에는 한계가 있다. 스키너는 인간의 행동은 고전적 조건화처럼 수동적이거나 비의지적인 행동형성보다는 의지적이고 자발적인 동기에 의하여 행동형성이 되는 경우가 많이 있음을 생각하고 조작적 조건형성을 주장하게 된다.

스키너는 이를 위해 스키너 상자를 고안했는데 스키너 상자는 지렛대를 누르면 먹이가 나오는 상자에 쥐를 넣는다. 쥐는 처음에는 마음대로 상자 안을 돌아다니다가 우연히 지렛대를 건들게 되면 음식을 먹게 된다. 쥐는 음식을 먹기 위해 지렛대를 누르는 횟수가 증가하게 되는데 이처럼 유기체의 행동이 선행되고 그에 따른 자극에 의해 조건화가 이루어지는 것을 조작적 조건형성이라고 하였다.

쥐가 음식을 얻기 위해 지렛대를 누르는 행동을 할 때마다 음식이 주어지는 것은 강화라고 할 수 있다. 강화란 어떤 행동에 대하여 보상으로 주어지는 것을 말하며 정적강화와 부적강화로 나누어진다. 정적강화는 자극이 첨가될 때 행동이 증가

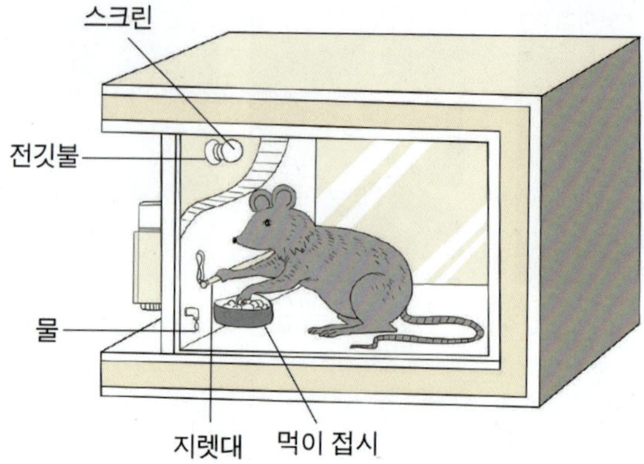

그림 3-8 스키너 상자

하는 것으로 칭찬을 받기 위해 숙제를 열심히 하는 것을 예로 들 수 있다. 반면 부적강화는 자극을 제거함으로써 행동을 증가시키는 것을 말한다. 예를 들어 어질러진 장난감을 치우자 엄마가 잔소리를 멈추는 경우이다.

이와 같은 강화는 바람직한 행동을 형성하게 하기 위한 사용되는 행동주의의 방법으로 일단 바람직한 행동이 형성되면 강화를 제공하지 않아도 그 행동은 당분간 지속하게 된다.

쉬어가기

미신적 행동

우리 일상에는 '미신적 행동', 소위 말해 '징크스'라고 불리는 흥미로운 현상이 있다. 그것은 어떤 행동과 강화로 작용하는 어떤 자극이 우연히 짝지어짐으로써 발생하는 계획되지 않은 학습이다. 예를 들면, 메이저리그의 한 유명한 야구선수는 경기에 앞서 닭고기만 먹는다. 또 다른 선수는 유니폼을 입을 때 정해진 순서대로 입고, '행운의 양말'을 신는다. 옷을 입는 순서나 어떤 양말을 신는 것이 팀의 우승과 연결되었기 때문이다. 그 양말은 승리라는 강력한 강화자극과 연결되었기 때문에 하나의 강화인으로서의 가치를 지닐 수 있다. 또 다른 예로 어떤 사람들은 중요한 시험을 치를 때 특정 모자를 쓴다거나 특정 자리를 고집하기도 한다. 이런 행동은 물론 시험 점수와는 무관하다. 그러나 그 행동은 그 상황에서 어떤 다른 조건(높은 점수)과 그 행동(모자 쓰기)의 우연한 짝지어짐을 통해 학습된 것이라고 할 수 있다.

정옥분(2002). 아동발달의 이해. p.82

4. 사회학습이론

반두라(Albert Bandura)는 인간이 행동을 형성하는 데 있어서 고전적 조건화나 조작적 조건화처럼 강화가 주어지지 않아도 행동이 학습하는 경우가 있다고 하였다. 즉 타인의 행동을 관찰하는 것만으로도 학습이 이루어지는데 일상적인 사회환경에서 많이 이루어지기 때문에 사회학습이론이라고 하였다. 학습이 이루어질 때 강화나 벌이 주어지지 않아도 타인의 행동을 관찰하여 모방하는 것만으로도 학습이 된다. 부모는 영아에게 최초의 모델이 되며 영아들은 부모를 모방함으로써 정서적 안정감을 느끼게 된다.

이처럼 모방이 일어날 때 행동과 환경뿐만 아니라 인지도 발달에 있어서 중요한 요인이 된다. 관찰학습이 일어나는 과정에서 다른 사람의 행동을 주의를 기울여 관찰하고 기억한 다음 그 행동을 인지적으로 재현한다. 이러한 과정에서 인지가 중요한 역할을 하게 된다. 반두라는 이러한 관찰학습이 일어나는 과정을 '주의', '보존', '운동재생', '동기유발'로 설명하였다(1977).

1) 사회학습의 과정

① 주의(attention): 모델의 행동에 주의집중해야 한다.

② 보존(retentron): 한 사건의 중요한 형상을 '기억(memory)'해야 한다.

③ 운동재생(motoric reproduction): 모방하고자 하는 행동을 재생해 낼 수 있는 신체적 수행능력이 필요하다.

④ 동기유발(motivation): 직접강화와 대리강화에 의하여 모방한 것을 행동하는 것이다.

주의 과정 Attention 모방할 행동 정확히 지각 주의집중	보존 과정 Retention 모델의 행동 이미지, 언어 기억함	운동 재생 Motoric Reproduction 기억하는 바 재생, 운동 능력	동기유발 Motivation 학습 촉진

그림 3-9 사회학습의 과정

영유아는 자신의 행동이 직접강화를 받지 않고 다른 아동이 보상이나 벌을 받는 것을 관찰하는 것만으로도 간접 강화가 일어나며 이것을 대리강화와 대리처벌이라고 하였다. 예를 들어 다른 아이가 친구를 도와주는 행동을 했을 때 교사가 칭찬하는 것을 보고 자신도 칭찬받고 싶을 때 친구를 도와주는 행동을 하는 것은 대리강화, 다른 아이가 친구의 물건을 부술 때 교사로부터 야단 받는 것을 보고 친구의 물건을 부수지 않는 것은 대리처벌의 예라고 할 수 있다.

어린 영아의 경우 어떤 행동이 일어났을 때 즉시 모방이 일어나지만 인지능력과 기억력의 발달로 만 2세경 이후에는 관찰한 행동을 일정한 시간이 지난 후 모방하는 지연모방이 나타나게 된다. 사촌 언니가 옷장 안에 들어가서 숨는 것을 목격한 영아가 사촌 언니가 집으로 돌아간 후 일주일 후에 옷장 안에 들어가서 숨는 행동을 한다면 지연모방이 일어난 것이라고 할 수 있다.

2) 상호결정론

상호결정론이란 사회학습이론에서 발달과정을 개인과 환경 간의 상호작용이 양방향성을 가진다고 가정하는 것이다. 즉 환경이 개인의 행동에 영향을 미친다는 왓슨(Wason)과 스키너(Skinner)의 조건형성이론과는 달리 개인, 행동, 환경 간의 관계가 양방향적이라고 주장한다.

개인(P)은 아동의 인지능력, 신체적 특성, 성격, 신념, 태도 등을 포함한다. 이것은 아동의 행동이나 환경에 영향을 미친다. 아동은 자신이 원하는 것을 선택할 뿐만 아니라(P→B), 아동의 행동은 자신에 대한 느낌, 태도, 신념에 영향을 미친다(B→P). 마찬가지로 이 세상이나 사람들에 대한 아동의 지식의 대부분은 TV, 부모, 교과서,

그외 다른 환경으로부터 얻은 정보에 의한 것이다(E→P). 환경도 행동에 영향을 미친다(E→B). 아동 행동의 결과나 아동이 관찰하는 모델은 아동 자신의 행동에 영향을 미친다(E→B). 또한 아동의 행동 또한 자신의 환경에 영향을 미친다(B→E)(정옥분, 2007).

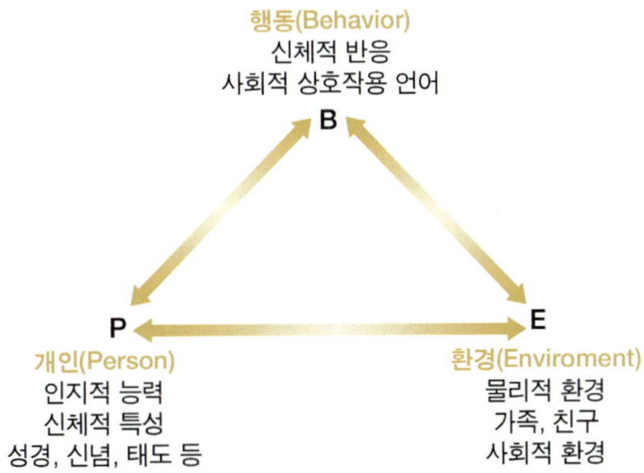

그림 3-10 상호결정론 모델

3) 자기효능감

이처럼 인간은 감정이나 사고, 행동을 통제할 수 있는 능력을 갖고 있기 때문에 인간의 행동은 외적 요인뿐 아니라 자기강화에 의해서도 이루어지게 된다. 자기효능감(self-efficacy)이란 목적을 이루기 위해 특정 행동을 성공적으로 수행할 수 있다는 믿음이다. 즉 자신이 어떤 일을 잘 해낼 수 있다는 개인적 신념으로서 어떤 행동을 모방할지를 결정하는 데 도움이 된다. 즉 자신의 능력 범위 내에 있는 활동은 시도할 것이고, 자신의 능력을 벗어나는 과제나 활동은 회피하려 하게 된다(정옥분, 2007). 따라서 자기효능감이 높은 아동은 긍정적 자아개념을 형성하고 높은 성취수준을 보이지만 자기효능감이 낮은 아동은 부정적 자아개념으로 인하여 자신감 부족이나 우울증, 쉽게 포기하는 특성을 나타내게 된다(한유미, 2014).

5. 동물행동학이론

동물행동학이론은 인간발달에 있어서 유전적, 생물학적 역할을 강조하는 이론으로 대표적인 학자는 로렌츠(Lorenz)와 보울비(Bowlby)가 있다. 로렌츠는 의학을 공부했지만 동물에 대한 관심과 사랑으로 동물학으로 전향하여 박사학위를 받았다. 로렌츠는 동물을 연구할 때 실험실 연구보다는 자연환경 속에서만 동물을 제대로 이해할 수 있으므로 자연관찰(natural observation)을 사용하였고 다양한 동물의 행동과 자극에 대한 반응을 관찰함으로써 '동물행동학'이라는 새로운 과학을 시작하게 되었다. 이처럼 다양한 야생동물과 유형별 동물의 특성을 상세히 관찰, 비교 분석하여 1973년 노벨 생리학상을 수상하였다. 로렌츠의 동물행동학은 곤충, 물고기, 조류 등의 동물 연구였지만 이후 인간을 포함한 포유동물에도 적용 가능한 것으로 판명되어 이후 동물의 본능으로부터 인간의 발달을 이해하는 데 기여하게 된다.

1) 각인이론

각인(imprinting)이란 생후 초기에 어떤 대상에 노출됨으로써 그 대상에 애착을 보이고 추종행동을 하게 되는 것을 말한다. 각인 행동의 대표적인 예는 새끼 거위가 갓 부화한 직후에 어미 거위만을 따라다니는 것이다. 각인은 생후 초기 제한된 기

그림 3-11 각인이론

출처: http://www.britannica.com/EBchecked/media/118499/Konrad-Lorenz-being-followed-by-greylag-geese-1960
http://blog.naver.com/jsksj004?Redirect=Log&logNo=220924801728

간 내에서만 일어나는데 청둥오리의 경우 부화 직후 13~16시간 사이에 목격한 움직이는 대상을 어미로 인식하여 따라다니게 되고 이를 결정적 시기라고 한다.

재미있는 것은 로렌츠가 거위 알의 일부는 어미가 부화하게 하고 일부는 로렌츠 자신이 부화시킨 결과, 그가 키운 거위 새끼들은 그를 어미로 여기고 졸졸 따라다녔다. 즉 동물의 각인은 어미뿐만 아니라 다른 대상에 대해서도 이루어질 수 있다는 것을 밝혔다고 할 수 있다.

각인이론은 인간발달에 적용되어 영유아가 제한된 기간 내에 특정한 적응행동을 습득하도록 생물학적으로 준비되어 있으며, 이러한 행동을 발현시키기 위해서는 적절한 환경적 지원이 있어야 한다는 시사점을 준다(김상림 외, 2017).

TIP 결정적 시기

각인은 생후 특정한 시기에 어떤 대상에게 노출되었을 때 이루어지는데, 이때를 결정적 시기(critical period)라고 한다. 결정적 시기는 개인이 적응행동을 습득할 수 있도록 준비된 제한적 시기로, 이 시기에 적절하게 자극을 주는 환경의 지원이 필요하다(Berk, 2012). 이처럼 각인이론은 인간에게 있어서도 생물학적 결정적 시기가 있으며 이에 적합한 양육과 교육이 이루어져야 함을 시사하고 있다고 할 수 있다.

2) 애착이론

영국의 보울비는 동물의 행동에서 나타나는 각인현상을 인간에게 적용한 학자이다. 보울비는 특히 이러한 각인현상을 특히 영아와 어머니 사이의 애착형성에 초점을 맞추어 조명하였다(John Bowlby, 1969).

영아는 자기를 돌봐주는 사람과 생의 초기에 애착을 형성하게 된다. 애착행동은 자기를 돌봐주는 사람을 안전기지로 삼아 주변을 탐색하고 무섭거나 낯선 상황에 마주하게 되면 애착대상에 다가가 위로를 받는 행동을 말한다. 영아가 이러한 애착대상과 분리되거나 위협받게 되면 불안해하는 모습을 보이고 매달리거나 안기는 행동을 보이게 된다.

영아의 애착형성은 자기를 주로 돌봐주는 주양육자와 형성하게 된다. 따라서 양육자와 장기간에 걸친 유대관계를 통해 형성하게 되며, 생의 초기에 맺은 주양육자와의 안정적인 애착형성은 일생을 걸쳐 영아의 자아존중감, 대인관계 등의 사회정서발달, 인간관계에 영향을 미치게 된다. 애착은 Ⅲ부 영아기 발달의 사회정서발달에서 자세히 다루도록 하겠다.

6. 인지발달이론

인지는 '앎(to know)'으로 이끄는 정신의 내적 과정과 소산물로 사고, 기억, 추론, 해석, 문제해결, 상상하기 등의 모든 정신활동을 포괄한다. 인지발달은 인간이 환경과 능동적으로 상호작용한 결과라고 보는 관점에서 인간의 사고과정이 어떻게 이루어지는지에 대해 살펴보고자 한다.

1) 피아제의 인지발달이론

20세기 아동발달 심리학에 가장 큰 영향을 미친 사람은 스위스의 인지이론가 피아제(Jean Piaget, 1896~1980)이다. 피아제에 의하면 인간의 인지발달은 자연적인 성숙과 환경과의 능동적 상호작용에 의해 발달한다고 보았다. 즉, 인지발달을 동화와 조절에 의한 평형화의 과정으로 설명하고 있다.

(1) 주요개념

① 도식(schema)

피아제(Piaget)는 인지구조를 도식(schema)이라고 하였다. 도식은 유기체가 가지고 있는 '이해의 틀'로 사물이나 사건 또는 사실에 대한 전체적인 윤곽이나 개념을 말한다.

② 동화(assimilation)와 조절(accommodation)

피아제는 영유아가 환경과 끊임없는 상호작용을 통해 이루어지는 적응과정을 인지발달로 보았는데 즉, 동화와 조절이라는 두 개의 기제가 상호 유기적으로 작용하여 새로운 환경에 적응한다고 하였다. 동화는 기존 도식을 가지고 새로운 대상이나 사건을 이해하는 인지과정이고, 조절은 기존의 인지구조로 새로운 대상을 받아들일 수 없는 경우에 기존의 구조를 변경하거나 새로운 도식을 생성하는 과정을 말한다.

③ 평형화(equilibrium)

평형은 동화와 조절을 통해 유기체가 환경과의 균형상태를 이루는 것을 말한다. 즉, 한 아이가 현재 갖고 있는 생각이나 인식수준보다 더 큰 개념을 접하면 그 아이는 자신의 생각을 수정하거나 변화시켜 새로운 개념을 받아들이는 과정을 평형화라고 한다. 이러한 평형화는 계속적인 동화와 조절의 과정을 통해 이루어진다.

도식	사물이나 사건 또는 사실에 대한 전체적인 윤곽이나 개념
동화	환경 속의 새로운 자극을 이미 학습된 기존의 인지구조 또는 도식에 의해 해석되는 과정
조절	새로운 자극을 동화해내는 데 적합한 인지구조가 없을 때 기존의 도식을 수정하거나 새로운 도식을 만드는 과정
평형화	동화와 조절 간의 인지적 균형을 유지하도록 하는 것
적응	새롭게 접하는 정보를 자신의 인지구조에 맞게 이해하는 것
불평등	새로운 경험을 이해할 수 없을 때 인지적 갈등이 생기게 되는 상태로서 인지발달의 주요 원동력이 됨

새로운 정보와 경험을 이해할 수 없을 때 인지적 불평형 발생
→ 동화와 조절을 통해 평형화 → 도식 확장 = 인지발달

그림 3-12 인지발달 주요개념

TIP 동화와 조절과정을 통한 평형화

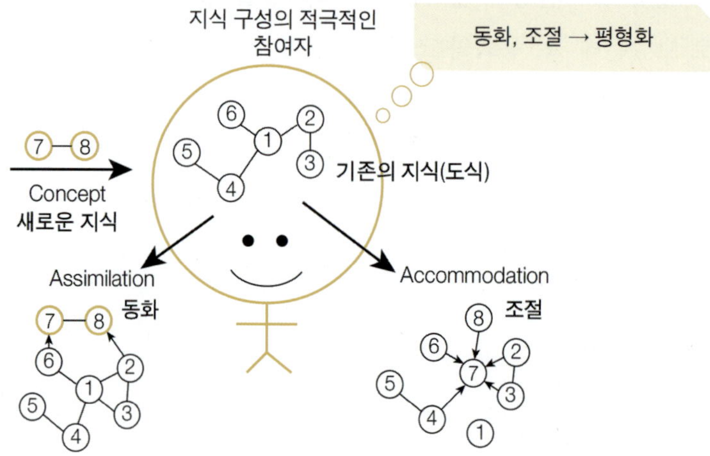

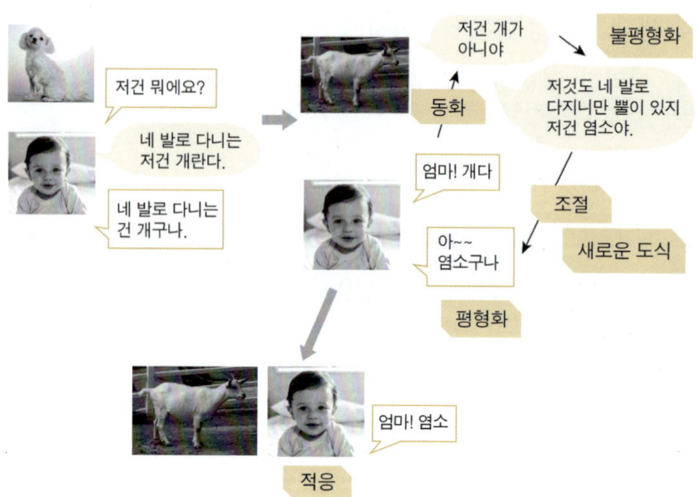

(2) 인지발달의 단계

① 감각운동기(sensorimotor period): 0~2세

이 시기는 출생부터 2세까지 해당되며, 영아의 감각기관과 운동기능을 통해 세상을 해석하며 인지적 틀을 형성하는 감각운동기이다. 즉, 영아는 생득적 반사운동(reflex activity)을 통해 보고, 듣고, 맛보고, 냄새 맡고, 만져보면서 신체를 활용해 오감으로 입력되는 감각정보와 운동기능을 발달시켜 나간다.

이 단계 영아는 대상영속성 개념이 완전히 발달하여 사라진 물건의 이동도 표상하여 물건을 찾을 수 있게 될 뿐만 아니라 과거 양육자의 어떤 행동을 목격한 다음 일정한 시간이 경과된 후에 그 행동을 자발적으로 재연하는 지연모방(delayed imitation)이 나타난다.

감각운동기(sensorimotor stage) 발달단계의 특징을 구체적으로 살펴보면 다음과 같다.

- 출생 후~3개월: 빨기, 잡기, 큰 소리에 반응하기 등을 통해 외부의 세계를 이해하게 된다.
- 4개월~8개월: 영아가 우연히 단순한 반사적 행동들을 통해 재밌는 결과를 초래하게 되면 영아는 계속해서 같은 행동을 반복한다. 이러한 반복되는 행위는 영아의 의도성이 나타난 것으로 초기 목표지향적 행동이다.
- 8개월~12개월: 자신의 목표를 달성하기 위해 수단이 되는 다른 도식을 이용하는 능력이 발달된다. 대상영속성(object permanence)의 능력이 발달되기 시작한다.
- 12개월~18개월: 목적 지향적 행동이 시작되며, 시행착오적으로 탐색하는 특성을 갖는다.
- 18개월~24개월: 영아들은 대상영속성 개념이 완전히 형성되어 사물을 숨기는 과정을 보지 않고도 예상되는 장소에 가서 찾아낸다. 이는 영아들이 물체는 보지 않고도 떠올릴 수 있기 때문에 표상적인 사고가 가능함을 의미한다. 또한 이 시기에 지연 모방(deferred imitation)이 가능해진다. 지연모방은 어떤 행동을 목격한 다음 일정한 시간이 경과된 후에 그 행동을 자발적으로 재연하는 것이다.

인지발달의 첫 단계인 감각 운동기는 반사운동기, 1차 순환반응기, 2차 순환반응기, 2차 순환반응의 협응기, 3차 순환반응기, 정신적 표상기의 하위 6단계로 나뉜다.

표 3-1 감각운동기의 하위 6단계

하위단계	시기	적응행동
반사운동기	출생~1개월	생득적 반사행동을 한다.
1차 순환 반응기	1~4개월	자신의 신체와 관련된 흥미로운 활동을 반복한다. 예: 우연히 손가락을 빨게 되었는데 빠는 것이 재미있다고 여겨지면 손가락을 계속 입에 넣는 것
2차 순환 반응기	4~8개월	주위 환경이나 외부 대상에 대해 흥미로운 활동을 반복한다. 예: 모빌 등을 건드렸을 때 소리가 나면 흥미를 느껴 반복 행위
2차 순환반응의 협응기	8~12개월	목적을 이루기 위해 의도적인 행동을 반복한다.
3차 순환 반응기	12~18개월	문제해결이나 흥미로운 결과를 위해 새로운 방식을 다양하게 시도한다.
정신적 표상기	18~24개월	상징을 사용하기 시작하며 행동하기 전에 사고한다.

출처: 이영 외(2015).

TIP 대상영속성

대상영속성은 존재하는 물체가 어떤 것에 가려져 보이지 않더라도 그것이 사라지지 않고 지속적으로 존재하고 있다는 사실을 아는 능력을 말한다. 즉, 대상이 눈으로 식별되지 않거나 탐지할 수 없을 때, 그 대상이 계속 존재하며 그 사물과 사물을 인지하는 아동이 독립적으로 공존한다고 믿는 것을 지칭하는 말이다(Shaffer, 2006).

② 전조작기(preoperation period) : 2~7세

이 시기는 2~7세에 해당된다. 유아의 사고가 감각기관과 운동기능을 이용하던 감각운동기에서 벗어나 정신적 추리능력이 가능한 조작기로 가기 전 단계이다. 유아들은 언어적 도식을 통해 주변에서 일어나는 일들에 대해 사고할 수 있게 된다(권민균, 2012). 전조작기 유아의 사고 특징은 자아중심성(egocentrism), 물활론적 사고(animism), 보존개념(conservation)의 결여, 상징적 사고(symbolic thought) 등이 나타난다.

전조작기의 인지발달 특징을 살펴보면 다음과 같다.

- 자기중심적 사고(egocentrism): 자기중심성은 유아들이 우주의 모든 현상들을 자기중심적으로 생각하는 것으로 타인도 자신과 동일한 방식으로 사고한다고 생각한다. 이러한 자기중심적 사고는 유아가 이기적이거나 다른 사람의 입장을 일부러 배려하지 않는 것이 아니라 타인의 관점을 이해하지 못하기 때문에 생기는 것이다.
- 물활론적 사고(animism): 유아 초기에 현저한 특성으로 4세~6세 유아들은 움직이는 모든 대상물이 살아 있다고 생각하지만, 6~8세 유아들은 스스로 움직일 수 있는 대상물에만 생명을 부여하여 살아 있다고 생각한다. 8세 이후가 되면 생물과 무생물을 완전히 구별할 수 있다(Bullock, 1985).
- 보존개념(conservation)의 결여: 보존(conservation)이란 사물의 모양이 변한다 해도 그 속성은 변하지 않는 것이다. 전조작기의 유아들은 하나의 특성에 초점을 맞춰 사고하는 경향 때문에 보존개념이 획득되지 않는다고 한다. 예를 들면, 같은 모양(A, B) 2개의 잔에 같은 양의 주스를 부어 유아에게 보여주었다. 유아는 A, B컵에 든 주스가 똑같다고 대답했다. 다시 보는 앞에서 B컵의 주스를 좁고 긴 C컵에 옮겨 담은 후 어느 컵에 있는 주스가 많은지 질문하면 C컵에 담긴 주스가 더 많다고 대답한다. 유아들은 양에 대한 보존개념이 형성되지 않았기 때문에 보이는 대로 높이가 높은 컵에 주스가 많다고 판단한다.
- 상징적 사고(symbolic thought): 감각운동기를 벗어나면서 표상, 지연모방, 상징놀이와 같은 정신능력이 발달한다. 특히 상징놀이는 어휘가 확장되고 상상력이

풍부해지면서 가상적인 사물이나 상황을 실제 놀이 상황으로 상징화하여 노는 놀이다. 예를 들면, 실제 전화기가 없어도 블록을 이용하여 전화기로 사용한다거나 긴 막대기를 이용하여 진공청소기로 사용하여 청소하는 상황으로 상징화하는 놀이를 하는 등 실제 물건이 없어도 대상물이나 사건을 가장할 수 있다.

TIP 상징적 사고의 출현

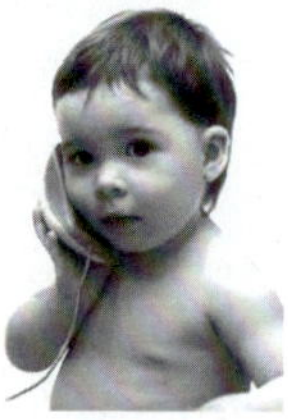

③ 구체적 조작기(Concrete operational period) : 7~12세

구체적 조작기의 아동은 자기중심에서 벗어나 타인의 관점을 이해하고 상대방의 입장에서 생각할 수 있게 되면서 사회적 의사소통이 가능해진다. 사고의 체계는 물리적 현실과 연결되어 있으며, 구체적 상황에 기반을 두고 조직되고 분류된다. 그러나 아직도 구체적인 세계에만 한정될 뿐 추상적으로 사고하지는 못한다.

- 보존개념(conservation) 습득: 구체적 조작기의 아동은 문제해결에 있어 직관적이기보다는 논리적 조작이나 규칙을 적용하기 시작한다. 구체적 조작기는 전조작기와는 달리 높이와 폭의 2차원을 동시에 고려할 수 있기 때문에 보존개념이 획득되는데, 이때 보존개념은 가역성(reversibility), 보상성(compensation), 동일성(identity)이 전제가 되었을 때 성립된다고 보았다.
- 조망수용(perspective taking)능력 습득: 자기중심적 사고에서 벗어나 타인의 의도나 태도, 감정, 욕구를 추론하는 능력이다. 다른 말로 역할취득(role-taking)이라고도 한다.
- 서열화(seriation): 서열화는 제시된 준거에 따라 나열하는 것이다. 예를 들면 크기가 큰 것부터 순서적으로 배열하는 능력을 말한다.

④ 형식적 조작기(formal operation period): 12세 이후

형식적 조작기의 아동은 추상적이고 논리적인 사고가 가능해지며 효율적으로 과업을 성취할 수 있다. 문제해결의 과정은 과학적 추론과 가설 세우기의 특징을 보이며 귀납적 사고와 연역적 방법을 사용하여 적절한 문제해결을 위해 각각의 가설을 검증하는 자료를 수집할 수 있다.

인지발달에 대한 피아제의 관점은 영유아가 성인의 가르침에 따라 배우는 것이 아니라 스스로의 방법으로 배우며 사고방식이 성인과는 다르다고 주장함으로써 교육에도 큰 시사점을 주었다. 그러나 인간발달에 대한 사회와 문화의 영향을 거의 고려하지 않았다는 점이 지적되고 있다.

피아제의 인지 발달단계를 정리해 보면 〈표 3-2〉와 같다.

표 3-2 피아제의 인지 발달단계

단계	시기	특 징
감각운동기	출생~2세	• 대상 영속성 • 목표지향적 행동의 시작
전조작기	2~7세	• 자아중심성 • 물활론적 사고 • 보존개념의 결여 • 불완전한 분류 능력
구체적 조작기	7~12세	• 보존 개념 이해 • 유목화하고 서열화 • 조망수용
형식적 조작기	12세 이후	• 추상적 사고 • 가설적 연역적 사고

2) 비고츠키의 사회문화적 인지이론

비고츠키는 인간이 사회와 문화적 맥락 속에서 존재하기 때문에 영유아의 인지발달을 이해하기 위해서는 그 영유아가 맺고 있는 사회적 관계나 문화적 특수성을 이해할 필요가 있다고 하였다. 즉, 영유아가 부모, 교사, 또래와의 사회적 상호작

용을 통해 자신이 속한 문화에 부합되게 사고하고 행동하는 것을 배우게 된다는 것이다.

사회적 상호작용이 인지발달에 미치는 영향을 강조한 이론이 비고츠키의 사회문화적 인지이론이다.

(1) 비고츠키

비고츠키(Lev Semenovich Vygotsky, 1896~1934)는 1896년 러시아의 유대인 가정에서 태어났고 모스크바 대학에서는 법학을 전공하였으며, 이후 문학, 언어학을 공부하였다. 1917년 러시아 혁명 이후 새로운 사회주의를 건설하는 일환으로 마르크시즘(Marxism)에 기초한 새로운 심리학을 구상하였다.

비고츠키는 1934년 37세의 나이에 폐결핵으로 짧은 생을 마쳤으나 요절한 해에 '사고와 언어(Thought and language)'가 출간되었고, 생전의 논문과 저서는 180편이 넘는 놀라운 업적을 남겼다.

인지발달에 있어 피아제가 영유아의 능동적인 면을 강조했다면 비고츠키는 성인이나 또래와의 사회적 상호작용에 따른 사회적인 경험을 중요시하였다. 비고츠키는 성인의 역할과 타인의 도움이 중요하다고 하였다. 성인은 언어적·사회적 상호작용의 대상으로서 역사적·문화적으로 축적해 놓은 여러 가지 의미 및 사회의 행동양식을 습득하도록 영유아에게 도움을 줄 수 있다는 것이다. 그러므로 특정 문화에서 영유아가 적절하게 사고하고 행동하는 법을 습득하려면 사회적 상호작용 특히 영유아와 성인 간의 대화가 필수적이다.

(2) 주요개념

① 근접발달영역(ZPD)

근접발달영역(Zone Proximal Development: ZPD)이란 영유아의 실제적 발달 수준과 잠재적 발달 수준 간의 중간영역을 말한다. 실제적 발달 수준은 타인의 도움 없이 영유아 스스로의 힘으로 도달할 수 있는 문제해결의 수준을 뜻하며, 잠재적 발달

수준은 성인의 안내나 좀 더 나은 유능한 또래들과의 영향력으로 풀 수 있는 문제 해결의 수준을 말한다. 그러므로 영유아가 혼자서는 해결할 수 없지만 성인이나 유능한 또래와 함께 학습하면 성공할 수 있는 영역을 근접발달영역이라 한다.

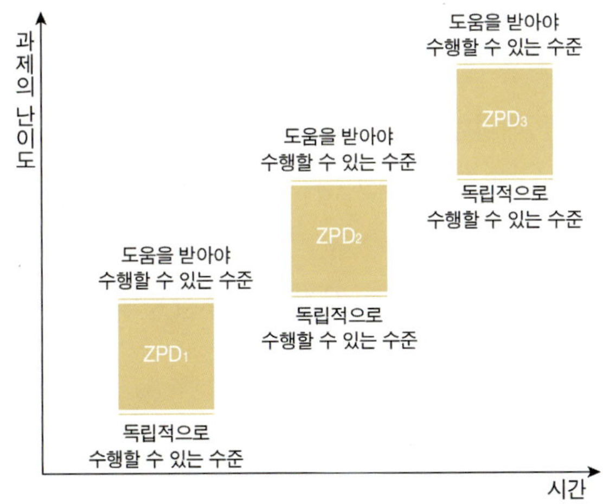

그림 3-13 근접발달 영역의 역동적인 특징

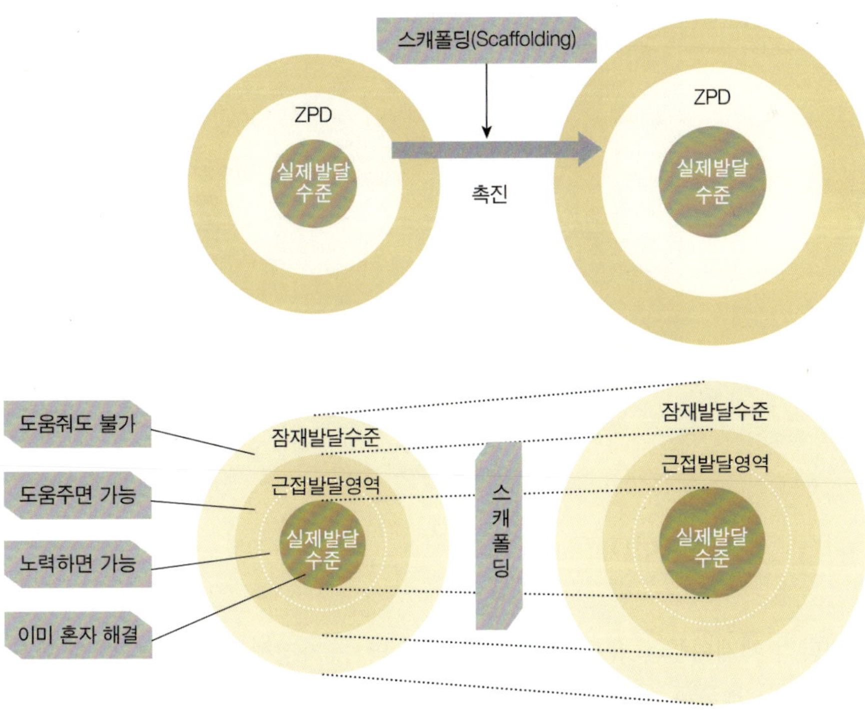

그림 3-14 비고츠키의 근접발달영역

② 비계설정

영유아가 발달할 수 있도록 성인이나 유능한 또래들이 도와주는 조력의 과정을 비계설정(scaffolding)이라 한다.

비계란 원래 건축학 용어로 건물을 지을 때 발판으로 사용하고 건물이 완성된 후 제거해 버리는 장치를 말한다. 교육학에서의 비계는 건축학 용어를 빌려온 것으로 영유아가 문제를 해결할 수 있도록 성인이 도움을 주다가 영유아 능력이 증가되면, 점진적으로 도움을 철회하고 영유아 스스로 문제를 해결할 수 있도록 하는 것을 의미한다.

비계는 영유아 발달을 촉진시키는 사회적 상호작용으로 성인은 영유아 수행수준에 맞추어 도움을 조절할 수 있다.

그림 3-15 건축물의 비계

7. 생태학적 체계이론

생태학적 체계이론은 유전적 요소, 가정의 역사, 가정생활의 질, 사회 경제적 수준, 문화적인 배경과 같은 요인들이 발달과 관련된다고 보았다. 인위적인 실험실 연구가 아닌 실제 삶의 맥락 내에서 행하고 연구하고자 하는 생태학적 접근은 최근 발달 심리학의 여러 영역에서 강하게 부각되고 있다. 생태학적 체계이론은 환경적 요소에 의해 영향을 받는 통합된 유기체로서의 전인적 영유아를 생각한다. 따라서 활동적이며 성장하는 인간이 환경과 어떻게 관계되어 있는지를 이해하는 방법으로 인간 발달의 생태학을 제시한 브론펜브레너의 생태학적 체계이론을 살펴보고자 한다.

1) 브론펜브레너

브론펜브레너(Bronfenbrenner, 1917~2005)는 러시아에서 출생했으며, 여섯 살 때 미국으로 이주하여 그의 아버지가 근무하는 정신지체아를 위한 국립연구소 안에서 어린 시절을 보냈다. 그는 코넬대학교에서 음악과 심리학을 전공하였으며, 1942년 미시간대학교에서 발달심리학 박사학위를 취득했다.

1948년 이후에는 코낼대학교 교수로 재직하면서 헤드스타트 프로그램을 설계하는 데 참여했으며, 저서 「인간발달 생태학」(1979)을 통해 자신의 생태학적 체계이론을 알렸다.

브론펜브레너는 개인을 위해서는 그의 가족, 지역사회, 나아가서는 국가나 세계까지 총체적인 맥락에서 상호관계를 조명해야 한다고 주장하였다. 영유아는 생태계의 발달과 함께 전인으로 성장 발달할 수 있다고 하였는데, 영유아를 둘러싼 생태계의 체계를 다섯 가지의 체계로 설명하였다. 이를 브론펜브레너의 생태학적 체계이론(ecological system theory)이라고 한다.

2) 주요개념

생태학 이론은 영유아의 생과 발달에 있어 환경이 미치는 영향에 초점을 두었으며, 환경적 요소에 의해 영향을 받는 통합된 유기체로서의 전인적 영유아로 성장·발달한다고 하였다.

브론펜브레너의 생태학적 체계이론은 영유아의 직·간접적으로 작용하는 사회적 환경을 체계화하였는데 즉, 미시체계, 중간체계, 외체계, 거시체계, 시간체계로 구성된 인간 생태계를 가정한다. 마치 러시아 인형처럼 겹겹이 싸여 있는 복잡한 수준의 체계와 관계 속에서 상호 호혜적인 사회문화적 환경을 말한다. 이를 자세히 살펴보면 다음과 같다.

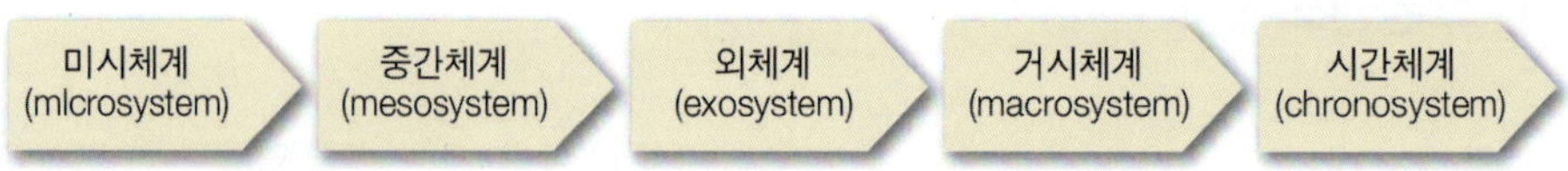

(1) 미시체계

미시체계(microsystem)에는 영유아가 속한 가정, 친구, 어린이집(유치원) 등이 속하며, 이러한 환경은 영유아와 밀접하게 상호작용하면서 영유아에게 영향을 미친다. 만약 영유아가 속한 가족이 영유아의 발달에 긍정적인 여러 요소를 갖추었다면 영유아는 건강하게 발달한다. 그러나 영유아 가족이 발달에 부정적인 여러 요소를 갖고 영향을 끼친다면 영유아의 건강한 발달을 저해할 수 있다.

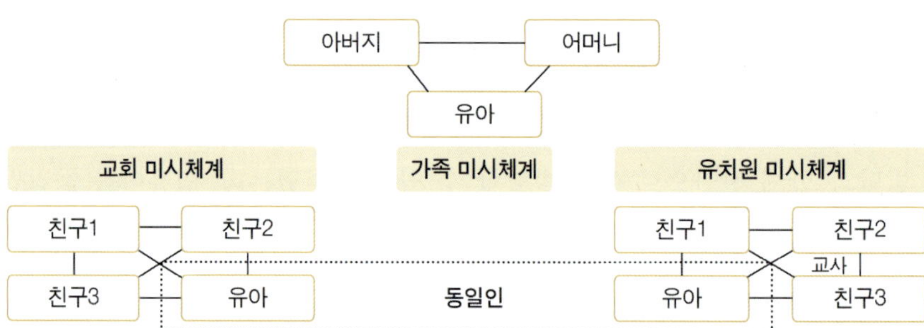

(2) 중간체계

중간체계(mesosystem)는 미시체계 간의 상호관계를 의미한다. 미시체계 간의 관계가 영유아 발달에 많은 영향을 미친다. 영유아의 경우 가정과 유치원의 관계, 가정과 또래집단과의 관계가 대표적이다. 예를 들면, 가정의 경험이 유치원에서의 행동에 영향을 미치며, 부모와 교사의 존중하는 밀접한 관계는 부모-자녀 관계와 영유아 발달에 긍정적 영향을 미친다. 하나의 미시체계에서 일어나는 사건들은 다른 미시체계에서 일어나는 영유아의 행동과 발달에 영향을 끼친다. 따라서 가정, 유치원, 또래집단에서 각각 경험한 것들이 영유아에게 통합적으로 맥락 속에서 경험된다.

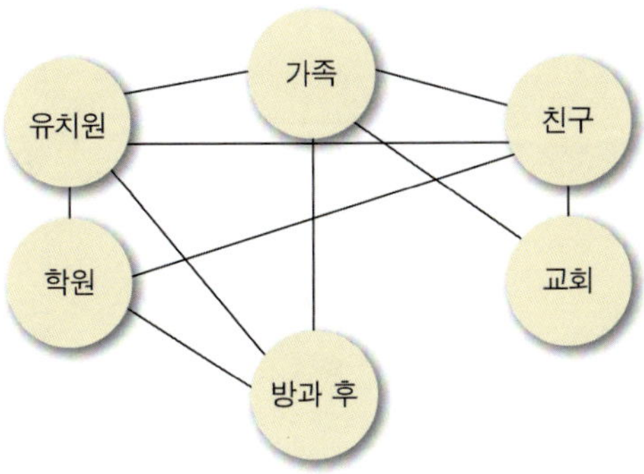

(3) 외체계

외체계(exosystem)는 영유아에게 직접 개입하지 않는 환경이나 미시체계에 영향을 주는 사회적 환경을 말한다. 예를 들면, 부모 직장, 교육부, 대중매체 등이 있다. 부모 직장이 아동 관련 복지혜택이 많고 가족 친화적이냐 그렇지 않으냐에 따라 영유아 발달에 미치는 영향력은 달라질 것이다. 또한 교육부가 어떤 입시정책을 시행하는가에 따라 조기교육이 영향을 받게 된다.

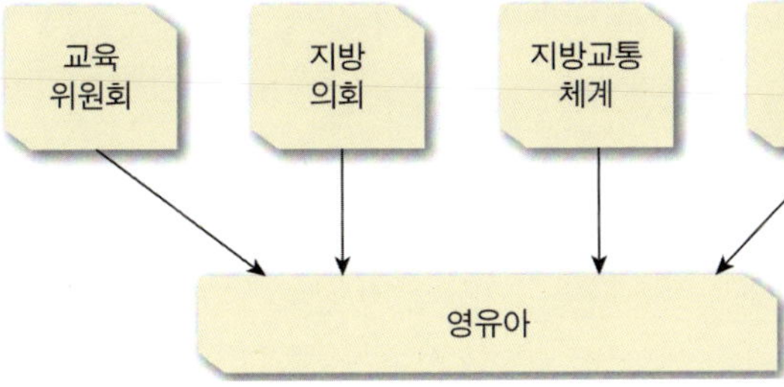

(4) 거시체계

거시체계(macrosystem)는 미시체계, 중간체계, 외체계에 포괄적으로 영향을 주는 사회, 문화적 신념, 가치관, 제도, 관습 등을 의미한다. 한 사회가 다른 사회와 다른 이유는 바로 이 거시체계가 다르기 때문이다. 이는 개인과 직접적인 관련이 거의 없지만 가장 근본적이고 중대한 변화를 초래한다. 거시체계가 가지는 시대정신이나 풍토는 영유아의 신념과 구체적인 행동에 영향을 미친다. 이러한 네 가지 체계는 상호작용하며 영향을 미친다.

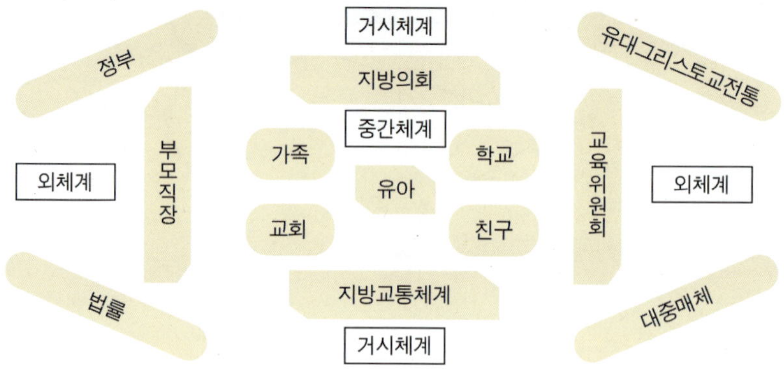

(5) 시간체계

시간체계(chronosystem)는 시간에 걸쳐 일어나는 변화와 사회, 역사적인 환경을 의미한다. 예를 들면 가족 제도의 변화, 결혼관의 변화, 직업관의 변화 등을 들 수 있다. 그래서 인간은 처음에는 일차적인 양육자를 이해하고 그다음으로 가정, 학교 환경을 이해하며 사회, 문화 등 더 큰 측면들을 이해하고 그 속에서 발달해 간다.

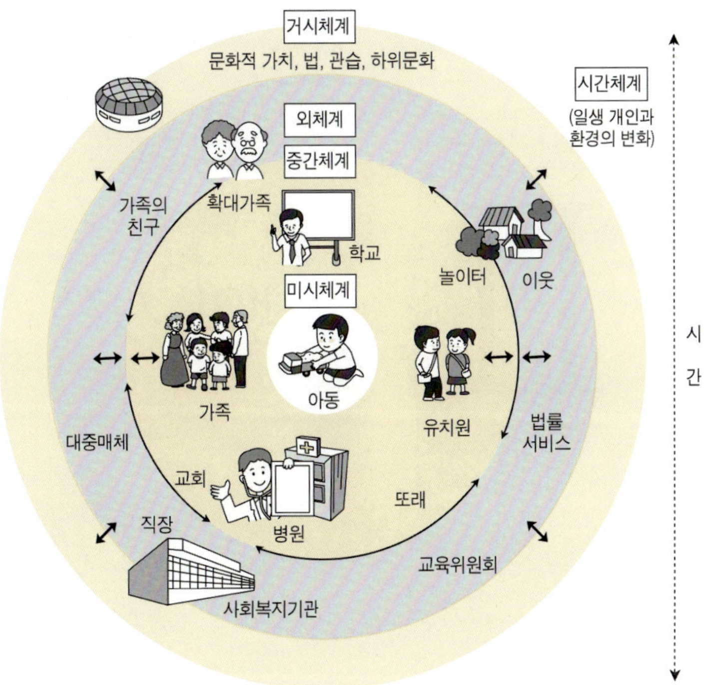

그림 3-16 브론펜브레너의 생태학적 체계이론

출처: 김미영(2019).

연습문제

- 성숙주의 입장에 해당하는 예를 두 가지 이상 들어보시오.
- 에릭슨은 자아정체감 발달이 중요하다고 하였습니다. 각자의 자아정체감 발달에 대하여 생각해보고 자신의 성격형성에 어떤 영향을 미쳤는지 토의해보세요.
- 고전적 조건형성, 조작적 조건형성에 의한 학습을 예를 들어 설명하시오.
- 사회학습이론에 기초하여 바람직한 양육자의 역할을 적어보시오.
- 피아제의 네 가지 발달단계의 특징을 설명하시오.
- 브론펜브레너의 생태학적 체계이론의 다섯 가지 체계에 근거하여 자신에게 가장 영향을 많이 미쳤다고 생각되는 체계를 무엇인지 생각해보시오.

PART II 생의 시작

인간의 생은 모체에서 정자와 난자가 만나 결합하는 순간부터 시작되어 이후 태내에서 급속도로 발달이 이루어진다. 태내기는 인간의 일생 중 가장 빠른 성장과 발달이 이루어지는 시기이며 임산부와 그를 둘러싼 여러 요인들이 직간접적으로 태아의 성장발달에 영향을 준다. 태내에서 잘 성장한 태아는 곧 출산을 통해 세상 밖으로 나오며, 주변 환경에 대한 호기심 어린 탐색과 양육자의 도움을 통해 달라진 환경에 적응해 나가며 신생아기를 보내게 된다.

Ⅱ부에서는 바로 이러한 태내발달 및 출산 그리고 신생아 발달에 대해 자세하게 알아볼 것이다. 태내발달에서는 임신과 태내기 발달과정 및 태아발달에 영향을 주는 환경적 요인을 알아보고, 출산과정을 통해 태아가 어떻게 세상에 탄생하게 되는지 그 과정 또한 자세히 살펴볼 것이다. 그리고 신생아 발달에서는 신생아의 신체적, 생리적 특징 및 반사행동, 그리고 신생아를 돌보는 방법들을 알아볼 것이다.

Ⅱ부의 학습을 통해 태내환경의 중요성을 깨닫고 영유아가 건강하고 행복하게 생을 시작할 수 있도록 도움을 줄 수 있을 것이다.

CHAPTER 4 태내발달 및 출산

한 여성이 매우 흥분된 표정으로 옆 사람에게 "나 오늘 태동을 느꼈어"라고 이야기를 한다. 이 말은 아직 내 눈으로 확인할 수는 없지만 태내에 역동적으로 살아 움직이는 생명이 존재함을 인식하고 있음을 나타낸다. 그렇다면 생명은 언제부터 태내에 존재하고 있었을까? 생의 시작은 태내에서 남성의 정자와 여성의 난자가 서로 만나 하나로 결합하는 수정(受精, fertilization)의 순간부터 시작된다. 일단 정자와 난자의 결합으로 생명체가 형성되면 모체의 자궁 내에서 280일(40주) 동안 빠른 속도록 성장해 나간다. 태내에서 형성되는 신체적 구조와 기능은 한 개인의 전 생애에 영향을 주는 발달의 기초가 되기 때문에 그 어떤 시기보다 주변의 주의 깊은 배려가 필요하다. 제4장에서는 새로운 생명이 만들어져서 자궁 밖의 세상으로 나오게 되는 태내발달과 출산 과정에 대해 자세하게 다루게 될 것이다.

학습목표

1. 태내발달과정을 이해한다.
2. 태아발달에 영향을 미치는 요인을 알아보고 태내환경의 중요성을 인식한다.
3. 출산의 과정 및 출산에 영향을 주는 요인을 이해한다.

주요용어

수정, 수정란, 발아기, 배아기, 태아기, 태내환경, 출산, 라마즈 분만, 르봐이예 분만, 수중분만, 무통분만, 제왕절개

4 태내발달 및 출산

1. 임신

임신은 수정과 착상의 과정을 거치며 여성의 몸 안에 일어나는 변화로 태아가 수정란의 형태로 자궁에 착상된 순간부터 자궁 밖으로 나올 때까지의 상태를 말한다. 여성의 난소에서 배란된 난자는 배란 후 1~2일, 정자는 자궁 내에서 2~3일 동안 살아남아서 수정할 수 있는 능력을 가지며, 정자의 경우 사정된 후 1주일까지 살아 있기도 한다. 정자는 사정된 후 2~3시간이면 수란관을 따라 난소 가까이에 이르기 때문에, 일반적으로 정자가 먼저 수란관 상부에 도달해 있다가 난소에서 배란된 난자가 이곳에 이르면 여러 정자 중 하나만이 난자와 결합하여 단일 세포인 수정란(受精卵, fertilized ovum)을 형성한다.

수정란이 형성되고 나면 수정란은 수란관을 따라 자궁으로 이동하면서 세포분열의 일종인 난할을 계속하며, 수정 후 7~8일이 되면 자궁 내벽에 착상한다. 이렇게 수정란이 착상된 이후를 임신이라고 한다. 자궁에 착상된 수정란은 자궁 내벽으로부터 영양을 공급받으면서 약 9개월 동안 자란 후 태어나게 되는데 이 과정을 임신이라 하고, 이러한 상태의 여성을 임산부라 한다. 임신 기간은 마지막 월경 시작일로부터 280일, 수정된 날로부터는 266일이다.

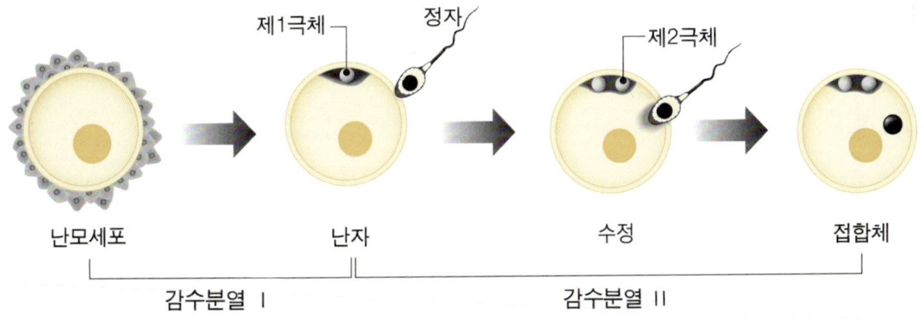

그림 4-1 수정과 수정란

일반적으로 수정은 하나의 정자와 하나의 난자의 결합으로 이루어진다. 그러나 한 개의 난자가 이분되어 일란성 쌍생아로 성장할 수 있고, 두 개의 난자가 방출되어 두 개의 정자와 만나 이란성 쌍생아가 되기도 한다.

태아의 성별은 염색체의 결합에 의해서 결정된다. 여성의 난자는 X염색체만 가지고 있고 남성의 정자는 X염색체와 Y염색체 두 종류를 가지고 있으므로, 수정이 이루어질 때 난자가 정자의 X염색체와 만나 XX로 결합하면 여아가 되고, 정자의 Y염색체와 만나 XY로 결합하면 남아가 된다. 수정 시에는 남아를 만들 수 있는 정자가 여아를 만들 수 있는 정자보다 훨씬 많아 여아 100에 남아 160 정도이나, 태아 사망률이 남아가 높기 때문에 출생 시에는 여아 100이면 남아 105 비율이다(손홍숙, 2010). 그리고 놀랍게도 새로운 생명체의 절반 정도만이 살아남아 출생에 이르게 된다. 그중 1/4은 유전자 결함으로 수정 후 2~3일 내에 소실되고, 나머지 1/4은 임신기간 중에 자연유산하게 된다(정옥분, 2015).

2. 태내 발달단계

태내기는 남성의 정자와 여성의 난자가 만나 수정된 후 출산하기까지의 약 280일, 40주간을 지칭하며, 이 시기는 인간의 일생 중 가장 빠른 성장과 발달이 이루어진다. 수정에서 출산에 이르기까지 태내기 발달은 발아기, 배아기, 태아기의 3단계로 나누어 진행된다(문혁준 외, 2009; 이영 외, 2015; 정옥분, 2015; Berk, 2007).

1) 발아기

정자와 난자가 결합한 수정란이 자궁벽에 착상하는 2주까지의 기간을 발아기(germinal period)라고 부르며, 발생기, 배란기, 배종기, 정착기, 배아전시기라고도 한다. 이 시기는 인간의 생애에서 가장 사망률이 높은 시기이지만 모체는 태내에서 일어나는 일을 지각하지 못한다.

수정은 정자와 난자가 만나는 현상이며 난자의 막을 뚫고 들어간 정자의 핵과 난자의 핵이 만나 새 개체가 시작된다. 이 수정란을 배란(胚卵, zygote)이라고도 한다. 수정란은 수정 직후부터 계속 세포분열을 하는데, 수정 후 30시간까지는 완전하지 않기 때문에 오랜 시간이 걸리지만 점차 새 세포들이 빠른 속도로 증가한다. 2일 후에는 4개의 세포로, 3일 후에는 32개의 세포로 그리고 수정 후 1주일이 지나면 약 100~150개의 세포로 분열한다. 수정란은 세포분열을 하는 동안 난관 내부의 섬모운동과 난관의 수축작용으로 나팔관과 난관을 지나 3~4일 후에 자궁에 이르게 된다. 자궁에 도달할 때쯤에 수정란의 크기는 머리핀의 머리 크기만 하며, 작은 공 모양의 배반포로 변해 1~2일 동안 자궁 속을 자유롭게 떠다닌다.

착상은 7~8일째에 이루어지고, 배반포는 자궁 내벽으로 깊이 파고들어 자양분이 풍부한 여성의 혈액으로 둘러싸여 본격적으로 자라기 시작한다. 배반포는 외세포 덩어리 및 내세포 덩어리와 그 속에 채워진 액체로 구성되어 있다. 영양배엽으로 불리는 외세포 덩어리는 자궁벽에 정착하여 태아를 보호하고 태아에게 영양분을 공급하는 조직인 태반으로 발달한다. 태반은 태아의 복벽과 연결되어 있는 탯줄을 통해 모체로부터 산소와 영양분을 태아에게로 전해주고 태아의 분비물은 모체의 혈액을 통해 바깥으로 배설하는 일을 하게 된다. 임신 초기의 태반은 태아의 신장, 장, 간, 허파의 중요한 역할을 한다. 내세포 덩어리는 이후에 자궁 내에 완전히 착상하게 되면 배아로 성장하여 태아와 양막으로 분화된다. 양막은 태아의 집이 되는데 투명 액체인 양수가 조금씩 만들어져 임신 3개월경 양막 속에 가득 차게 된다. 양막은 항상 일정한 온도를 유지시켜 주며, 외부로부터의 충격을 막아 태아를 보호해 준다.

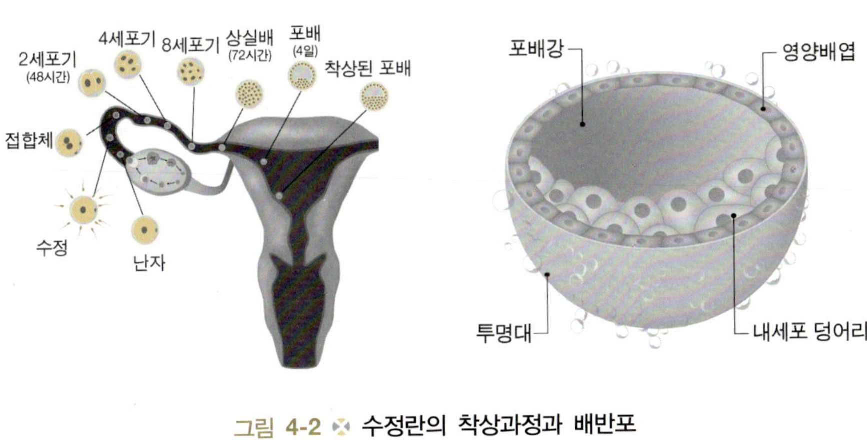

그림 4-2 수정란의 착상과정과 배반포

그러나 첫 2주간의 발달은 매우 섬세하고 불확실하여 임신의 약 58%가 착상에 실패한다. 이는 발달의 가장 초기 단계에서 기형을 막아주는 기능을 한다. 또 어떤 경우는 수정란이 자궁에 착상하지 못하고 난관, 난소, 자궁경부, 자궁각에 착상하게 된다. 이를 자궁 외 임신이라고 한다. 자궁 외 임신은 오래 지속될 수가 없기 때문에, 태아는 난관 등에서 충분히 발육하지 못하고 유산되거나 난관파열을 일으키기도 한다. 때로는 복강 내 과다출혈로 인해 임산부가 사망하기도 한다.

2) 배아기

배아기(embryonic period)는 착상 후부터 임신 8주까지의 6주의 기간을 말하며, 이 시기에 분화된 유기체를 배아(embryo)라고 한다. 6주라는 짧은 기간 동안 가장 급속한 태아기 변화가 이루어지며 인간으로서 필요한 대부분의 주요 기관과 신경계통이 분화되고 형성된다.

배아기의 첫째 주에는 배아 원형이 외배엽, 중배엽, 내배엽의 세 가지 세포층으로 분화되어 서로 다른 형태의 세포로 발달함에 따라 신체의 각 부분이 형성된다. 외배엽으로는 신경계, 감각기관, 피부, 머리카락 손톱, 발톱 등이 형성되며, 중배엽으로는 근육, 골격, 순환계, 배설기관 등의 내부 기관들이 형성된다. 내배엽으로는 소화기관, 장기, 호흡기, 기관지, 폐, 췌장, 간 등의 기관이 형성된다.

배아기는 머리 부분이 먼저 발달되어 전체 길이의 반이 되며, 4주경에는 심장이 뛰기 시작하며, 뇌와 신경조직이 분화되고, 입이나 소화기관, 간 등이 형성되기 시작한다. 8주경에는 얼굴에서 입, 눈, 귀가 뚜렷하게 분화되며, 팔, 다리, 손발이 형성된다. 이때 성기가 형성되기 시작하고 근육이나 연골조직이 발달한다. 내부기관에서도 장, 간, 폐, 신장, 췌장이 뚜렷하게 형성되고 그 기능이 시작된다. 또한 신경조직이 급속이 발달한다.

배아기에 인간이 갖추어야 할 신체기관과 기본조직이 모두 갖춰지게 되므로 배아는 건강한 발달을 방해하는 것에 특히 민감하다. 임신 3개월 이전인 이 시기에 결함이 있는 경우는 시각장애, 폐의 결함, 언청이 등과 같은 장애를 갖게 되며, 배아 결함이 큰 경우에는 자연유산이 된다. 배아기 말경, 소변이나 혈액검사로 임신 사실을 확인할 수 있으며 유전적 결함도 확인할 수 있다.

3) 태아기

태아기(fetal period)는 임신 9주부터 출생할 때까지의 기간으로 이때의 유기체를 태아(fetus)라고 한다. 태아기는 '성장과 마무리'의 시간으로 크기 면에서 빠른 성장이 나타난다. 태내기 중 가장 긴 기간이다.

3개월경에 태아는 약 7.5cm 정도의 길이가 되며 28g을 넘지 않으며 만지면 반응을 한다. 남녀 성의 구별도 가능하다. 4개월경에는 태아의 크기가 현저하게 변화하고 뇌가 급속히 성장하며 쥐기 반사와 바빈스키 반사, 빨기 반사를 보인다. 또한 태아의 심장박동 소리가 자궁벽을 넘어서도 들린다. 5개월이 되면 땀샘이 발달하여 피부가 두꺼워지고 전신에 솜털이 돋으며 머리카락, 눈썹, 손톱 및 발톱이 생긴다. 4~5개월 사이에 손, 발이 완전히 발달하며 눈을 감고 뜰 수 있고, 소리를 들을 수 있으며, 폐호흡이 가능해진다. 보통 4개월경에 태동이 나타나며, 5개월경의 태아의 신장은 출생 시의 50%까지 성장하지만 체중은 10% 정도에 머문다. 체중증가는 주로 태아기 말에 가서 급속도로 이루어진다.

6개월부터는 임신 후반기로서 이미 기본적인 조직이 모두 형성되었기 때문에 출생에 대한 준비기라고 할 수 있다. 7개월경이면 태아는 미숙아로 태어난다 하더라도 생존이 가능할 정도로 충분히 성장하게 된다. 8개월경에는 출생 후에 체온조절을 돕는 피하지방층이 생기기 시작하며, 9개월 말에는 체중과 신장의 증가가 멈추지만, 피하지방의 축적과 심장박동수의 증가, 내부기관 등은 출생 후의 환경에 적응하기 위하여 효율적으로 성숙하게 된다. 9개월경에는 대부분의 태아의 머리가 아래로 간 위치로 정착하게 된다. 이러한 자세는 자궁 내에서 가장 많은 공간을 확보하게 해 줄 뿐만 아니라 출산을 용이하게 해 준다. 〈표 4-1〉은 태아기의 발달특징을 정리한 것이다.

표 4-1 태아기의 발달특징

개월	키(cm)	몸무게	발달특징
3	7.5	28(g)	• 두 눈의 위치가 멀고 눈꺼풀은 붙어 있음. 코는 납작 • 사지가 구분되고 손가락, 발가락 형성 • 주요 혈관 형성. 내부조직의 계속적 발달 • 콩팥, 간의 분비물 형성 • 젖니가 될 부분이 생기기 시작. 성대의 형성
4	15	0.1(kg)	• 조직의 분화 • 눈이 거의 완전히 형성. 콧대 형성. 겉귀 생김 • 골화가 계속되고 부속기관 발달 • 손톱 발달. 머리가 전체 키의 1/3. 살갗은 진한 빨간색 • 급속한 뇌의 성장
5	25	0.4(kg)	• 태아 움직임 • 땀샘이 발달함에 따라 태지가 살갗을 덮음. 솜털이 나타남 • 내부기관의 계속적인 발달
6	31	0.6(kg)	• 눈꺼풀이 분리되고 속눈썹 형성 • 피부는 여전히 진한 빨간색. 피부에 주름이 많음 • 심장박동이 뚜렷해짐
7	38	1.2(kg)	• 눈을 뜸 • 머리와 몸의 비율이 좀 더 적절해짐 • 미각을 식별할 수 있는 능력 생김
8	41	1.8(kg)	• 7개월이 지난 태아는 태어나면 생존 가능 • 키와 몸무게의 급속한 성장 • 급속한 두뇌 성장. 손톱 성장 • 피부의 주름이 줄어들고 피하지방 축적 • 영구치 될 부분이 발달
9	45	2.1(kg)	• 두개골이 부드러워지고 피하지방 축적
10	50	3.2(kg)	• 손톱이 길게 자람 • 계속적인 지방 축적. 피부에 솜털이 덮임

출처: 조복희 외 (2002). p.101. 부분발췌.

이상의 내용을 바탕으로 태내발달 단계별 주요 변화 양상을 표와 그림으로 정리하면 〈표 4-2〉, [그림 4-3]과 같다.

표 4-2 태내발달 단계별 주요 변화 양상

단계	기간	주요 변화
발아기	0~2주	• 수정란이 세포분열 하며 자궁벽에 착상 • 인간의 생애에서 가장 사망률이 높은 시기 • 모체는 태내에서 일어나는 일을 지각하지 못함
배아기	3~8주	• 짧은 기간 동안 가장 급속한 태내기 변화가 이루어짐 • 신체 주요 기관과 신경계통이 분화, 형성됨
태아기	9~38주	• '성장과 마무리'의 시간. 크기 면에서 빠른 성장이 나타남 • 신체의 모든 기능이 작동하기 시작

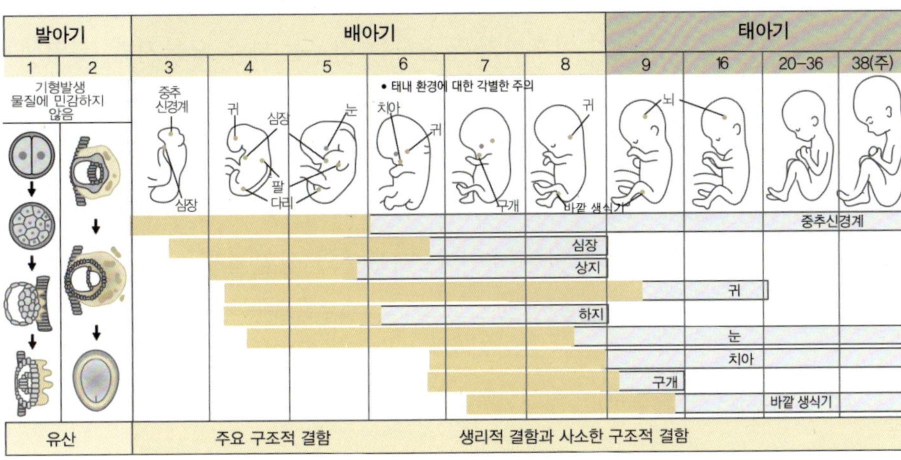

그림 4-3 태내발달

출처: Berk(1999); 홍길회, 한성희(2019).

3. 태내발달에 영향을 미치는 요인

태내기의 환경이 자궁 밖 세상보다 훨씬 더 안전할지라도, 많은 요인들이 태내기 발달에 영향을 미칠 수 있다. 태내발달에 영향을 미치는 요인은 크게 유전적 요인과 환경적 요인으로 나눌 수 있는데, 유전적 요인에 의한 기형아는 20~25%에 불과하고 나머지가 외부의 환경요인에 의해서 발생한다.

1) 유전적 요인

유전적 요인은 수정되는 순간에 발생하는 요인으로, 염색체 이상으로 나타난다. 여기에서는 태아발달에 영향을 미치는 유전적 요인을 성염색체 이상과 상염색체 이상으로 나누어 살펴보고자 한다(김현호 외, 2017; 손홍숙, 2010; Berk, 2007).

(1) 성염색체 이상

인간의 성을 결정하는 염색체는 23번째의 X, Y염색체이다. 성염색체 이상은 23번째 염색체 쌍이 불안전하거나 부정확하게 분열되는 것이다. 상염색체 이상에서 기인하는 질병의 경우 유아기 이후까지 생존하는 경우는 매우 드물지만, 성염색체 이상에서 오는 질병은 상염색체 이상에서 기인하는 경우보다 많은 문제를 갖지 않고 사춘기가 될 때까지 겉으로 드러나지 않아 잘 인식하지 못한다. 성염색체 이상으로 인한 가장 흔한 문제는 여성의 경우 X염색체가 하나 부족하거나 더 많거나 남성의 경우 X나 Y가 하나 더 있는 것이다. 대부분의 성염색체 이상은 특별한 영역의 정신지체를 동반하는 경우가 많다.

① 터너 증후군(XO증후군)

여성의 성염색체 이상으로 X염색체가 하나밖에 없는 XO형이며 전체 염색체의 수가 45개이다. 2,500~8,000명당 1명 정도 여성에게만 나타난다. 터너증후군의 여아는 여성생식기관을 가지고 있지만, 염색체가 쌍으로 되어 있지 않기 때문에 감수 분열을 못 하며, 제2차 성기능이 발달하지 못한다. 따라서 사춘기가 되어도 어린아이 모습을 그대로 유지하며 키가 작고 살이 쪘으며 손가락과 발가락이 짧고 굵다. 가슴은 넓고 유방은 작고 발달하지 않으며 심장과 신장의 기형을 나타낸다. 지능은 50~70 정도로 언어능력은 정상이나 공간 지각과 쓰기에 어려움을 보이는 경우가 많다. 아동기 신체 성장 촉진과 사춘기 성적 특성의 발달을 촉진시켜 주는 호르몬을 처치할 수 있으며, 공간능력 증진을 위한 특별교육을 할 수 있다.

② XXX증후군

정상적인 여성의 성염색체(XX)가 변이되어 X염색체 하나가 더 결합되면서 XXX로 되는 것으로 XXXX로 나타날 수도 있다. 여아 500~1,200명 중 한 명꼴로 태어난다. 상대적으로 키가 큰 것을 제외하고는 외형이나 성적인 발달 면에서 별다른 차이가 없으며 생식력을 갖추고 있어서 정상적인 염색체 수를 갖고 있는 아이를 출산할 수 있다. 그러나 성격 특성이 불완전하게 발달되고, 정신장애와 정신병적 행동이 출현할 가능성이 높다. 지능은 평균보다 약간 낮은 편이며 생후 2세가 되면 걷기, 말하기와 같은 연령별 발달이 지체되면서 발견할 수 있다. 언어능력발달을 위한 특별교육이 필요하다.

③ 클라인펠터증후군(XXY증후군)

정상적인 남성 성염색체에 X염색체가 하나 이상 더 결합되어 성염색체가 XXY, XXXY로 이루어져 있다. 남아 900~1,000명당 1명 정도 나타난다. 표현형은 남성의 외모로 남성 생식기관을 가지고 있지만 생식은 불가능하며, 고환이 작고, 키가 크고 마르며, 사지가 길다. 또한 X염색체가 하나 이상 더 있기 때문에 유방이 발달하고, 신체에서 여성적 특징이 나타난다. 성격은 내향적이고 수동적이며 수줍고 자존심이 낮으며, 성에 관심도 없고 정서적으로 불안한 특성을 보인다. 언어 지능에 대한 결함이 20~30% 정도 나타나며 X염색체의 숫자가 증가할수록 더 심각하게 나타난다. 사춘기에 남성적 특성의 발달을 촉진시켜주는 호르몬 치료와 언어치료로 도움을 줄 수 있다.

④ XYY증후군

정상적인 남성의 성염색체에 Y염색체가 하나 이상 더 결합되어 성염색체가 XYY, XYYY로 이루어져 있다. 남아 1,000명 중 1명 정도로 나타난다. 정상적인 남성보다 키가 크고, 치아가 크며, 사춘기에 여드름이 많이 나고, 정신지체가 나타난다. 공격적인 성향이 있어 범죄율이 높고, 성인기에 정신분열증의 발병률도 높다. 적은 수의 정자를 생산하지만 생식능력은 있다.

(2) 상염색체 이상

상염색체 이상의 제일 흔한 유형은 상염색체 22쌍 중의 한 쌍이 3개의 염색체로 복사된 것이 정상적인 생식세포와 결합하여 47개의 염색체(45개의 상염색체+2개의 성염색체)를 가진 집합체를 형성하는 경우이다.

① 다운증후군

염색체 이상의 가장 흔한 예로 1,000명당 1명의 발생비율로 나타난다. 95%가 21번째 염색체 이상이 원인으로, 21번째 염색체가 세 개로 구성되어 있다. 출생 후 2년 이내에 결함이 나타나기 시작하며 정신지체, 언어장애를 동반하며 운동능력도 더디게 발달한다. 그러나 성격이 밝고 사람을 좋아하기 때문에 사교성이 좋고 정서적으로 다정하고 유쾌한 성격을 가지고 있다. 대부분 경제적 자립이 불가능하나 특수교육이나 개인교육을 받게 되면 스스로 기본생활을 영위할 수 있을 만큼의 훈련도 가능하다.

다운증후군은 어머니의 연령과 관계가 깊으며 어머니의 연령이 증가함에 따라 급격히 증가한다. 그리고 다운증후군의 자녀를 출산한 경험이 있는 경우는 발생비율이 더욱 증가한다.

② 에드워드증후군

남성 대 여성이 4:1의 비율로 나타나며 3,000~7,000명당 1명 정도로 나타난다. 출산 전후의 사망률이 매우 높다. 에드워드증후군은 소두증, 짧은 흉골, 굽은 손가락, 심장질환, 두개골 안면의 기형, 발의 기형과 심각한 정신지체를 나타낸다.

③ 파타우증후군

13번째 염색체가 3개이며 6,000명당 1명꼴로 나타난다. 이마가 짧으며 무뇌증, 시각장애와 심각한 정신장애를 나타낸다. 12개월 이후까지 생존율이 5% 이하이며 출생 후 1개월 이내에 46%의 사망률을 보인다.

④ 묘성증후군

5번째 염색체의 짧은 부분이 없는 것으로 50,000명당 1명꼴로 나타난다. 고양이 울음소리 같은 소리를 내며, 저체중, 소두증, 신경근육의 손상과 키가 작은 것이 특징이며 대부분 태아 때 사망한다.

2) 환경적 요인

환경적 요인이 태내발달에 특히 크게 영향을 미치는 시기는 신체의 주요 기관이 급격하게 형성되는 임신 초기 3개월, 즉 배아기이다. 이때 산모를 통해 유해한 환경이 태아에게 유입되면 각 기관의 구조와 기능은 심각한 손상을 입게 된다. 그리고 손상의 정도는 태내기 발달 시기와 정도에 따라 차이가 있다. 태내발달에 영향을 주는 환경적 요인이 많이 있겠으나 여기에서는 연령, 영양, 정서 상태, 질병, 약물, 음주와 흡연, 환경오염 및 유해물질, 산모의 출혈과 산모와 태아의 Rh인자의 불일치, 산모의 출산 간격 등에 대하여 알아보고자 한다.

(1) 연령

일반적으로 25~29세 사이를 임신과 출산에 있어 최적의 연령이라 하며, 임산부 연령이 35세를 지날 경우 노산이라 일컫는다. 노산의 경우 자연유산, 난산, 임신중독증, 미숙아, 다운증후군 등의 출산 가능성이 커진다. 반대로 모체의 나이가 너무 어릴 경우에도 문제가 된다. 아직 생식기관이 충분히 성숙되지 않아 미숙아를 낳을 가능성이 크고 모체와 아기의 사망률이 높기도 하다.

(2) 영양

질적으로 우수한 식품을 태아에게 충분하게 공급하는 것은 태내발달에 매우 중요한 부분이다. 충분한 영양 공급이 태내에 제공되지 않으면 사산, 유산, 조산아나 미숙아가 태어날 확률이 증가하며 이후 지능이나 성취도와도 관련된다는 연구결과가 있다(정옥분, 2015). 일반적으로 임부의 하루 섭취량은 평상시에 비하여 15~30%

(300~500Cal) 정도 증가시키는 것이 바람직하며, 특히 칼슘과 단백질, 철분, 비타민은 임부의 건강뿐 아니라 태아의 성장, 발육에 필수적이므로 충분히 섭취해야 한다.

(3) 정서 상태

자율신경계통이 작동하여 임부의 정서 상태에 따라 아세틸콜린이나 에피네프린을 혈액 속에 분비하게 되고, 이것은 또 아드레날린을 분비시켜 여러 분비선을 자극하게 된다. 분비된 화학물질, 호르몬 등이 태반을 통해 태아의 순환계에 영향을 주게 된다. 임부가 계속 불안하거나 흥분하면 태아에게 제공되어야 할 산소 유입이 적어져 태아의 심장박동수가 증가하고 또 움직임이 활발해진다. 또 임부가 스트레스를 많이 받게 되면 임부의 면역체계가 약해져 좀 더 쉽게 질병에 걸리게 되고, 산모의 질병은 태아에게 영향을 미칠 수 있다.

(4) 질병

풍진은 태반을 통해 태아의 혈액으로 침입하여 농, 맹, 심장기형, 중추신경계 손상, 정신지체 등을 유발한다. 이는 임신 2개월까지 커다란 영향을 미치며 태아가 어느 정도 형성된 3개월 이후에는 청력, 시각, 언어 문제를 일으킨다. 톡소프라스모시스는 감염된 고양이나 익히지 않은 고기를 통해 감염되는 기생충이 일으키는 질병이다. 배아기에 감염되면 뇌와 시각에 장애를 일으키며, 임신 후기에 감염되는 경우에는 경증의 시각장애와 인지장애를 초래한다.

(5) 약물

임부가 복용하는 약물은 거의 예외 없이 태반을 통해 태아에게 그대로 전달되어 치명적인 영향을 미칠 수 있다. 특히 임신 2~10주에 복용한 약물은 기형아 발생률을 높인다. 대표적인 약물로 탈리도미드, 호르몬제, 코카인, 헤로인, 니코틴, 알코올 등을 들 수 있다.

(6) 음주와 흡연

태아의 알코올 분해 능력은 성인의 절반 수준에 머무르기 때문에, 임신기간 중에는 소량의 알코올조차도 비정상적인 발달을 야기할 수 있다. 알코올 중독현상을 보이는 임산부의 태아는 태아 알코올증후군을 보이게 되는데, 중앙신경계통의 미성숙으로 정신지체나 주의집중력 결핍, 과잉행동 등을 보인다.

흡연은 태아의 저체중을 초래할 뿐 아니라 유산, 조산, 심장박동 수 이상, 수면 중 호흡문제, 영아사망, 천식, 아동기 암 등과 관련된다. 비흡연 임부라도 주변인에 의한 간접흡연의 피해를 입는다면 직접흡연과 유사한 영향을 미친다.

(7) 환경오염 및 유해물질

소량의 X-ray나 CT 촬영은 태아에게 별다른 영향을 주지 않지만, 임신 중기나 후기보다 임신 전기 착상 무렵에 방사선에 노출되면 유산이 되거나 기형아를 출산할 확률이 매우 높아진다. 또한 살충제, 제초제, 화학용품, 시너, 가구광택제 등 유독성 화학물질은 태아에게 심각한 결함을 줄 수 있기 때문에 피해야 한다.

자동차 매연에 노출되었거나 납중독이 되었을 경우 미숙아, 저체중아, 뇌손상, 신체적 결함을 지닌 아기를 출산할 확률이 높다. 최근에는 오염된 물고기를 자주 먹은 임부들이 머리가 작고 체중이 적은 아기를 출산한 것으로 밝혀졌다.

(8) 기타

태내발달에 영향을 줄 수 있는 그 밖의 요인으로는 산모의 출혈과 산모와 태아의 Rh인자의 불일치, 산모의 출산 간격 등이 있다.

먼저 임신 초기에 출혈이 있었던 산모가 그렇지 않은 산모에 비해 미숙아를 낳을 확률이 높았으며, 장기적으로 출혈을 하는 경우에는 태아의 생명이 위험하다. 그리고 모체와 태아의 혈액형이 다를 경우에 생기는 문제로, Rh-의 산모가 Rh+의 아기를 갖게 되면 모체의 혈액이 Rh+에 대항하는 항체를 만들어 이것이 태아의 혈액 속에 들어가서 적혈구를 파괴하고 산소 보급을 방해하여 태아를 위험하게 한다. 첫째 아기의 경우 모체가 아직 항체를 형성하지 않았기 때문에 출산에 문제가 없으나 둘째 아기부터는 유산, 사산되거나 출산하더라도 뇌손상, 황달 등의 손상을 갖게 된다.

또한 잦은 분만으로 출산 간격이 짧으면 기형아, 미숙아의 출산율이 높고 출산 합병증에 걸릴 위험이 크다. 출산 후 다시 좋은 자궁환경이 만들어지기까지 3~5년이 필요하기에 터울이 2년 미만인 경우 미숙아, 저체중아를 낳을 가능성이 훨씬 높다.

TIP 건강한 임신을 위해 '해야 할 것'과 '하지 말아야 할 것'

해야 할 것	하지 말아야 할 것
• 임신하기 전에 풍진처럼 배아와 태아에 위험한 전염병에 대비한 백신 접종을 받았는지 확인하기. 대부분의 백신 접종은 임신 기간 중에는 안전하지 않음 • 임신 여부가 의심되면 즉시(생리 기간을 놓친 후 몇 주 안에) 의사에게 진찰받기 • 임신 기간 내내 규칙적인 의료 진단받기 • 도서관, 서점에서 태아기 발달과 관리에 관한 도서 구하기, 이해되지 않는 것에 대해서는 의사에게 질문하기 • 균형 잡힌 음식 섭취와 임신 전과 임신 중에 담당 의사의 처방에 따라 비타민-미네랄 보충제 복용하기, 평균적으로 임신 첫 3개월 시기에는 하루에 100칼로리, 두 번째 시기에는 265칼로리, 세 번째 시기에는 430칼로리로 섭취량을 늘려야 함. 체중은 11~13kg 정도 천천히 늘리는 것이 좋음 • 가벼운 운동을 통해 신체적으로 건강한 상태 유지하지. 가능하다면 임산부들을 위한 특별 운동 수업에 참여하기 • 감정적 스트레스 피하기. 정서적 지지를 해줄 친지나 친구 찾기 • 충분히 휴식하기. 임산부의 과로는 합병증을 유발할 위험이 있음 • 배우자와 함께 태아기 및 출산 교육 수업에 등록하기. 부모로서의 역할과 기대를 정확히 이해한다면, 임신 기간은 삶의 가장 기쁜 시간 중 하나가 될 것임	• 의사 상담 없이는 어떤 약도 복용하지 않기 • 흡연하지 않기. 임신 기간 중에 이미 흡연하였다면, 줄이거나 더 좋게는 끊기. 다른 가족 구성원들이 흡연자라면 금연하거나 밖에서 피우도록 요청 • 임신을 결심한 순간부터 술 마시지 않기. 술을 끊기가 어렵다면 의사, 지역 서비스 기관, 알코올 중독 환자 갱생을 돕는 금주 단체에 도움을 요청하기 • 방사능이나 화학 오염과 같은 환경적 위험에 배아나 태아가 노출되지 않도록 활동하기. 그러한 일과 관련된 직장에서 일한다면, 안전한 배치를 요청하거나 휴직하기 • 해로운 전염병에 배아나 태아가 노출될 수 않도록 활동하기 • 임신 기간 중 체중을 감량하지 않기 • 임신 중 체중을 너무 많이 늘리지 않기. 너무 심한 체중 증가는 합병증과 관련됨

출처: Berk(2005), 박낭자 외(2007)에서 재인용. 정민사. p. 141.

4. 출산

태내에서 38주를 채우게 되면 아기는 출산과정을 통해 엄마의 자궁에서 세상으로 나오게 된다. 이때 아기는 자궁 속에서 출산에 도움이 되도록 스스로 위치를 변경하고 몸 전체를 엄마의 자궁경부 가까이 이동한다. 태아가 자궁경부 가까이 내려와 엄마의 아랫배가 불러오면 분만일이 임박했다는 징후이다.

1) 출산의 단계

출산은 자궁근육의 수축이 반복되면서 자궁으로부터 태아와 그 부속물들이 질이나 복부를 통해 외부로 나오는 전 기간을 말한다. 일반적으로 출산의 단계는 개구기, 출산기, 후산기의 3단계로 진행된다.

(1) 제1기: 개구기(開口期)

진통이 시작되어 자궁경부가 태아의 머리가 통과할 수 있는 정도(10~12cm)까지 열리는 기간이다. 소요되는 시간은 초산부의 경우 12시간 정도이며, 경산부의 경우에는 그 절반인 6시간 정도가 소요된다. 진통은 자궁이 수축되면서 나타나는 것으로 밤에 시작되는 경우가 많다. 처음에는 15~20분 간격으로 25~30초 동안 경미한 진통이 시작되다가 점차 2~5분 간격으로 강하게 나타난다.

(2) 제2기: 출산기(出産期)

태아가 완전히 열린 자궁 입구와 산도를 통해 밖으로 나오는 시기이다. 자궁 수축 간격도 짧아져서 진통이 거의 쉬지 않고 일어나는데, 초산인 경우에는 약 50~80분, 경산인 경우에는 20~30분 정도 걸린다.

대부분의 태아는 임신 말기에 머리를 밑으로 하고 자리를 잡은 상태에서 양수와 함께 먼저 머리부터 어깨, 허리, 다리의 순으로 나오지만 전체의 약 3%는 거꾸로 발부터 먼저 나온다. 좁은 산도를 통하여 나오는 동안 태아는 태반으로부터 산소

공급을 일시적으로 받지 못하고 극도의 압력을 받게 된다. 그러나 이러한 과정을 견디면서 분비되는 아드레날린, 부신피질 호르몬 등의 물질이 신생아기 생리적인 안정을 빨리 찾을 수 있도록 돕는다.

(3) 제3기: 후산기(後産期)

태아가 태어난 후 자궁이 수축되면서 태반이 자궁벽에서 떨어져 나와 양막과 함께 배출되는 것을 말한다. 소요시간은 5~15분 정도이다. 이러한 과정을 통해 분만이 종료된다.

그러나 이후에도 자궁이 예전의 크기로 되돌아가기 위해 수축하면서 다소의 진통을 경험하게 된다. 이를 훗배앓이라고 하며 약 6주 정도가 지속된다.

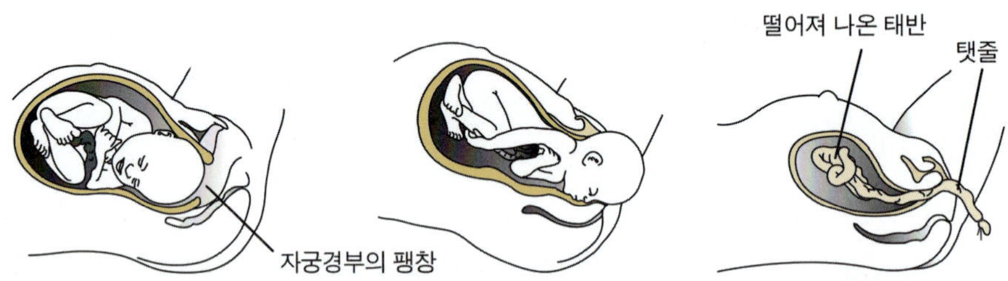

(a) 개구기: 자궁경부가 넓어진다. (b) 출산기: 태아가 산도를 통해 밖으로 나온다. (c) 후산기: 태반이 배출된다.

그림 4-4 출산의 3단계

2) 출산 방법

임신 38~42주 사이에 수술 등 의학적 개입 없이 어머니의 질을 통해 태아를 낳는 방법을 자연분만이라고 한다. 분만을 신속하게 끝내고 출산과정에서 경험하는 산모의 고통을 경감시키기 위해 다양한 분만방법들이 개발되고 있다.

(1) 라마즈 분만

라마즈(Lamaze) 분만법은 1951년 프랑스의 의사 라마즈(Lamaze)에 의해 정리되고 전파된 분만법으로 임신 중에 심리적인 공포, 긴장 및 불안상태에 있는 산모가 임신 및 분만에 관한 체계적인 교육 및 훈련 프로그램에 남편과 함께 참여하여 신체적, 정신적으로 분만을 준비함으로써 출산의 고통을 최소화하면서 쉽게 정상 분만을 할 수 있도록 하는 준비된 분만으로 일종의 정신 예방적 분만법이다. 라마즈 분만교실은 보통 5~6주 동안에 주 1회, 2시간씩 참여하도록 되어있으며 의사, 간호사, 혹은 기타 훈련된 자격을 갖춘 요원에 의하여 받게 된다. 교육내용은 강의와 훈련 및 연습으로 구성되며 훈련 및 연습에는 연상법에 대한 연습, 이완법에 대한 훈련, 호흡법에 대한 훈련 등이 있다.

연상법은 기분 좋은 상황을 머릿속에 그려봄으로써 체내에서 능동적으로 엔도르핀의 분비를 증가시켜 진통을 감소시키는 데에 그 목적이 있다. 이완법은 우리 몸 전신이 이완하게 되면 리랙신이라는 물질의 분비가 많아지고 그로 인해 이완이 촉진되는데, 이완을 잘 하면 자궁문도 빨리 열림으로써 진통시간이 짧아지는 효과를 가져오게 되는 원리로 몸의 모든 부위의 힘을 빼는 과정을 연습하는 것이다. 호흡법은 훈련법 중에서 가장 중요한 것으로, 주된 목적은 산소를 체내에 충분히 공급함으로써 근육 및 체내 조직의 이완을 돕고 태아에게도 산소공급을 원활히 해주는 것이다. 그리고 통증의 주기와 리듬에 맞추어 호흡함으로써 진통에만 집중하던 관심을 호흡 쪽으로 분산시켜 통증을 덜 느끼게 하려는 것이다. 자궁수축이 시작할 때 천천히 코로 들이마시고 입을 약간 벌려 천천히 내쉬는 호흡을 한다.

라마즈 분만은 진통 및 두려움이나 불안함과 같은 산모의 심리적인 측면에서의 효과, 분만통증을 덜 느끼는 데에 대한 효과, 모유 수유를 결정하게 하는 효과 등 다양한 효과가 있는 것으로 평가된다(정말예, 2001).

(2) 르봐이예 분만

프랑스 의사인 르봐이예(Laboyer)가 「폭력 없는 탄생」이라는 저서를 통해 주장한 분만법이다. 그는 분만 시 태아를 고려하지 않은 출산은 태아에게 폭력과 같은 것이라 주장하며, 산모의 고통뿐 아니라 산도를 통해 모체 밖으로 나오는 태아의 고통에 대해서도 관심을 가져야 한다고 하였다. 또한 그는 가장 바람직한 출산환경은 자궁과 같은 환경이며, 가장 바람직한 출산방법은 어머니의 자궁에서 천천히 그리고 서서히, 부드럽게 세상 밖으로 나오도록 돕는 것이라고 하였다. 따라서 출산 시 태아는 최소한의 의료진만 있는 조용하고 어둡고 따뜻한 방에서 천천히 부드럽게 받아져야 하며, 즉시 탯줄을 자르지 말고 아기를 엄마의 배 위에 5분 정도 두었다가 탯줄을 자른 다음 따뜻한 물속에 넣고 부드럽게 마사지해주어 아기가 긴장을 풀고 외부 세계를 맞이하도록 해야 한다. 이와 같은 출산법이 바로 '폭력 없는 탄생'인 것이다. 이 분만법에 반대하는 견해는 희미한 불빛으로 인해 출산과정의 위험 요소를 놓칠 수 있고, 아기가 물속에서 세균에 감염될 수 있다고 것이다.

(3) 수중분만

수중분만이란 양수와 동일한 조건의 물속에서 아기를 낳는 분만법을 말한다. 산모가 양수와 같은 온도의 생리 식염수를 담은 수조에서 절개나 주사 등 의료적 처치 없이 자연 상태로 분만하는 것이다. 진통부터 분만까지의 모든 과정을 물 안에서 할 수 있고, 진통은 물에서 하고 분만은 밖으로 나와서 하거나, 반대로 진통은 밖에서 하다가 분만 시에만 안으로 들어와 아이를 낳을 수도 있다. 모든 과정은 임산부가 원하는 대로 이루어진다. 기존의 분만법과 달리 수중분만에서 의사의 역할보다는 남편의 역할이 더 중요하다. 임산부는 진통에서 분만까지 남편의 격려와 도움을 받으며 분만하게 된다. 수중분만은 누운 자세가 아닌 앉는 자세 분만법의 하나로, 중력을 이용하기 때문에 골반이 가장 잘 벌어지며 힘을 주기도 쉬운 분만자세이다. 우리나라에서는 1999년 9월 21일 한양대학교병원 산부인과에서 국내 최초 수중분만을 시도하여 성공한 이후 많은 호응을 얻어 시도되고 있는 것으로 알려져 있다.

수중분만은 진통을 줄이고 분만과정을 단축시키며 태아 상태를 향상시킬 뿐 아니라 진통 합병증의 빈도를 줄일 수 있다는 평가를 받고 있다(윤경숙, 2001).

(4) 무통분만

진통 경로를 차단하기 위하여 국소마취제를 제3·4요추의 경막 외 공간에 주입하는 경막 외 마취법으로, 1931년 아부렐(Aburel)에 의해 처음으로 산과 영역에서 사용되었다. 무통분만은 전신적 부작용 없이 신경계를 선택적으로 차단하여 통증을 효과적으로 억제한다는 점에서 긍정적인 평가를 받고 있다(박옥선, 2008). 그러나 분만과정 중 투여하는 약물이 태반을 통해 태아의 혈액과 세포로 들어가 이후의 체중증가 둔화, 젖을 빠는 능력의 감퇴, 반응저하, 초기 학습과제 수행능력의 저하 등 인지발달이나 운동능력의 문제를 야기한다는 결과도 있다(문혁준 외, 2009).

(5) 그네분만

그네처럼 매달려 있는 특수 분만대에 앉아 출산하는 방법이다. 등받이가 산모체형에 맞게 변형되어 있으며 분만대를 90~180도 뒤로 젖힐 수 있게 설계되어있다. 임산부가 원하는 자세, 즉 바로 선 자세, 앉은 자세, 쪼그리고 앉은 자세, 무릎 끓고 앉은 자세, 누운 자세, 엎드린 자세 등 다양한 자세를 취하도록 고안되었다. 진통이 올 때마다 몸을 자유롭게 움직이거나 임산부를 흔들어 주면서 분만할 경우 진통 시에 힘이 강화되어 자궁경부의 확장과 태아의 하강을 도와 분만시간을 줄일 수 있다. 또 심리적 안정 상태에서 가족들도 함께 과정에 참여할 수도 있다.

(6) 제왕절개 분만

제왕절개 분만은 산모의 복벽과 자궁벽을 절개하여 태아를 분만하는 것으로 분만이 지연되어 태아나 산모 또는 양쪽에 심각한 손상을 주거나 자연분만이 안전하게 진행될 것 같지 않은 경우에 사용한다. 제왕절개 분만이 태아사망 및 이환을 감소시킨다는 연구 이후 제왕절개 분만의 빈도가 증가하였다. 제왕절개 분만은 자연분만이 불가능한 경우, 산모와 아기의 생명을 구하지만, 우리나라에서는 최근 꼭 필요하지 않을 때조차도 제왕절개 분만을 많이 하는 경향이 있다.

그러나 제왕절개 분만은 수술 후의 후유증, 세포감염의 위험성 외에도 비용이 많이 들고 자연분만보다 회복기가 길기 때문에 정상적 출산이 불가능한 경우가 아니면 제왕절개 분만을 삼가는 것이 좋다. 또한, 제왕절개 분만의 모성사망률은 자연분만의 모성사망률보다 2배 내지 4배가 높고, 제왕절개 분만에 따른 각종 합병증은 자연분만보다 5배 내지 10배가 되는 것으로 보고되고 있다. 따라서 세계보건기구는 산모 및 태아의 안녕을 위하여 필요한 제왕절개 분만율을 5~10%로 제시하고 있다(도영미, 2010).

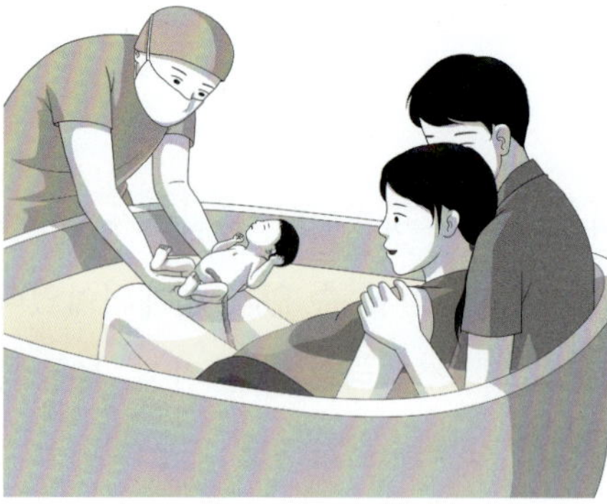

수중분만

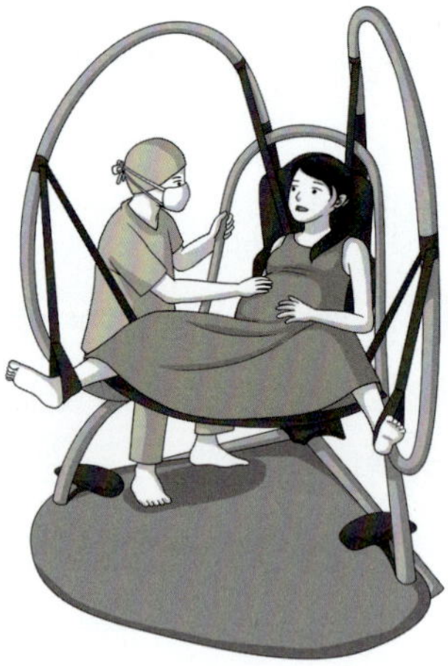

그네분만

그림 4-5 분만법

∴ 연습문제

- 태내기를 3단계로 나누어 각 단계별 시기와 특징 등을 설명해보시오.
- 태내기에 영향을 주는 환경적 요인으로써 산모와 태아를 지원할 수 있는 사회적 실천 방안을 다양한 측면에서 제안해보시오.
- 출산 시기를 3단계로 나누어 설명해보시오.
- 제시된 다양한 분만법을 산모와 태아 측면에서 평가해보시오.

CHAPTER 5 신생아 발달

신생아기(neonatal period)는 출생 후 첫 4주간을 의미하며, 이 기간의 아기를 신생아(newborn baby)라고 부른다. 신생아는 태어나자마자 태내환경과는 매우 다른 새로운 환경을 경험하게 된다. 따뜻하고 조용하고 어두운 환경에서 차갑고 시끄럽고 밝은 환경을 마주해야 하며, 자동적으로 산소나 영양을 받고 있던 상태에서 자력으로 호흡이나 영양 섭취를 해야 하는 등 모든 것이 낯설고 새로운 환경에 적응해야 한다. 이에 따라 체온의 강하, 체중의 감소, 신생아 황달현상 등의 여러 현상이 일어난다. 신생아기가 비록 짧은 기간이지만 바로 이러한 점에서 중요한 의미를 가지며 건강관리에서도 특별한 주의가 요구된다.

제5장에서는 신생아기의 신체적, 생리적 특징 및 반사운동에 대하여 먼저 알아본 후 신생아를 돌보는 방법에 대해서도 알아보고자 한다.

학습목표

1. 신생아의 특징 및 반사행동을 이해한다.
2. 신생아를 안전하게 돌보는 방법을 숙지한다.

주요용어

신생아, 신생아기, 반사, 반사의 종류, 신생아 돌보기

5 신생아 발달

1. 신생아의 특징

1) 신체적 특징

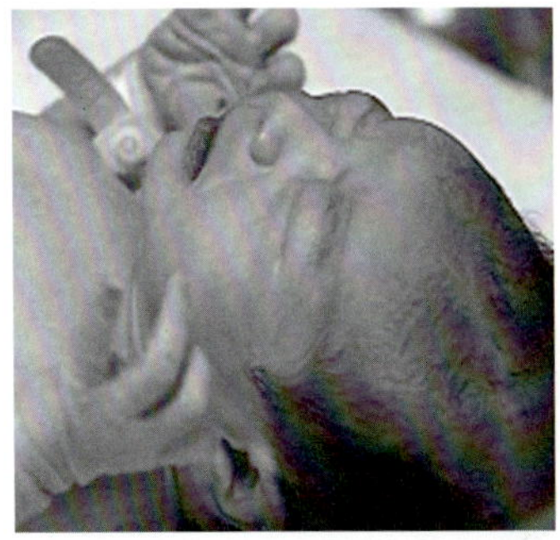

출생 당시 신생아의 신체적 크기는 태내에서 공급받은 영양 상태, 유전적 요소, 성별 등과 관련이 있지만, 신생아의 평균 체중은 3.35kg이고, 평균 신장은 약 50cm이다. 대부분 신생아는 생후 3~4일 동안 체중이 잠시 줄었다가 일주일쯤 지나면 다시 늘기 시작하여 일주일에 약 0.2kg씩 한 달간 증가하여 생후 1개월이 되면 체중은 출생 시보다 평균 1kg 늘어난다.

출생 시 신생아의 머리는 몸 전체 길이의 1/4가량 되며([그림 6-1] 참고) 머리둘레는 34~35cm로 가슴둘레보다 크다. 머리의 뼈는 처음부터 한 개로 되어 있는 것이 아니라 여러 개의 뼈가 모인 것인데 신생아기에는 이 뼈들이 아직 완전히 붙어 있지 않아서 틈이 남아있다. 앞쪽에 있는 마름모꼴 부분을 대천문이라고 하며 생후 14~18개월 때 닫히게 되지만 늦을 때에는 2년이 지나서 닫히기도 한다. 뒤에 있는 것을 소천문이라고 하며 생후 6~8주째 되면 닫히게 된다([그림 6-2] 참고). 그러나 선천성 증후군이나 골 형성에 문제가 있는 경우, 미숙아 또는 자궁 내 발육지연으로 태어난 신생아는 대천문이 크거나 늦게 닫힐 수 있다(김태임, 김혜금, 최용득, 2012).

신생아의 눈꺼풀은 퉁퉁 부어 있고, 피부는 쭈글쭈글하고 붉은색을 띠며, 끈적끈적한 태지와 솜털로 덮여있다. 태지는 세균감염을 막아주는 피부보호막 구실을 하는데 며칠 지나면 건조해지고 솜털도 점차 없어진다.

우리나라를 비롯하여 아시아계 민족의 신생아에게는 허리부터 엉덩이에 푸르고 큰 반점이 나타나는데 이것을 몽고반점 또는 아반(兒斑)이라고 한다. 이 점은 몽고민족에게 나타난다고 하여 몽고반점이라고 불리며 아시아계 민족의 영유아들에게 주로 나타나고 유럽이나 미국 영유아에게는 거의 나타나지 않는다. 3살까지는 뚜렷하지만 5~6세경 저절로 사라진다.

2) 생리적 특징

(1) 호흡, 맥박, 체온

신생아의 맥박은 1분에 120~160회 정도로 빠르고 불규칙하다. 호흡은 공기를 접하자마자 나타나는 반사적인 것으로 1분당 35~45회 정도이며 불규칙한 복식호흡을 한다. 신생아의 체온은 성인보다 다소 높은 37~37.5℃이다. 땀샘이 잘 발달하지 않아 체온조절 능력이 성인보다 미흡하여 외계 온도의 영향을 많이 받는다. 지방층은 마지막 2개월에 발달하기 때문에, 조산아는 체온조절 능력이 다소 부족하므로 몸을 따뜻하게 유지해 주는 것이 필요하다(정옥분, 2015).

(2) 소화와 배설

신생아는 출생 당시에도 이미 소화효소를 분비하고 있어 음식물을 충분히 소화할 수 있다. 그러나 위의 모양이 수직이어서 많이 먹으면 토할 수 있으며 일반적으로 2~3시간 간격으로 하루에 7~8회 젖을 먹는다(문혁준 외, 2009). 출산 후 1~2일 사이에 젖이 나오기 시작하는데, 이를 초유라 한다. 초유는 황갈색으로 태변 배설을 촉진할 뿐 아니라 면역제를 함유하고 있으므로 꼭 먹이는 것이 좋으며, 지방이 많은 조제분유보다 모유가 신생아에게 적합하다. 그리고 신생아는 출생 후 하루나 이틀 동안에 하루에 4~5회 태변을 배설하는데 그 빛깔은 검은 녹색을 띠며 끈끈하다. 소변은 하루에 18회 정도로 자주 보며 요산염이 많으므로 기저귀가 황갈색이 되기 쉽다.

(3) 신생아 황달

신생아 황달은 간 기능의 부조화로 3, 4일이 지나면 나타나며 1주일 정도 간 기능이 원활해짐에 따라 없어진다. 황달이 심하면 광선치료(light therapy)를 하여야 하며 이것은 황달 색소가 뇌에 침착되지 않도록 하기 위함이다.

(4) 수면

신생아의 수면은 하루에 18시간 정도를 차지하며, 24개월경에는 12시간 정도로 감소한다. 수면은 눈동자가 움직이느냐 움직이지 않느냐에 따라 REM(Rapid Eye Movement) 수면과 NREM(Non-REM) 수면으로 나눌 수 있는데, 신생아기에는 REM 수면과 NREM 수면을 포함하는 다섯 가지 각성상태로 수면과 깨어남의 상태를 오간다. REM 수면은 빠른 눈동자의 움직임과 동시에 몸을 움직이며, 빠르게 불규칙한 호흡과 맥박이 나타난다. 소리를 내거나 꿈을 꾸는 것을 REM 수면에서 빈번하게 일어난다. NREM 수면은 조용하고 깊은 잠으로 호흡이나 맥박이 규칙적이며 몸의 움직임도 줄어든다. 영아의 수면은 50%가 REM 상태이지만 차츰 감소하여 성인이 되면 20% 정도로 감소한다(정옥분, 2015). 〈표 5-1〉에 다섯 가지 각성상태가 요약되어 있다.

표 5-1 신생아의 다섯 가지 각성상태

상태	행동특징	하루 중 지속 시간
REM 수면 상태 (불규칙적)	부드러운 팔다리 운동, 움직임, 얼굴 찌푸림 등이 나타난다. 눈꺼풀이 감겨 있지만, 간혹 빠른 안구 운동이 나타난다. 호흡은 불규칙적이다.	8~9시간
NREM 수면 상태 (규칙적)	충분한 수면을 취하여 약간의 움직임이 있거나 전혀 움직이지 않는다. 눈꺼풀이 감겨 있고, 안구 운동이 일어나지 않으며 얼굴 표정은 평온하다. 호흡도 규칙적이다.	8~9시간
졸음, 나른한 상태	잠이 들다가 깨어 있다. 몸의 움직임은 불규칙한 수면 상태에 있을 때보다 적지만 규칙적인 수면 상태에서보다는 많다. 눈은 떠 있거나 감겨 있다. 눈이 떠 있을 때는 흐릿하게 본다. 호흡은 규칙적인 수면 상태에서보다 조금 빨라질 때도 있다.	대부분
고요한 경계상태	상대적으로 몸의 움직임이 적고, 눈은 떠 있다. 주의 깊게 본다.	2~3시간
활동과 울음	흐트러지거나 돌발적인 몸의 움직임이 자주 나타난다. 호흡은 매우 불규칙적이다. 얼굴은 평온하거나 긴장하고, 주름이 있다. 울기도 한다.	1~4시간

출처: Wolf(1966), Berk(2007)에서 재인용.

(5) 울음

신생아는 하루에 약 1~4시간가량 운다. 태내환경과 매우 다른 새로운 환경에 적응해야 하는 신생아는 힘들고 불편함을 느끼며, 이러한 불편함을 해결해 주기를 바라며 자주 운다. 즉 신생아의 울음은 배고픔, 불편함, 화남, 안기고 싶음, 심심함 등의 요구를 양육자에게 알리려는 표현방법으로, 언어 사용이 가능하지 않은 신생아에게 의사소통의 도구로 활용된다. 신생아의 울음은 개인차가 있어 요구와 상태에 따라 울음의 양상이 다양함으로 양육자는 신생아의 욕구에 따른 울음소리를 알아두는 것이 좋다.

그리고 울음은 신생아의 초기발달에서 비정상성을 발견할 수 있는 진단의 지표로 이용하기도 한다(김현호 외, 2017). 예를 들어, 뇌 손상이 있는 신생아나 다운증후군 신생아는 고통스러운 자극에 대한 반응으로 울 때, 울기 시작하는 데 걸리는 시간이 정상 신생아보다 더 오래 소요되며 울음을 일으키는 자극도 더 강하다. 이러한 신생아의 울음은 리듬이 결여되어 있으며 더 높은 소리를 내며 고통스럽게 운다.

한편, 신생아가 생후 1~2주부터 밤마다 별다른 이유 없이 한두 시간을 계속 울어대고, 아무리 달래도 그치지 않고, 완전히 기운이 빠질 때까지 우는 경우가 있는데 이를 '영아 산통(colic)'이라고 한다. 영아 산통은 기질적인 이유와 호흡 조절이 원활하지 못하거나 생체리듬이나 수면 주기가 잘 안 맞는 등의 생리적인 이유로 나타나며, 신생아의 15~20% 정도로 나타난다. 3~4개월에는 자연적으로 없어지므로 크게 염려할 필요는 없다.

TIP 영아의 울음의 원인과 원인에 따른 해결방법

울기는 신생아를 비롯한 영아의 주된 의사표현 방법이므로 우는 이유를 잘 파악해서 영아의 요구에 민첩하게 반응해야 한다. 영아에게 이유 없는 울음은 없다.

영아 울음의 원인은 다양하지만, 다음의 세 가지로 나눌 수 있다.

1) 물리적 보살핌의 요구: 영아는 배가 고파서, 기저귀가 젖어서, 졸려서, 불편해서 가장 많이 운다. 이때에는 요구를 빠르게 해결해 주어야 한다. 영아는 자신의 요구가 빨리 해결되면 자신의 보살핀 양육자와 주변 세계를 신뢰하게 된다.
2) 정서적 보살핌의 요구: 영아는 양육자와 정서적 친밀감을 느끼고 싶어서 운다. 이때에는 영아를 꼭 껴안아 주고 달래줌으로써 충분히 정서적 지원을 해주어야 한다.
3) 인지적 보살핌의 요구: 영아는 아무 일도 일어나지 않는 데서 오는 좌절감과 새로운 일이 일어나도록 도움을 청하는 것과 같은 인지적 자극을 요구하기 위해 운다. 이때에는 영아와 함께 주변을 돌아다니며 새로운 세상을 보여주고 새로운 세상에 대해 이야기 나누는 것이 필요하다.

3) 감각발달

신생아는 외부 세계를 탐색할 수 있는 오감각을 가지고 태어나며, 출생 시부터 이 오감각을 활용하여 주변 세계를 탐색하며 전인적으로 성장해간다. 그리고 오감각 탐색활동을 통해 얻은 정보는 신경체계를 통해 뇌에 전달되어 하나의 인지구조를 이루며, 이는 이후 추리 및 판단과 같은 고등사고의 기초가 된다. 이러한 신생아의 감각은 외부 환경과의 상호작용이 반복되면서 점차 정교하게 발달하는데, 감각이 완전히 발달하려면 출생 후 첫 몇 년간의 조정이 필요하다.

(1) 청각발달

신생아는 출생 후부터 다양한 소리를 들을 수 있는데, 소리에 대한 민감성은 생후 몇 개월에 걸쳐 크게 향상된다. 출생 시 신생아들은 단순한 음조보다는 소음이나 목소리 같은 복잡한 소리를 더 좋아하며, 생후 며칠이 된 신생아는 여러 높낮이의 소리 차이를 구별할 수 있으며, 어머니 목소리와 낯선 여자의 목소리를 구별할 수 있다. 생후 2~3개월이 되면 소리의 진원지를 파악하고 추적할 수 있다. 그리고 환경 속에서 다른 어떤 소리보다도 사람의 목소리에 잘 반응한다. 신생아들은 특히, 약간 고음의 소리에 잘 반응하며, 어머니의 소리, 즉 주양육자의 소리에 얼굴을 돌리고 더 잘 반응한다.

(2) 촉각발달

촉각은 어느 감각보다도 태어날 때부터 잘 발달되어 있는 감각인데, 신생아 초기의 빨기 반사나 찾기 반사와 같은 다양한 반사가 촉각에 기반한다는 것에서도 알 수 있다. 신생아는 특히 입, 얼굴, 손, 발바닥, 배 부분이 다른 신체 부분보다 민감하다. 접촉은 신생아의 인지와 신체 발달을 자극하고 정서발달에도 매우 중요하다. 주양육자의 부드러운 감촉은 면역체계를 강화할 뿐 아니라, 신생아가 이 세상에 혼자가 아니라는 사실을 알려주고, 자신이 관심과 보살핌을 받고 있다는 인상을 준다.

(3) 시각발달

시각은 감각 중 가장 마지막으로 발달한다. 출생 시의 신생아의 시야는 뿌옇게 흐린 상태지만, 2개월의 영아는 짧은 시간 동안 천천히 움직이는 물체에 시선이 따라감을 보여주었으며, 영아들은 자신을 향해 움직이는 물체를 탐지하고, 곧이어 움직임을 추적할 수도 있다. 4~7개월에 영아의 시력은 색깔을 완전히 구분할 정도로 발달해 선명한 색상의 장난감에 주의를 기울이게 된다. 몸을 움직이기 시작하는 6개월에는 어느 정도 3차원적인 시각을 갖는다. 공간 속에서 몸을 움직임으로써 공간 속에서 자신의 위치에 따라 다르게 보이는 다양한 시각 경험은 3차원적인 시력이 발달하도록 돕는다. 대다수 영아는 2세 정도에 0.3 정도에 시력을 가지며, 그 후 3년에 걸쳐 0.8 정도로 향상된다. 영아들은 가만히 있는 물건보다 움직이는 것을 좋아하며, 2차원보다 3차원, 높은 대비, 직선보다 곡선을 좋아한다.

(4) 미각발달

임신 7개월경이면 태아의 미각이 발달하기 때문에 신생아들의 미각은 매우 예민하다. 신생아는 짠맛과 단맛, 쓴맛과 신맛의 기본적인 맛을 이미 구별할 수 있으며, 특히 신생아들은 단맛을 좋아하며 생후 4개월이 되면 맹물보다 짠맛을 선호하게 된다. 그리고 출생 전 어머니가 먹은 음식에 의해서, 그리고 출생 후 수유 기간에 노출된 특정한 맛에 의해 향후 신생아의 입맛이 형성된다.

(5) 후각발달

신생아의 후각은 태어나면서부터 잘 발달되는데, 엄마의 체취를 알며, 엄마의 냄새는 젖과 보살핌과 같은 기분 좋은 감정들과 연관되어 있기 때문에 다른 냄새보다 그것을 더 좋아하게 된다. 생후 2개월째 영아들은 냄새를 다양한 형태와 강도로 구분하게 되며, 냄새와 기억 사이의 신경회로가 복잡하게 구성되면, 냄새와 기억에 실린 감정과 짝을 이루게 된다. 신생아들은 다양한 범위의 냄새를 구분할 수 있으며, 영아는 관계 짓기 학습과제를 수행하는 데 있어 후각을 사용할 수 있다.

4) 신생아 검사

신생아의 정상성과 발달 정도를 측정하는 검사로는 아프가 척도와 브레즐톤 신생아 행동평가척도가 있다.

(1) 아프가 척도

아프가 척도(Apgar scale)는 아프가 박사가 1953년에 개발한 검사척도로서 출생 직후 신생아의 행동능력이나 건강 상태를 측정하는 데 많이 사용된다(김현호 외, 2017). 출생 후 1분, 그리고 다시 5분 후에 외모, 맥박, 반사민감성, 활동성, 호흡을 관찰하여 이를 점수화하여 신생아의 이상 유무를 판별한다.

채점은 각 하위척도마다 0~2점을 주어 합산한다. 만점은 10점이고, 최하점은 0점이다. 총점이 7~10점이면 양호한 상태, 4~6점이면 중간상태, 0~3점이면 심하게 기능이 떨어진 상태이므로 소생술은 물론, 호흡 보조와 함께 중환아 간호가 요구된다. 아프가 점수가 낮을수록 질식으로 인한 사망률이 높다. 아프가 척도의 내용과 평가방법은 〈표 5-2〉와 같다.

표 5-2 아프가 척도의 내용과 평가방법

하위척도	점수		
	0	1	2
외모(피부색) A(Appearance)	창백하여 푸른 빛	창백하나 붉다	몸 전체가 분홍색
맥박(심장 박동율) P(Pulse)	매우 약함	100회 이하	100회 이상
반사민감성(표정) G(Grimace)	무반응	어느 정도의 반응	잘 반응
활동성(근육 상태) A(Activity)	늘어짐	조금 늘어짐	단단
호흡(울음) R(Respiration)	매우 약한 울음	약한 울음	강한 울음

출처: 손홍숙(2010). 아동발달론. p.174.

(2) 브레즐톤 신생아 행동평가척도

브레즐톤 박사가 1973년에 개발한 신생아 행동평가척도(Brazelton Neonatal Behavioral Assessment Scale: BNBAS)는 신생아가 주위환경에 반응하는 방식을 측정하기 위한 신경·행동학적 평가 검사이다. 출생 후 3일에 최초로 실시하고 2~3일 후에 반복 측정한다. 이 검사척도는 신생아의 반사와 변화 상태, 신체적·사회적 자극에 대한 반응, 그 외 반응을 평가한다. 검사에서 지극히 낮은 점수를 받은 신생아는 뇌 손상이나 뇌신경의 기능에 이상이 있을 가능성이 높다. 구체적인 브레즐톤 신생아 행동평가척도는 〈표 5-3〉과 같다.

표 5-3 브레즐톤 행동평가척도

척도	내용
습관화	어떤 종류의 반복되는 자극에 대해 반응을 감소시키는 학습의 한 형태로 습관화에 대한 아기의 능력은 아기가 주위 환경에서 새로운 것에 대해 주의를 기울이는 능력의 척도임 1. 빛 2. 딸랑이 3. 종소리 4. 바늘로 찌르기
시각과 청각지향	다양한 자극에 집중하고 탐지하는 아기의 능력은 물리적·사회적 환경에서 사물을 보고, 듣고, 사물 쪽으로 향하는 징후로 측정됨 5. 무생물의 사물에 집중하고 쫓아가기 6. 무생물의 소리 자극에 반응하기 7. 사람의 얼굴에 집중하고 쫓아가기 8. 사람의 목소리에 반응하기 9. 사람의 얼굴을 본 것과 사람의 목소리를 들은 것에 모두 반응하기
운동발달	이 검사는 아기의 운동능력을 측정함 10. 앉은 자세로 당기는 능력 11. 방어능력: 눈 위에 덮여있는 가벼운 천에서 헤어 나오는 능력 12. 각성의 정도 13. 전반적 근육의 긴장도 14. 운동능력의 성숙도 15. 활동성
각성의 정도	이 검사는 아기의 흥분 주기에 대한 변화와 강도를 측정하고 기록함 16. 최고의 흥분상태 17. 흥분 속도 18. 자극 감수성(irritability): 짜증 내거나 흥분하는 횟수 19. 상태의 지속성, 변화성: 상태 변화의 빈도와 강동

척도	내용
규제와 자기조절	타인이 달래주는 노력에 대한 아기의 반응 및 스스로 달래는 능력을 측정함 20. 껴안기: 검사자의 신체를 잡거나 안기려는 의향 21. 중재를 통한 위안: 당황한 아기를 검사자가 달래는 데 걸리는 시간 22. 스스로 편안해지기: 엄지손가락을 빠는 행위 등과 같이 스스로 달래는 노력 23. 손 전체를 입에 넣기
자율신경계의 안정성	이 검사는 다양한 자극에 대한 자율신경계의 반응성을 측정함 24. 떨림: 심한 떨림은 중추신경계에 문제가 있음을 나타냄 25. 놀람: 갑작스러운 움직임. 큰 소리와 다른 강한 자극에 깜짝 놀라는 반응 26. 피부: 반응성은 피부 표면 위에 전기활동을 측정함으로써 평가함

출처: Brazelton et al. (1995), 김현호 외(2017)에서 재인용.

2. 반사행동

반사(reflex)는 특정 자극에 대한 선천적이고 자동적인 반응이다. 눈앞으로 무엇인가 지나가면 무의식적으로 눈을 깜빡이거나 무릎을 치면 발이 앞으로 나가는 것이 반사의 예이다. 신생아는 태어나면서부터 새로운 환경에 적응하며 살아가는 데 필요한 여러 가지 반사를 가지고 있다. 〈표 5-4〉는 신생아가 가지고 있는 여러 가지 반사를 정리한 것이다.

반사는 몇 가지 기능을 가지고 있는데, 버크(Berk, 1994)는 반사의 기능을 생존의 기능, 대소근육 운동기술발달 촉진의 기능으로 나누어 설명하고 있다. 먼저, 반사는 생존의 기능을 가지고 있다. 아기의 뺨 가까이 젖꼭지를 가져가면 아기는 어느새 엄마의 젖꼭지를 찾아(찾기 반사) 힘차게 빨고 있다(빨기 반사). 만약 신생아가 찾기 반사와 빨기 반사를 가지고 태어나지 않았다면 인간은 단 한 세대로 생존하지 못하고 멸망하였을 것이다. 모로 반사와 파악 반사는 아기가 어머니에게 매달리는 것을 돕고, 수영 반사는 아기가 우연히 물에 빠졌을 때 수면 위로 떠오를 수 있도록 돕는다. 반사의 또 한 가지 중요한 기능은 이후의 자발적인 운동기술 발달을 이끈다는 것이다. 예를 들면 목 강직 반사와 파악 반사는 자발적인 뻗기와 잡기를, 걷기 반사는 자발적 걷기를 준비시켜, 반사가 사라지면서 운동 기능이 바로 나타나도록 돕는다.

신생아의 반사는 대부분이 6개월경 이후에 사라진다. 이는 영아의 대뇌피질이 발달하면서 자발적으로 행동을 조절할 수 있는 능력이 향상하기 때문이다. 그런데 만약 반사가 사라져야 할 시기에도 계속하여 나타나거나 반사가 전혀 혹은 약하게 나타난다면 이는 뇌손상의 신호로 볼 수 있기 때문에 신생아의 반사를 세심하게 관찰할 필요가 있다. 이러한 이유로 신생아의 장애 여부를 평가하는 데 반사 능력 검사를 활용하기도 한다. 그러나 반사의 존재 여부는 개인마다 차이가 있으므로 신경계 기능의 정상 여부를 판단하기 위해서는 다른 방법도 함께 사용되어야 할 것이다(문혁준 외, 2009; Berk, 2007).

표 5-4 신생아의 반사

반사	자극에 대한 반응		소멸시기	기능
눈 깜박임 반사 (eye blink)	눈에 빛을 비추거나 머리 옆에서 손뼉을 치면	눈꺼풀을 빠르게 움직인다.	영구적	강한 자극으로부터 보호
찾기 반사 (rooting)	입 가장자리 근처의 뺨을 건드리면	자극이 오는 곳을 향해 머리를 돌린다.	3주	젖꼭지를 찾도록 도움
빨기 반사 (sucking)	영아의 입에 손가락을 넣으면	규칙적으로 손가락을 빤다.	4개월이 지나면서 자발적 빨기로 대체	음식섭취가 가능
수영 반사 (swimming)	얼굴을 아래로 향하여 눕히면	수영하는 모습처럼 손과 발을 휘젓는다.	4~6개월	물에 빠졌을 경우 살아날 수 있도록 함
모로 반사 (Moro)	영아를 받치고 있는 쿠션 뒤에서 갑자기 큰 소리를 내면	'껴안는' 동작처럼 양 팔을 벌리고 등을 활처럼 휜다.	6개월	어머니에게 매달릴 수 있게 함
목 강직 반사 (tonic neck)	등을 바닥에 대고 눕히고 머리를 한쪽으로 돌리면	한쪽 팔은 머리가 향하고 있는 방향 앞으로 펴고, 다른 팔은 구부리며 마치 펜싱 자세를 취한다.	4개월	자발적인 뻗기를 준비시킨다.
파악 반사 (palmar grasp)	영아의 손바닥을 손으로 건드리면	손을 움켜쥔다.	3~4개월	자발적인 잡기(쥐기)를 준비
걷기 반사 (stepping)	영아의 팔을 잡고 편평한 발이 닿도록 하면	발을 번갈아 짚으면서 걷는 것처럼 동작을 한다.	2개월: 체중이 빠르게 증가하는 경우	자발적 걷기를 위한 준비
바빈스키 반사 (Babinski)	발바닥을 쓰다듬거나 건드리면	발끝을 바깥쪽으로 벌렸다가 안쪽으로 움츠린다.	8~12개월	알려지지 않음

출처: Berk(1994); Berk(2007).

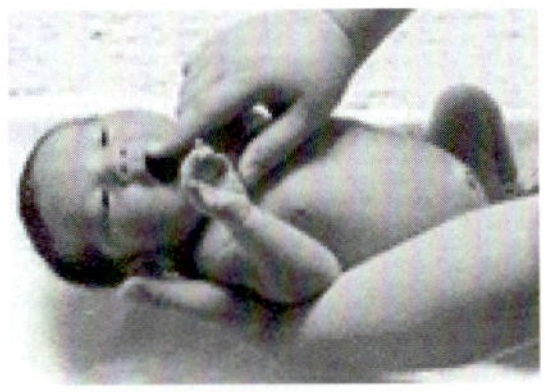

찾기 반사

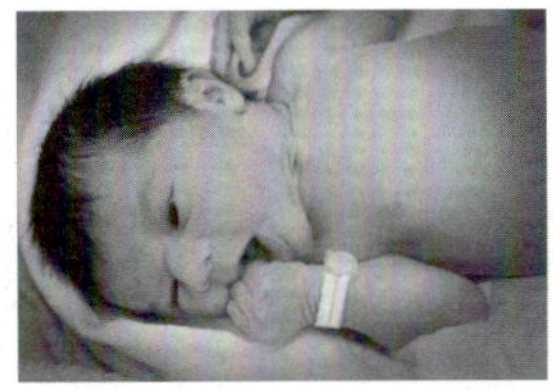

빨기 반사

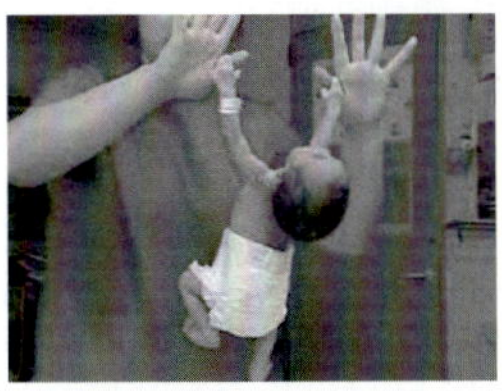

잡기 반사

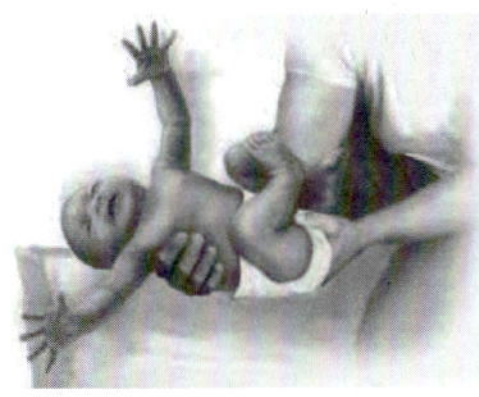

모로 반사

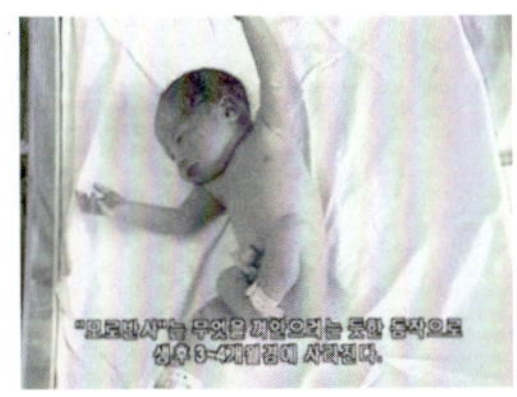

목 강직 반사

그림 5-1 신생아의 반사

출처: 찾기·빨기–김미영(2019). 잡기, 목 강직 반사–아기성장보고서.
모로 반사–Gaia의학정보(https://gaianos.tistory.com/238).

3. 신생아 돌보기

신생아기는 호흡의 시작, 순환기계의 변화, 입을 통한 영양의 시작, 체온조절 기능의 발현 등의 변화가 있어 주의하여 돌보아야 한다. 양육자의 돌봄은 신생아의 생존과 성장에 필수적임은 물론 함께 형성한 관계의 질은 이후 영유아의 발달에 중요한 영향을 줄 것이다. 신생아의 일상생활을 돕는 방법은 다음과 같다(김태련, 이은화, 2005; 김태임, 김혜금, 최용득, 2012; 정옥분, 2015).

1) 아기 안기

대부분 아기는 바닥으로 내려 놓이는 순간 긴장하고 불안해하고, 안아주는 것을 좋아한다. 안아 올려야만 울음을 그치는 아기들은 안겨 있는 동안에는 즐거운 상태에 있다가도 내려놓으면 울어버리곤 한다. 바닥에 내려 놓인 아기는 '접촉에 의한 안정감'을 잃어버렸기 때문에 우는 것이다. 아기는 누군가에 안겨 있을 때 가장 쉽게 만족감을 느끼며, 이는 자연스럽고 본능적인 것이다.

한편 아기의 요구를 너무 들어준다면 '나쁜 습관'이 들 것으로 생각하여 아이가 울어도 안아주지 않고 무시해 버리고 경우가 있는데, 아기가 울면 즉시 안아주고 달래주어야 한다. 안아줄 때도 안는 자세를 다양하게 바꾸고 아이가 좋아하는 자세를 알아내도록 해야 한다.

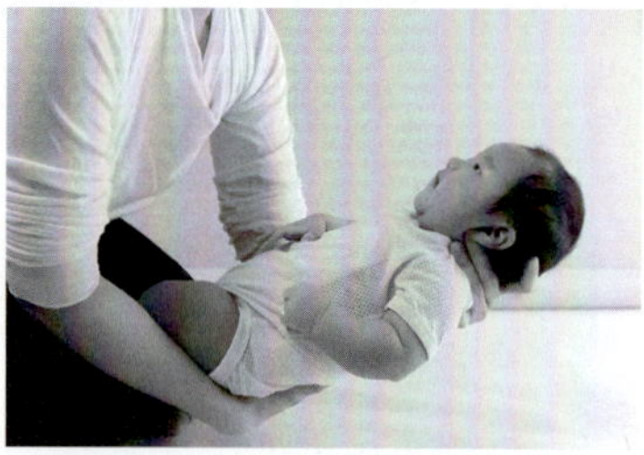

아기가 목을 가눌 수 있을 때까지 아기를 안을 때는 목이 뒤로 젖혀지지 않도록 팔과 손으로 아기의 등과 목을 함께 받쳐주어야 한다. 아기를 들어 올릴 때는 손만 사용하지 말고 아기의 몸과 수평이 되도록 양육자의 몸도 수그린 상태에서 아기를 안고 허리를 펴면서 함께 들어 올리는 것이 안전하다. 아기를 안고 있을 때는 아기가 팔과 다리를 자유로이 움직일 수 있게 해주어야 한다.

2) 수유하기

수유는 아기의 자연스러운 일정에 따라 생리적 신체 리듬에 맞추어 제공하는 것이 좋으며, 자연스러운 일정에 따른 수유란 아기가 울면 젖을 먹여야 한다는 뜻이다. 아기가 울고 배가 고픈 듯 보이면 언제든지 수유하도록 한다. 처음 며칠 혹은 몇 주 동안 이 원칙에 따르게 되면 아기는 점차 스스로 규칙적인 수유 리듬을 찾아가게 될 것이다.

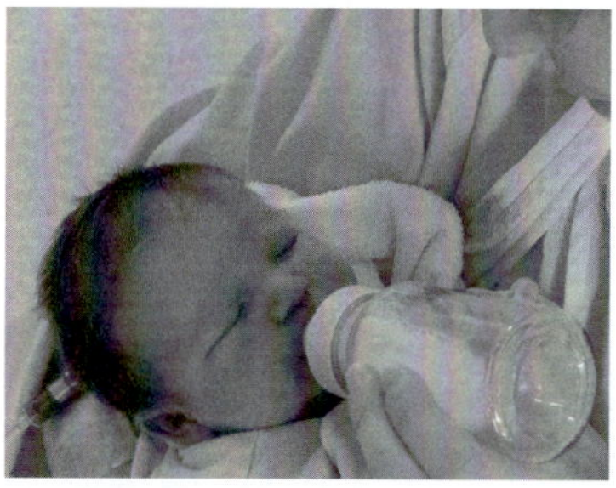

수유 시 반드시 아기를 품에 안고 먹이도록 한다. 아기와 눈을 맞추고 피부를 접촉하면서 대화를 하게 되면 아기가 포만감, 심리적 안정감을 느끼면서 양육자와 애착을 형성하기 때문에 정서발달에 도움을 준다. 수유 시간은 엄격하게 정할 필요가 없고 아기의 욕구, 신체조건 등을 고려하여 분량, 시간 등을 융통성 있게 정한다.

수유가 끝나면 아기를 어깨 위로 똑바로 안아 올리고 등을 가볍게 두드려 주거나 쓸어 주면 젖을 먹는 동안 들이킨 공기를 토해내는 데 도움이 된다.

3) 기저귀 갈기

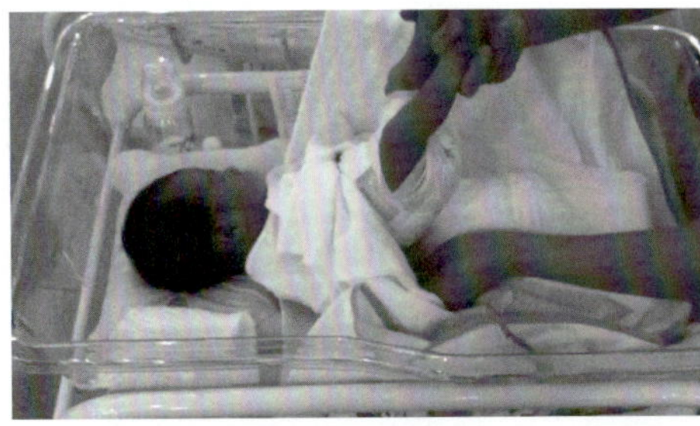

기저귀 갈기는 양육자가 신생아의 젖은 기저귀를 새 기저귀로 갈아주는 행위를 말한다. 기저귀 갈기는 이러한 외형적 의미 이상의 중요성을 가지고 있다. 아기는 기저귀를 갈아주는 양육자의 손길과 태도에서 자신의 존재를 인식하며, 이를 통해서 양육자와 양육자가 보여주는 세상을 신뢰하기 시작한다. 즉 젖은 기저귀의 불편함 때문에 아기가 보내는 신호를 양육자가 민감하게 알아차리고 신속하게 새것으로 갈아주면서 부드러운 손길과 따뜻한 말로 상호작용한다면 아기는 양육자와 이 세상에 대해 신뢰감을 형성하게 될 것이다. 이렇듯 기저귀를 갈아 주는 시간은 아기와 양육자가 서로 상호작용하며 신뢰와 애착을 형성해 나가는 시간이라 할 수 있다.

다음의 순서대로 기저귀를 갈아주면서 눈을 맞추고 이야기를 나누면서 아기의 기분을 살핀다.

① 필요한 물품이 손이 닿는 곳에 있는지 확인한다.

② 양육자의 손을 씻는다.

③ 기저귀를 가는 곳에 방수가 잘 되는 깔개를 깐다.

④ 깔개에 수건이나 일회용 수건을 깔고 아기를 눕힌다.

⑤ 아기의 하의와 기저귀를 벗기고 더러워진 기저귀를 안으로 접고 부착된 테이프로 감는다.

⑥ 소변인 경우 물수건으로 닦아주고 물기가 마르면 새 기저귀를 채운다. 대변인 경우 물수건으로 닦아 준 다음 엉덩이를 물로 깨끗이 씻어 주고 물기가 마르면 새 기저귀를 채운다.

⑦ 양육자의 손을 씻고 아기의 손을 씻어 준다.

⑧ 기저귀 갈이대를 세척하고 소독한 후 물품을 정리한다.

4) 목욕시키기

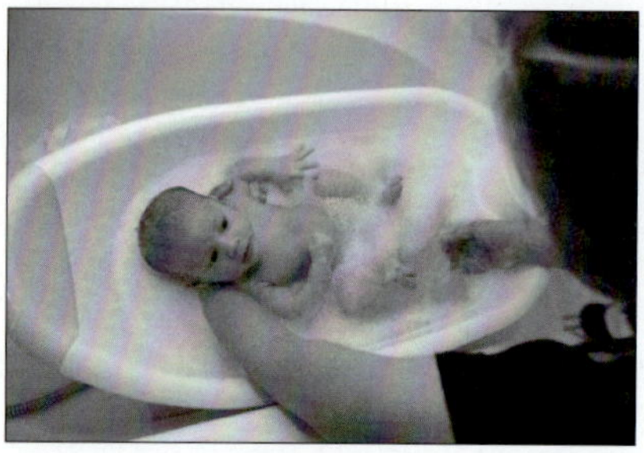

목욕은 피부를 청결히 할 뿐만 아니라 혈액순환과 신진대사를 촉진하고 발육을 증진하는 데 효과가 있다. 중성 비누와 물로 매일 몸을 씻어 주면 세균감염을 예방하는 데 도움이 된다. 목욕물 온도는 38~40℃ 정도가 적당하며 부드러운 거즈 수건이나 목욕 수건으로 목욕시킨다. 더운 날씨에는 거의 매일, 추운 날씨에는 일주일에 1~2회 해주면 되고 얼굴과 머리를 씻긴 후, 놀라지 않도록 발부터 천천히 물에 담근다. 위에서 아래로, 앞을 닦은 후 뒤를 닦는다. 여아인 경우에는 성기 내부에는 비누칠하지 말고 물로 앞에서 뒤 방향으로 씻어내야 한다. 그리고 여자아이는 생후 3주일이 지나기 전에 유두를 짜주어야 성인이 된 후에 유두가 함몰되는 것을 막을 수 있다.

아기 욕조는 날카로운 모서리가 없어야 하며 목욕을 시킬 때 아기가 뜨거운 물에 화상을 입을 수 있으므로 주의해야 한다. 목욕 후에는 특히 피부가 접히는 부분을 잘 말려주고 의복, 침구, 실온의 조절로 신생아의 체온조절을 도와야 한다.

한편, 배꼽을 물에 젖게 하면 감염 위험이 커지고 배꼽이 말라서 떨어지는 것이 지연되므로 아기의 배꼽이 떨어지지 전까지는 아기를 목욕시킬 때 수면 높이를 아기의 배꼽 밑으로 하여 배꼽이 물에 젖지 않도록 한다. 배꼽은 생후 3~10일이 되면 떨어진다. 배꼽이 떨어진 자리는 상처가 나 있고 축축하며 세균이 번식하기 쉬우므로 소독약을 발라 주어야 한다. 만약 진물이 나거나 고름이 나면 의사의 도움이 필요하다.

5) 의복 관리하기

신생아는 누워서도 쉬지 않고 활발한 신체 운동을 하므로 매일 의복을 갈아입혀 주어야 한다. 신생아의 더러워진 옷은 다른 가족들의 세탁물과 같이 섞어 빨면 세균에 감염되기 쉬우므로 분리해서 세탁한다. 세제의 사용은 가능한 피하고 소변만 묻은 기저귀를 즉시 물에 헹구어 깨끗한 물에 오랫동안 담가 두었다가 빨고 부득이 세제를 사용할 경우 중성세제를 사용하도록 한다. 약하게 세제를 첨가하여 삶기도 하지만 그냥 물속에서 삶아내기만 해도 위생적일 뿐 아니라 아기의 피부에 자극을 주지 않아 좋다.

기저귀뿐 아니라 모든 아기 의복은 면제품을 사용하고 삶아 주는 것이 좋다. 면제품은 흡습성이 높아 피부와 의복 사이에 습기가 남아 피부를 상하게 하는 일이 없어 좋을 뿐 아니라 고온에서 삶아 빨 수 있으므로 위생적이며 아기 피부에 안락감을 준다.

6) 예방접종

신생아기를 비롯한 영아기는 면역력이 약하기 때문에 질병에 쉽게 걸리며 치명적일 수 있다. 예방접종은 아기의 면역력을 증강시켜 질병의 감염을 예방할 뿐 아니라 집단 면역 수준을 높임으로써 전염성 질병이 침입하는 것을 방어한다. 예방접종은 국가예방접종과 기타예방접종으로 나눌 수 있다(질병관리예방본부 예방접종 도우미, 2020). 국가예방접종은 국가가 권장하는 예방접종으로 국가는 '감염병의 예방 및 관리에 관한 법률'을 통해 예방접종 대상 감염병과 예방접종의 실시기준 및 방법에 관한 권장 사항을 정하고 있다. 국가예방접종은 보건소와 의료기관에서 접종할 수 있다. 기타 예방접종은 국가지원 대상 외에 의료기관에서 받을 수 있는 예방접종이다.

예방접종은 종류마다 접종 시기가 다르므로 적절한 시기에 필요한 접종을 하는 것이 중요하다. 예방접종 전에는 아기의 건강 상태를 진단받아 건강 이상 유무를 확인하여야 하며, 아기의 건강 상태가 좋지 못하면 몸 상태가 좋을 때까지 기다려서 접종하도록 한다. [그림 5-2]는 아동기에 접종하여야 할 예방접종 일정표를 정리한 것이다.

구분	대상 감염병	백신종류 및 방법	횟수	출생~1개월이내	1개월	2개월	4개월	6개월	12개월	15개월	18개월	19~23개월	24~35개월	만4세	만6세	만11세	만12세
국가예방접종	결핵	BCG(피내용) ❶	1	BCG 1회													
	B형간염	HepB ❷	3	HepB 1차	HepB 2차			HepB 3차									
	디프테리아 파상풍 백일해	DTap ❸	5			DTap 1차	DTap 2차	DTap 3차		DTap 4차				DTap 5차			
		Tdap/Td ❹	1													Tdap/Td 6차	
	폴리오	IPV ❺	4			IPV 1차	IPV 2차	IPV 3차						IPV 4차			
	b형헤모필루스인플루엔자	Hib ❻	4			Hib 1차	Hib 2차	Hib 3차	Hib 4차								
	폐렴구균	PCV ❼	4			PCV 1차	PCV 2차	PCV 3차	PCV 4차								
		PPSV ❽	-										고위험군에 한하여 접종				
	홍역 유행성이하선염 풍진	MMR ❾	2						MMR 1차					MMR 2차			
	수두	VAR	1						VAR 1회								
	A형간염	HepA ❿	2						HepA 1~2차								
	일본뇌염	IJEV(불활성화 백신) ⓫	5						IJEV 1~2차				IJEV 3차		IJEV 4차		IJEV 5차
		LJEV(약독화 생백신) ⓬	2						LJEV 1차				LJEV 2차				
	사람유두종바이러스감염증	HPV ⓭	2													HPV 1~2차	
	인플루엔자	IIV ⓮	-					IIV 매년 접종									
기타 예방접종	로타바이러스 감염증	RV1	2			RV 1차	RV 2차										
		RV5	3			RV 1차	RV 2차	RV 3차									

그림 5-2 표준예방접종 일정표(2020)

출처: 질병관리예방본부 예방접종도우미(https://nip.cdc.go.kr/irgd/index.html)

TIP 예방접종 주의사항 및 금기사항

접종 전 주의사항	접종 후 주의사항
• 아기의 건강 상태를 가장 잘 알고 있는 사람이 데리고 온다. • 집에서 아기의 체온을 측정하고 열이 없는 것을 확인하고 방문한다. • 모자보건수첩 또는 아기수첩을 지참하고 방문한다. • 접종 전날 목욕을 시키고, 깨끗한 옷을 입혀서 데리고 온다. • 가능하면 예방접종을 하지 않을 아이는 데리고 방문하지 않는다.	• 접종 후 20~30분간 접종기관에 머물러 아기의 상태를 관찰한다. • 귀가 후 적어도 3시간 이상 주의 깊게 관찰한다. • 접종 당일과 다음 날은 과격한 운동을 하지 않는다. • 접종 당일은 목욕하지 않는 것이 좋다. • 접종 부위는 청결하게 한다. • 접종 후 최소 3일간은 특별한 관심을 가지고 관찰하여 고열, 경련이 있을 때는 곧 의사 진찰을 받도록 한다. • 접종 부위에 발적, 통증, 부종이 생기면 찬 물수건을 대 준다. • 아기는 반드시 바로 눕혀 재운다.

출처: 질병관리예방본부 예방접종도우미(https://nip.cdc.go.kr/irgd/index.html)

연습문제

- 신생아 울음에 민감하고 신속하게 반응해야 하는 이유를 설명해보시오.
- 신생아 발달에서 반사가 갖는 중요성을 설명해보시오.
- 신생아의 일상생활 적응을 돕는 양육방법을 정리해보시오.

PART III 영아기 발달

영아기는 제 발달영역에서 양적·질적으로 역동적인 변화가 일어나는 시기이며, 앞으로 살게 될 인생의 인프라를 구축하는 시기라는 점에서 발달에서 매우 중요한 위치를 갖는다.

Ⅲ부에서는 이러한 영아기에 0~2세 영아가 신체적·인지적·언어적·사회적·정서적 차원에서 양적·질적으로 어떤 변화과정을 겪는지, 그리고 그 변화에 따른 생각·느낌·행동을 어떻게 표출하는지 자세히 살펴볼 것이다. 구체적으로 제6장에서는 영아기 신체·운동발달을, 제7장에서는 영아기 인지·언어발달을, 제8장에서는 영아기 사회·정서발달을 다룰 것이다.

Ⅲ부의 학습을 통해 역동적인 발달과 성장을 거듭하는 영아를 지원하기 위한 양육적·교육적 시사점을 얻을 수 있을 것이다.

CHAPTER 6

영아기 신체·운동발달

영아는 일상생활 속에서 다양한 신체활동에 자발적으로 즐겁게 참여하며 신체 움직임에 대한 본능적 욕구를 마음껏 표출한다. 이러한 영아의 신체·운동 발달은 대·소근육발달뿐만 아니라 자신을 발견하고 세상을 알아나가는 수단이 되며, 인지를 비롯한 다른 영역의 발달과도 밀접하게 관련되어 있어 영아의 전인적 발달에 중요한 토대가 된다. 이러한 점에서 영아는 신체발달을 토대로 성장하고 발달한다고 할 수 있다.

제6장에서는 영아기 신체·운동발달을 살펴보기 위해 먼저 영아기 신체성장을 자세히 알아본 후, 대소근육 운동발달과 뇌 발달을 차례대로 알아볼 것이다.

학습목표

1. 영아기의 신체 성장의 특징(제1 성장급등기)을 이해한다.
2. 영아기의 운동기능의 발달시기와 순서를 이해한다.
3. 영아기에 급속하게 이루어지는 뇌 발달과정과 뇌 발달에 영향을 주는 다양한 요인에 대해 이해한다.

주요용어

제1 성장급등기, 뼈 나이, 두개골, 유치, 영구치, 소근육, 대근육, 뇌 성장의 급등기

6 영아기 신체·운동발달

1. 신체성장

1) 신체 크기, 체중

영아기는 신체성장이 급속히 이루어지는 시기로 '제1 성장급등기(growth spurt)'라고 한다.

신체성장에는 신장, 체중, 골격, 치아 등 양적 성장과 맥박, 혈압, 수면, 음식섭취, 배설 등의 생리적 발달을 포함한다.

신체성장의 과정은 신체 크기의 변화로 알 수 있는데, 영아기 동안 신체성장은 생후 1년 동안 25cm 증가하여 출생 시의 1.5배가 된다. 생후 2년경에는 성인 키의 1/2에 육박하게 되어 영아기 동안 신체 성장은 매우 빠르게 진행되는데 유전자의 영향을 가장 크게 받으며 영양이나 건강 상태 등과 같은 환경적인 요소의 영향을 받는다(문혁준 외, 2009).

영아의 신체가 성장하면서 신체의 각 부분은 다른 비율로 성장하게 된다. 1년간은 몸통이 먼저 성장하고 그다음 팔, 다리, 손, 발의 순서로 발달된다. 태내기에는 머리의 성장이 빨랐기 때문에 태어날 때는 머리둘레가 가슴둘레보다 크지만 [그림 6-1]과 같이 생후 1개월이 지나면서 머리둘레가 작아지면서 6개월경에는 머리와 가슴둘레가 비슷해진다. 생후 1년이 지나면서 머리 크기는 출생 시의 키의 약 1/4을 차지하나 성인이 되면 1/8이 되어 머리둘레가 가슴둘레보다 작아지게 된다.

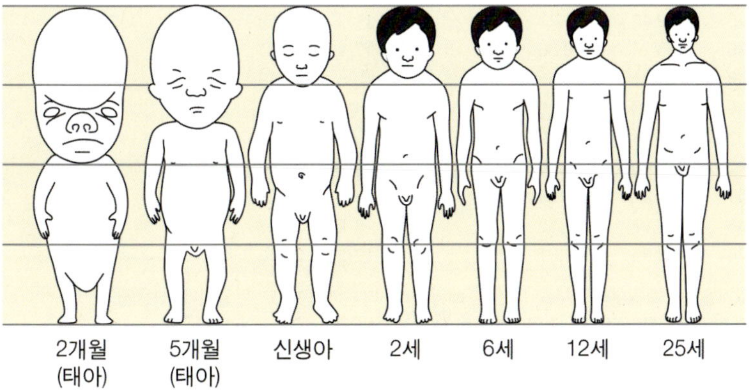

그림 6-1 성장에 따른 신체비율의 변화

TIP 소아 발육 표준치: 체중, 신장, 체질량지수, 머리둘레

남아				연령	여자			
체중(kg)	신장(cm)	체질량지수 (kg/m²)	머리둘레 (cm)		체중(kg)	신장(cm)	체질량지수 (kg/m²)	머리둘레 (cm)
3.41	50.12		34.70	출생시	3.29	49.35		34.05
5.68	57.70		38.30	1~2개월[1]	5.37	56.65		37.52
6.45	60.90		39.85	2~3개월	6.08	59.76		39.02
7.04	63.47		41.05	3~4개월	6.64	62.28		40.18
7.54	65.65		42.02	4~5개월	7.10	64.42		41.12
7.97	67.56		42.83	5~6개월	7.51	66.31		41.90
8.36	69.27		43.51	6~7개월	7.88	68.01		42.57
8.71	70.83		44.11	7~8개월	8.21	69.56		43.15
9.04	72.26		44.63	8~9개월	8.52	70.99		43.66
9.34	73.60		45.09	9~10개월	8.81	72.33		44.12
9.63	74.85		45.51	10~11개월	9.09	73.58		44.53
9.90	76.03		45.88	11~12개월	9.35	74.76		44.89
10.41	78.22		46.53	12~15개월	9.84	76.96		45.54
11.10	81.15		47.32	15~18개월	10.51	79.91		46.32
11.74	83.77		47.94	18~21개월	11.13	82.55		46.95
12.33	86.15		48.45	21~24개월	11.70	84.97		47.46
13.14	89.38	16.71	49.06	2~2.5세	12.50	88.21	16.34	48.08
14.04	93.13	16.29	49.66	2.5~3세	13.42	91.93	16.01	48.71
14.92	96.70	15.97	50.10	3~3.5세	14.32	95.56	15.76	49.18
15.91	100.30	15.75	50.43	3.5~4세	15.28	99.20	15.59	49.54
16.97	103.80	15.63	50.68	4~4.5세	16.30	102.73	15.48	49.82
18.07	107.20	15.59	50.86	4.5~5세	17.35	106.14	15.43	50.04
19.22	110.47	15.63	51.00	5~5.5세	18.44	109.40	15.44	50.21
20.39	113.62	15.72	51.10	5.5~6세	19.57	112.51	15.50	50.34
21.60	116.64	15.87	51.17	6~6.5세	20.73	115.47	15.61	50.44
22.85	119.54	16.06	51.21	6.5~7세	21.95	118.31	15.75	50.51
24.84	123.71	16.41		7~8세	23.92	122.39	16.04	
27.81	129.05	16.97		8~9세	26.93	127.76	16.51	
31.32	134.21	17.58		9~10세	30.52	133.49	17.06	
35.50	139.43	18.22		10~11세	34.69	139.90	17.65	
40.30	145.26	18.86		11~12세	39.24	146.71	18.27	
45.48	151.81	19.45		12~13세	43.79	152.67	18.88	
50.66	159.03	20.00		13~14세	47.84	156.60	19.45	
55.42	165.48	20.49		14~15세	50.93	158.52	19.97	
59.40	169.69	20.90		15~16세	52.82	159.42	20.42	
62.41	171.81	21.26		16~17세	53.64	159.98	20.77	
64.46	172.80	21.55		17~18세	53.87	160.42	21.01	
65.76	173.35	21.81		18~19세	54.12	160.74	21.13	

주: 1~2개월은 1개월부터 2개월 미만에 해당하며, 다른 연령에도 동일하게 적용됨
출처: 대한소아과학회(2017). 소아·청소년 표준 성장도표.

일반적으로 체중은 신장보다 불규칙적인 성장을 보이며 심한 개인차를 보인다. 신장이 유전에 대한 의존도가 높은 데 반하여 체중은 가정의 사회 경제적 수준, 질병 및 정서 상태 등의 외적 환경에 영향을 더 쉽게 받는다(강상조, 신선식, 1982). 영아의 체중증가율은 생후 1년 동안이 가장 높게 나타나는데, 6~9개월경에는 일시적으로 체중이 감소하는 경향이 있지만, 걸음마기에 들어서면서 신체활동량의 증가 및 근육과 골격형성에 따라 체중이 다시 증가한다.

영아기 신장과 체중의 남녀차이를 보면 키와 몸무게 모두 남아가 여아보다 다소 높고 성숙은 여아가 약 1~2년 정도 빠른 것으로 나타난다.

2) 골격, 근육

영아의 신체 성숙을 측정하는 가장 좋은 방법은 뼈의 발달을 측정하는 뼈 나이(skeletal age)를 이용하는 것이다(Berk, 2012).

영아기의 골격은 매우 부드러운 연골로 이루어져 있으며 뼈와 뼈 사이의 공간도 매우 넓다. 영아 초기에 부모가 영아를 부축해 주어도 앉거나 서지 못하는 것은 뼈가 작고 유연하여 신체를 지탱해 주지 못하기 때문이다. 영아기의 골격은 매우 유연하고 부드러워 잘 부러지지 않고 쉽게 휜다는 특징이 있지만, 시간이 지나면서 무기질이 체내에 축적됨에 따라 석회질이 더해져 부드러운 뼈는 단단해지고 뼈 사이의 공간도 좁아지게 된다. 손과 손목의 뼈가 가장 먼저 단단해지며 1세경이 되면 사물을 집어 올릴 수 있고 걸음마를 배울 수 있을 정도로 뼈가 단단해진다(문혁준 외, 2009).

신생아의 머리는 여러 개의 뼈가 모여 두개골을 이룬다. 영아의 두개골은 뼈들이 완전히 결합되지 않아 6개의 구멍이 있다. 이를 '천문'이라 하는데 우리 눈으로는 이마 위 중앙의 대천문과 이마 뒷부분의 소천문을 관찰할 수 있다. 이는 아직 경골화되지 않아서 연한 조직으로 구성되어 있으며 약 9~12개월경에 이르면 소천문에서 대천문 순으로 닫힌다. 6개의 천문이 닫히기 전에 머리에 외부적 충격이 가해지면 신체기형 또는 장애를 유발할 수 있으므로 보호해야 한다.

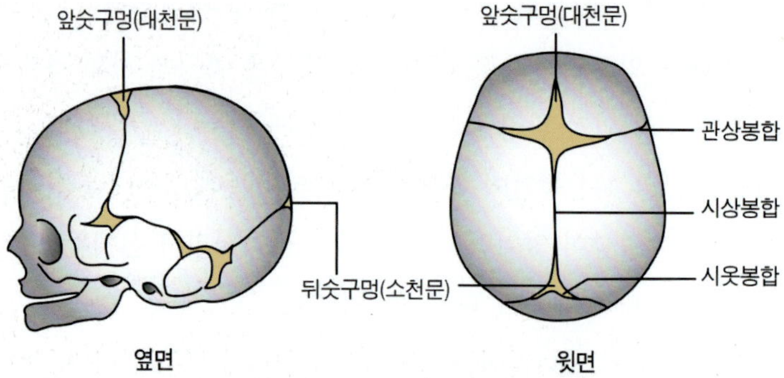

그림 6-2 대천문과 소천문

3) 치아

치아는 태아기에 이미 형성되어 있으며, 유치(temporary teeth)는 개인차가 있지만 평균적으로 생후 6개월부터 이가 나기 시작하여 2세 반이면 젖니 20개 모두 나게 된다. 치아도 일정 발달순서에 따라 나오게 되는데, 먼저 중앙 아래쪽 앞니부터 2개가 나기 시작하여 2~3개월 간격으로 위 앞니 4개와 아래 간니 2개가 나오게 되며, 첫 번째 어금니가 12~15개월에 각각 2개씩 나오고 송곳니는 18~20개월에 각각 2개씩, 두 번째 어금니가 24~30개월에 각각 2개씩의 순서로 난다. 유치가 영아기에 나오는데 순서는 [그림 6-3]과 같이 2세가 되면 20개의 치아가 나와 유치가 완성되며 영구치는 32개이다. 유치는 조직이 연하고 뿌리도 얇아서 충치로 변질될 우려가 크다.

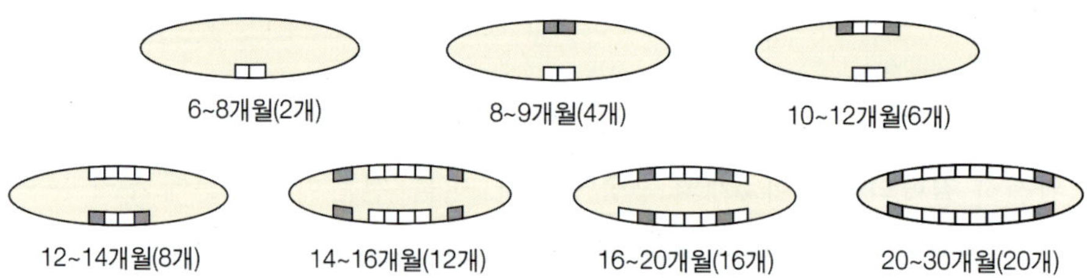

그림 6-3 영아기의 치아발달 순서

영아기의 월령에 따른 치아 발달순서는 다음과 같다.

표 6-1 영아의 치아 발달순서와 월령

치아 위치	치아발달순서	개 수	월 령
위	중앙 앞니	2	8~12개월
	위 가쪽 앞니	2	9~13개월
	송곳니	2	16~22개월
	첫째 어금니	2	13~19개월
	둘째 어금니	2	25~33개월
아래	중앙아래 앞니	2	6~10개월
	아래 가쪽 앞니	2	10~16개월
	송곳니	2	17~23개월
	첫째 어금니	2	14~18개월
	둘째 어금니	2	23~31개월

TIP 이가 날 때 증상

1. 평소보다 많은 양의 침을 흘린다.
2. 잇몸이 간지러워 아무거나 물어뜯는다.
3. 평소보다 자주 보채고 큰 소리로 울기도 한다.
4. 밤에 잠을 잘 못자고 자주 깨서 운다.
5. 가벼운 미열을 동반하기도 한다.

2. 운동발달

신생아에 비해 영아는 빠른 기간 안에 기기, 서기, 걷기를 배운다. 직립자세로 움직이는 것은 팔과 다리를 자유롭게 해주며, 특히 손은 독립적인 손가락들을 가지고 있어서 사물을 쥐거나 조작하는 것을 가능하게 한다. 영아는 이동하고 사물을 만지거나 붙잡는 것이 가능해지면서 주변 환경을 탐색할 수 있다.

1) 운동발달의 원리

영아의 운동발달은 신체발달과 마찬가지로 일정한 순서와 기본원리에 의해 진행된다. 한 단계에서 다음 단계로 진행한다는 것은 좀 더 높은 단계로 발달하는 것을 의미하며, 영아의 발달 특성은 개인차가 있다.

(1) 두미방향의 원리

두미방향의 원리는 영아의 운동발달에 있어 머리에서 다리 쪽의 방향으로 진행되는 것을 의미한다. 예를 들어 영아 초기 이동운동에 있어서 머리를 가누지 못하다가 머리를 가누고 엎드렸을 때 고개를 들다가 팔로 지탱하여 가슴을 든다. 점차 몸통과 팔을 이용해 앉을 수 있고, 다리를 이용하여 서고 걷게 된다. 이러한 과정에서 발달의 방향이 머리에서 다리 쪽으로 이루어짐을 알 수 있다.

(2) 근원방향의 원리

운동발달은 신체의 중심에서 주변 말초의 방향으로 진행되는 것을 의미한다. 예를 들면, 머리를 가누고, 몸을 뒤집고, 팔 뻗기와 다리 조절을 통해 이동이 우선되고 이후 손과 손가락 협응을 통하여 사물을 잡는다는 것을 알 수 있다.

(3) 대근육운동에서 소근육운동발달의 원리

신체의 대근육을 사용하는 운동능력이 먼저 발달되고, 이후 소근육을 사용하는 운동발달이 이루어진다(김상림, 2017). 예를 들면, 영아기에 스스로 밥 먹기를 시도하는 것을 볼 수 있다. 처음에 영아는 다섯 손가락 모두 이용하여 수저를 잡고 팔과 어깨 축을 이용하여 밥을 떠서 먹는다. 점차 소근육발달 이후에 비로소 세 개의 손가락만을 이용하여 수저를 잡고 먹는 것을 볼 수 있다.

운동발달의 원리를 정리해 보면 다음과 같다.

- 운동발달 신경 및 근육의 성숙함에 따라 발달한다.
- 운동기능이 성숙된 후에 운동의 기술 습득이 이뤄진다.
- 운동기능은 상부(머리)에서 하부(다리)로 발달한다.
- 신체의 중심(몸통)에서 말초(손)로 발달한다.
- 운동기능은 대근육이 먼저 발달하면서 소근육으로 진행되며, 지속적인 운동기능의 분화와 협응, 중심화의 과정을 거쳐 성숙한다.
- 운동발달은 개인차가 있다.

2) 대근육 운동

대근육 운동발달은 기거나 서고 걷는 것과 같이 영아기 환경을 탐색하는 행동을 의미한다. 생후 한 달이 되면 아기는 엎드린 방향으로 턱을 들어 올리고 2개월경에 가슴을 든다. 3~4개월에 뒤집을 수 있으며, 6~7개월이 되면 영아는 붙잡아 주지 않아도 혼자 앉을 수 있다. 7~8개월이면 길 수 있고 도움을 받아 혼자 선다. 대략 8개월 정도가 되면 가구를 붙잡고 혼자 서다가 11개월에는 도움 없이도 혼자 선다. 12~13개월에 영아는 도움 없이 걸을 수 있다.

대부분의 영아들이 운동발달의 순서는 일정하게 나타나지만, 운동 기술의 출현 시기는 개인차에 따라 다르게 나타날 수 있다. 바람직한 운동발달은 두뇌, 근육, 뼈 중추신경계에 따라 좌우되고, 각각의 운동기술은 연관되어 발달되기 때문에 영아를 양육하는 부모나 교사는 영아의 운동능력을 세심하게 관찰해야 한다.

표 6-2 발달이정표(첫 2년간 대·소근육 운동발달)

운동 기술	평균성취 연령	90%의 영아가 성취할 수 있는 연령 범위
똑바로 받쳐 주면 머리를 세우고 흔들거리지 않는다.	6주	3주 ~ 4개월
엎드렸을 때 팔로 지탱하여 가슴을 든다.	2개월	3주 ~ 4개월
옆으로 누운 자세에서 바로 누운 자세로 구른다.	2개월	3주 ~ 5개월
주사위를 쥔다.	3개월 3주	2 ~ 7개월
바로 누운 자세에서 옆으로 구른다.	4개월 반	2 ~ 7개월
혼자서 앉는다.	7개월	5 ~ 9개월
긴다.	7개월	5 ~ 11개월
붙잡고 선다.	8개월	5 ~ 12개월
까꿍놀이를 한다.	9개월 3주	7 ~ 15개월
혼자 선다.	11개월	9 ~ 16개월
혼자 걷는다.	11개월 3주	9 ~ 17개월
주사위 두 개를 쌓는다.	11개월 3주	10 ~ 19개월
힘차게 휘갈겨 쓴다.	14개월	10 ~ 21개월
도움을 받아 계단을 올라간다.	16개월	12 ~ 23개월
제자리에서 뛴다.	23개월 2주	17 ~ 30개월
발가락으로 걷는다.	25개월	16 ~ 30개월

출처: Bayley(1993).

[그림 6-4]는 대근육 운동발달이 진행되는 순서이다. 운동발달의 순서는 일정하지만 각 기술을 성취하는 속도에는 개인차가 있다. 따라서 늦게 뒤집기를 한 아기가 반드시 늦게 걷는 것은 아니다.

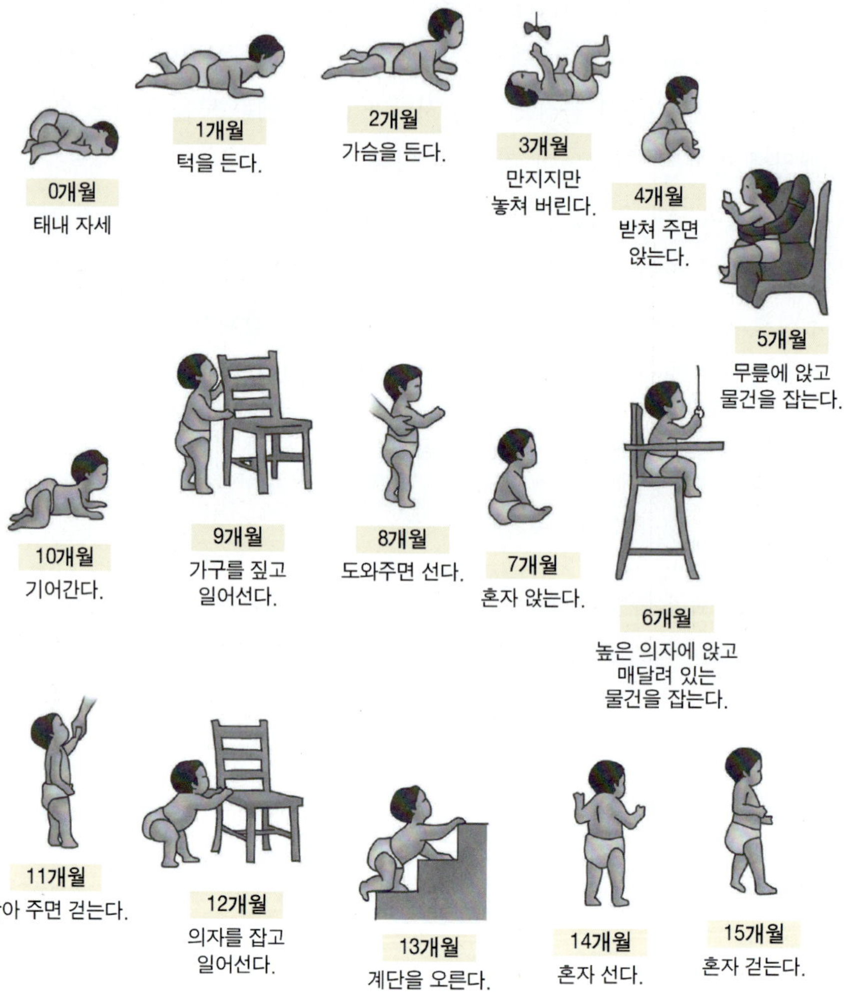

대근육 운동능력의 발달단계

출처: 최경숙, 박영아(2005); 조성희(2017).

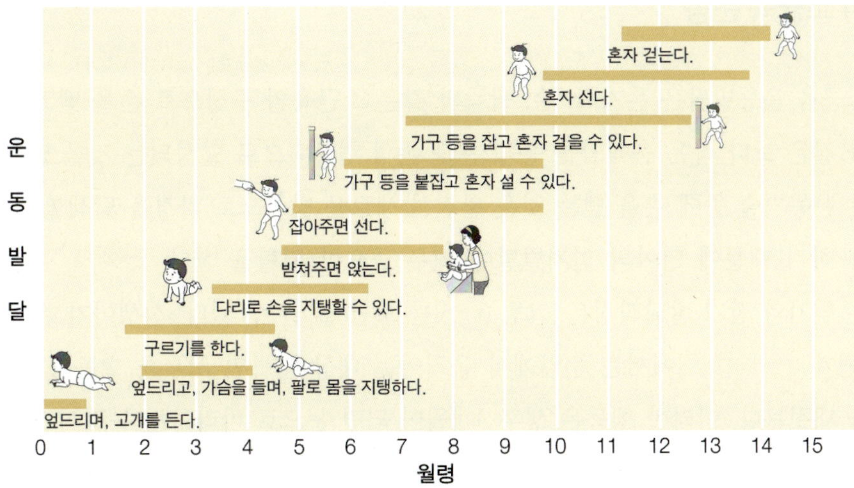

그림 6-4 운동기능의 발달시기와 순서

TIP 대근육 운동발달 관찰 사례

1) 관찰대상: 이은채(가명)
2) 성별: 여
3) 연령: 생후 8개월
4) 출생 시 신체 사항: 50.1cm 3.27kg
5) 현재 신체 사항: 69.5cm 8.14kg

똑바로 앉아 있는가?	X (바르게 앉지는 못함)
앞쪽, 뒤쪽으로 기어 다닐 수 있는가?	O
기구나 다른 지지대를 잡고 서 있는가?	O (낮은 지지대가 있으면 가능)
15cm 높이의 계단 또는 낮은 탁자를 기어오를 수 있는가?	O
타인의 도움을 받아 몇 걸음 걸을 수 있는가?	O (4걸음 정도 가능)
혼자 설 수 있는가?	X
몸을 자유롭게 돌릴 수 있는가?	O

➲ 대근육 운동은 영아가 주변 환경을 탐색하도록 돕고, 이를 통해 영아는 탐색 영역의 확장을 이룰 수 있다. 발달 순서는 일정하게 이루어져 있지만 속도에는 상당한 개인차가 있다. 약 6개월부터 가구 등을 잡고 혼자 걸을 수 있게 되는데, 은채의 경우 가구 등을 붙잡고 설 수는 있으나 스스로 서고 걷는 것은 어려워 보인다. 따라서 아직은 주로 기는 행동을 통해 주변을 탐색하는 것으로 보인다. 한편, 타인의 도움을 받아서는 걸음마를 걸을 수 있었다.

3) 소근육 운동

소근육 운동발달은 손가락, 손, 팔뚝과 같은 소근육의 구성으로 손을 뻗고 잡는 것과 같은 보다 작은 움직임을 통해 눈과 손의 협응력으로 달성되는 것을 말한다. 모든 운동기술 중에 손을 뻗는 것은 완전히 새로운 방식으로 환경을 탐색할 수 있도록 하기 때문에 영아의 인지발달에 매우 중요한 역할을 한다(안선희 외, 2017).

손 뻗기와 잡기 발달과정은 [그림 6-5]를 보면 잘 알 수 있다. 신생아가 손 뻗기 전 단계(pre-reaching)에서는 눈앞에서 움직이는 대상을 보면 서투른 협응방법으로 팔을 내젓는다. 이러한 행동은 생후 3개월이 되면 눈으로 바라보는 능력이 발달하고 머리와 어깨를 조절할 수 있게 되면서 눈앞에 보이는 물체를 손을 뻗어 잡아보는 행동으로 나타나기 시작하고 점차적으로 정확도가 향상된다.

생후 3~4개월이 되면 신생아 시기의 잡기 반사행동이 약화되고 척골잡기(ulnar grasp)로 대체되는데 영아의 손가락이 손바닥을 향해 오므리면서 손바닥으로 사물을 잡는다.

4~5개월이 되면 물체를 한 손에서 다른 손으로 옮길 수 있으며, 9개월 경이 되면 손가락 끝을 사용하여 사물을 잡을 수 있는 손끝 잡기(pincer grasp)가 가능해진다.

1세가 되면 영아는 건포도나 바닥에 떨어진 머리카락을 집거나 방문 손잡이를 돌릴 수 있으며, 작은 상자를 열거나 닫을 수 있다.

신생아 잡지 못한다. (손 뻗기 전 단계)	3~4개월 손바닥으로 잡는다. (척골잡기)	4~5개월 물체를 한 손에서 다른 손으로 옮긴다.	9개월 손가락 끝으로 잡는다. (손끝 잡기)

그림 6-5 영아의 손 뻗기와 잡기 발달과정

TIP 소근육 운동발달 관찰 사례

1) 관찰대상: 이은채(가명)
2) 성별: 여
3) 연령: 생후 8개월
4) 출생 시 신체 사항: 50.1cm 3.27kg
5) 현재 신체 사항: 69.5cm 8.14kg

가까이 있는 장난감을 향해 손을 뻗어 잡는가?	O
양손에 하나씩 물건을 쥘 수 있는가?	O
책을 주었을 때 책장을 넘길 수 있는가?	O
작은 물체에 흥미를 느끼며 집어서 입으로 가져가는가?	O
손뼉을 치는가?	O
엄지와 검지를 이용해 과자 조각이나 빵조각을 집어 들 수 있는가?	O
물건을 가리킬 수 있는가?	O

➲ 영아가 손을 사용할 수 있게 됨에 따라 비로소 외부 세계와 접촉이 시작된다. 특히 자발적인 손 뻗기는 영아의 인지발달에 가장 중요한 역할을 한다. 손과 눈의 협응을 통해 영아가 물체를 손으로 잡음으로써, 탐색과 더불어 사물에 대해 많은 것을 배울 수 있게 된다. 은채는 자발적 손 뻗기 행동이 잘 나타났으며, 특히 손과 눈의 협응을 통해 물체를 집는 모습을 계속해서 관찰할 수 있었다. 이를 잘 나타낸 관찰 행동으로는 영아용 과자를 작게 잘라서 주었을 때, 스스로 엄지와 검지를 이용해 과자를 집어서 입에 넣는 행동을 볼 수 있었다.

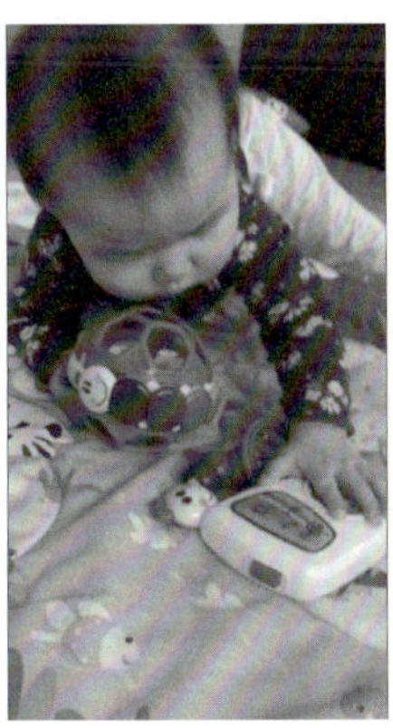

장난감을 양손으로 잡는 모습

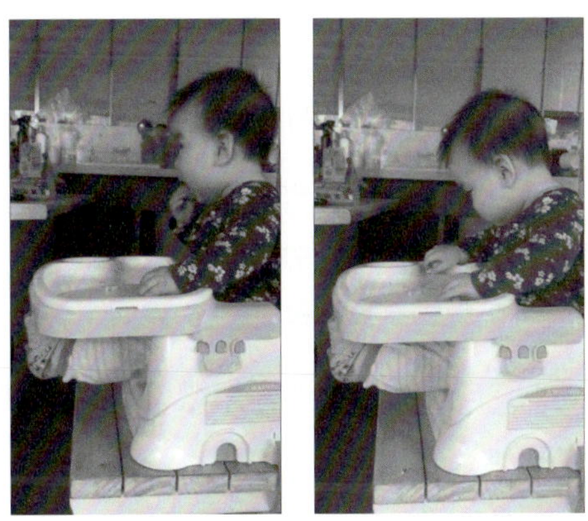

과자를 집어서 먹는 모습

TIP 영아에게 나타나는 운동장애의 적신호

- 사지가 뻣뻣하다.
- 근육이 기운 없고 늘어진 것처럼 보인다.
- 예상되는 시기에 걷지 않는다.
- 발끝으로 걷는다.
- 한 손 또는 신체의 한쪽 편을 선호한다.
- 매우 서툴러 보인다.
- 끊임없이 움직인다.
- 사물을 잡고 조작하는 데 어려움이 있다.
- 침을 흘리고 먹는 데 어려움이 있다.
- 운동기술이 퇴보한다.

출처: Haiken(2016)

3. 뇌 발달

태내기부터 발달하기 시작한 뇌는 영아기에 이르러 급속도로 발달한다. 출생 시 머리와 뇌의 크기는 다른 어떤 신체기관보다 성인의 크기에 가까우며, 뇌의 무게는 평균 300~400g으로 성인 뇌 무게의 1/4에 해당된다. 영아기에 뇌 크기는 놀라운 속도로 성장하여 생후 6개월경에는 1/2이 되며, 24개월 무렵에는 성인 뇌 무게의 3/4에 이른다(정옥분, 2015). 이러한 의미에서 생후 첫 2년 동안을 뇌 성장의 급등기(brain growth spurt, Berk, 2007)라고 부르며, 영아기 뇌 크기의 놀라운 성장은 뇌의 구조적·기능적 발달과 관련이 있다.

여기에서는 급속하게 발달하는 영아기 뇌 발달에 대해 알아보고 뒤이어 영아기 뇌 발달에 영향을 주는 다양한 요인에 대해 살펴보고자 한다.

1) 영아기 뇌 발달

영아기는 대뇌피질 및 변연계, 뇌간과 소뇌 등의 뇌의 전반적인 부분이 현저하게 발달하여 뇌의 기초공사가 이루어지는 시기(김유미, 2006)이며, 뉴런과 시냅스의 생성과 가지치기, 수초화를 통해 신경계가 발달하는 시기이다.

(1) 영아기에 발달하는 뇌의 부위

뇌의 각 부위는 발달하는 시기가 각기 다르다. 〈표 6-3〉은 인간의 복잡한 뇌를 종단면으로 단순화시킨 맥린(Maclean, 1990)의 이론에 따라 뇌의 주요 부위가 발달하는 시기를 정리한 것이다. 표를 보면, 영아기에는 대뇌피질과 변연계, 뇌간과 소뇌가 모두 현저하게 발달함을 알 수 있다. 이러한 의미에서 김유미(2006)는 영아기를 뇌의 전반적인 부분이 현저하게 발달하는, 뇌의 기초공사가 이루어지는 시기라 하였다.

표 6-3 뇌 부위별 발달 시기

뇌 부위	발달 시기
뇌간과 소뇌	• 뇌간 - 태아기~생후 15개월까지 발달 • 소뇌 - 출생에서 2세까지 대뇌피질보다 더 빨리 발달
대뇌변연계	• 15개월 이전 - 시상하부와 편도에 의해 원초적 정서반응 • 15개월 이후~4세 이전- 대뇌피질의 발달과 함께 상황을 고려한 정서반응
대뇌피질	• 생후 2년 6개월 - 뇌의 75% 완성, 신경패턴의 3/4 구성 • 감각과 운동과 관련된 피질 발달

출처: 홍정선(2008). p.11.

영아기에 발달하는 뇌 부위를 자세하게 살펴보면, 먼저, 뇌간은 뇌의 가장 아래쪽에 있으며, 가장 먼저 발달하는 뇌 부위이다. 수정에서 생후 15개월까지 발달하여 출생 시 이미 완전한 기능을 한다. 뇌간은 감각의 수용, 생명의 유지 및 생존본능을 통제하는 기능을 하여 '생명의 뇌'라고 불린다. 다음으로 대뇌변연계는 뇌의 가운데 부분을 차지하며 해마, 편도체, 시상앞핵, 둘레엽(변연엽) 등으로 이루어져 있다. 생후 15개월에서 4세 무렵까지 가장 활발하게 발달한다. 대뇌변연계는 자율신경, 특히 호흡이나 심장박동, 호르몬 작용을 조절하고 감정, 성욕 및 기쁨 등을 조절하는 기능을 하여 '정서의 뇌'라고 불린다.

마지막으로 대뇌피질은 다른 부위에 비해 늦게 발달이 이루어지며 성인기까지도 지속된다. 대뇌피질은 좌 · 우로 독립되어 나누어진 두 반구로 구성되어 있으며 뇌 무게의 80%를 차지할 만큼 크고 복잡한 구조로 되어 있다. 그리고 가장 많은 수의 뉴런과 시냅스를 포함한다. 대뇌피질은 언어 및 사고, 지혜의 중추이며, 학습이 일어나는 장소로 인간 고유의 고등정신기능을 가능하게 한다. 이러한 의미에서 '이성의 뇌'라고 불린다.

한편 대뇌피질의 양반구는 출생과 함께 세분화되어 발달하기 시작하여 뇌량을 통하여 서로의 정보를 교환한다. 좌반구는 언어능력과 긍정적인 정서를 관장하며, 우반구는 공간능력과 부정적인 정서를 다룬다(Berk, 2007). 이처럼 두 반구가 세분화되는 것을 편측성(lateralization)이라고 부른다. 뇌의 편측성은 효율적 가치가 있는데, 연속적, 분석적 방식으로 정보를 처리하는 좌반구와 전체적, 통합적 방식으로 정보를 처리하는 우반구가 같은 방식으로 정보를 처리하는 것보다 각기 세분화된 상이한 정보를 처리하는 것이 훨씬 효율적이기 때문이다(정옥분, 2015; Berk, 2007).

이상의 세 부위는 과제에 따라 개별적으로 작용하기도 하고 상호작용하기도 한다(Maclean, 1990, 홍정선, 2008에서 재인용). 영아기는 뇌의 전반적인 부분이 고루 발달하는 시기이며 뇌 부위별로 그 발달 시기는 조금씩 차이가 있다.

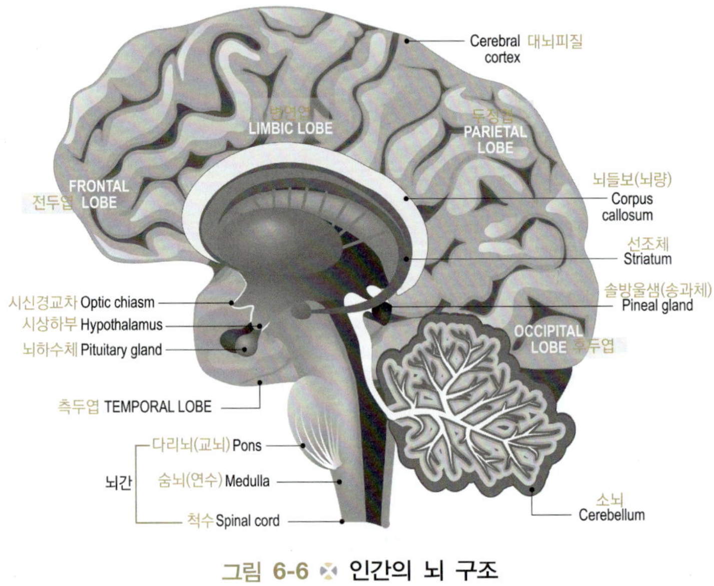

그림 6-6 인간의 뇌 구조

TIP 대뇌피질의 구조와 기능

대뇌피질은 대뇌 표면을 구성하는 회백질로 이루어진 부분으로 대뇌의 표면에서 다른 부분보다 돌출된 부분을 이랑이라 하고 주름져 안으로 들어간 부분을 고랑이라고 한다. 대뇌피질은 뇌의 표면에 위치하지만, 고랑 안으로 주름져 들어간 부분의 대뇌피질은 외견상 노출되지 않는다.

대뇌피질은 이랑과 고랑의 모양에 따라 전두엽, 두정엽, 후두엽, 측두엽의 네 영역으로 나눌 수 있다. 이러한 영역 구분은 형태의 차이에 의한 것이 아니라 기능의 차이에 의한 것이므로 외견상으로는 영역을 구분하는 것은 어렵다. 전두엽은 사고와 운동기능을 관장하고, 후두엽은 시각, 측두엽은 청각, 두정엽은 신체감각을 관장한다.

대뇌피질의 영역이 발달하는 순서는 영유아의 능력이 나타나는 순서와 일치한다. 청각피질과 시각피질의 집중적인 시냅스 성장은 3~4개월에서 첫해 끝 무렵까지 나타나는데, 이 시기에는 청·시지각의 극적 획득이 일어난다. 신체의 움직임을 관장하는 영역 가운데, 머리·팔·가슴을 통제하는 뉴런은 몸통과 다리를 통제하기 이전에 연결된다. 그리고 영아기 동안 언어를 지원하는 영역에서 극적인 시냅스의 성장이 나타나는데, 이때가 언어발달이 왕성하기 발달하는 시기이다. 사고를 관장하는 전두엽 영역은 가장 늦게 발달하는데, 영유아기와 아동기를 거쳐 청소년 중기와 말기 쯤에 시냅스의 연결이 성인 수준에 이른다.

출처: [네이버 지식백과] 대뇌피질 (서울대학교병원 신체기관정보, 서울대학교병원)
Laura E. Berk(2007). 아동발달(박낭자 외 역). p.209.

(2) 신경계의 발달

신경계는 신경세포인 뉴런(neurons)과 신경계세포(glial cell)라는 두 종류의 기본 세포로 구성되어 있다. 약 1조 개의 인간의 뇌세포 중에서 85~90%가 신경교세포이고, 나머지 10~15%가 신경세포이다. 신경계세포는 신경세포에 영양을 공급하고, 신경계를 결합하는 접착제 역할을 한다. 뉴런은 다른 신경세포나 감각기관에서 정보를 받아들여 정보를 저장하고 또 다른 신경세포에 전달하는 역할을 한다. 인간은 평생 1,000~2,000억 개의 뉴런을 갖는다(정옥분, 2015; 조형숙 외, 2015; Berk, 2007).

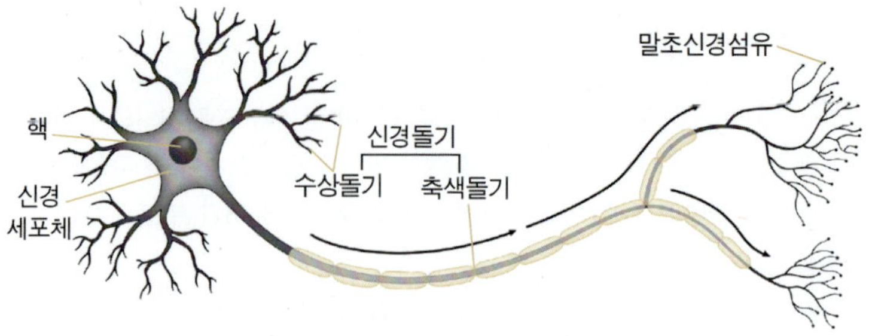

그림 6-7 ✣ 뉴런의 구조

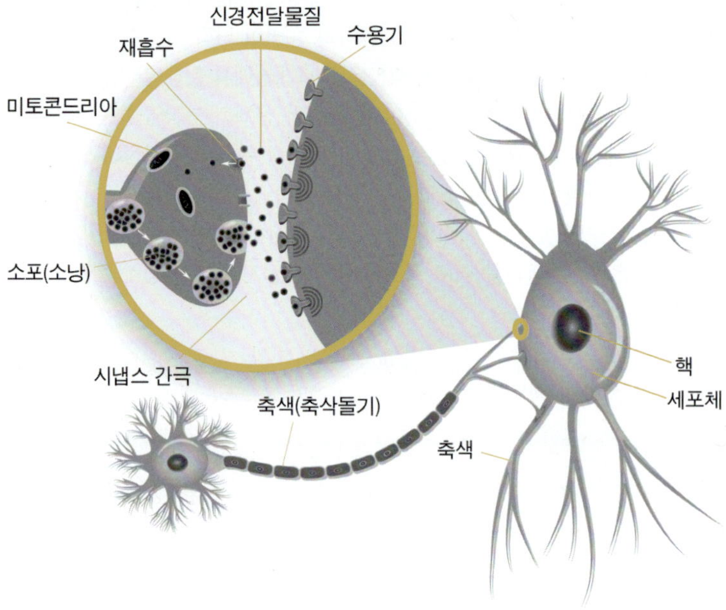

그림 6-8 ✣ 시냅스의 연결

[그림 6-7]을 보면 뉴런은 세포체와 핵, 수상돌기, 축색돌기와 말초신경섬유로 구성되어 있다. 세포체는 구조와 기능을 유지하게 하는 신경세포가 불거져 나온 부분이며, 핵은 세포의 유전자가 들어 있고 그 활동을 제어하는 세포 소기관이다. 수상돌기는 세포 몸통의 짧은 가지가 연장된 것으로 각각 주의의 신경세포로부터 신경 자극을 받아들이는 역할을 한다. 세포체에 연결되어있는 관 모양의 축색돌기는 신경자극을 다른 세포로 전달하는 역할을 하는데, 길이가 1m를 넘기도 한다. 신경돌기의 마지막 가지인 말초신경섬유는 신경자극을 이웃하는 신경세포의 수상

돌기에 전하는데 사용할 화학물질(신경전달물질)을 저장하는 역할을 한다(브리태니커 비주얼사전 인간, 2012). 뉴런은 배아의 원시 신경관에서 생산되는데 태내기 6개월 끝 무렵 뉴런의 생성과 이주는 대개 완료된다. 일단 뉴런이 자리를 잡으면, [그림 6-7]과 같이 이웃하는 세포와 연결을 위해 시냅스(synapse)를 형성한다. 두 개의 뉴런이 연결되는 지점인 뉴런의 말초신경섬유와 또 다른 뉴런의 수상돌기가 연결되는 부분을 시냅스라 하며, 대부분의 시냅스는 출생 후에 형성된다(정옥분, 2015).

출생 후 영아의 뇌에서는 뇌의 구성요소로서 시냅스의 생성 및 제거, 수초화의 증가가 주를 이루게 된다(Shore, 2001, 홍정선, 2008에서 재인용). 먼저, 시냅스의 생성 및 제거 과정을 살펴보면, 2세 무렵 영아의 뇌에는 성인 수준의 시냅스 수가 존재하고, 3세 무렵에는 1,000조 개의 시냅스가 존재한다. 영아기 동안 뇌는 최종적으로 필요로 할 시냅스의 2배를 만들어내고, 시냅스의 과잉생성은 마치 본능적으로 프로그램화된 것처럼 급속도로 이루어진다. 이 많은 시냅스들은 영아가 생존하는 데 필요한 운동기능, 인지기능, 사회적 기능을 획득할 수 있게 한다. 과잉 생성된 시냅스 중 영아가 반복적인 경험을 하게 되면 그 경험과 관련된 시냅스는 강화를 받아 영속적인 회로가 되고 일상생활에서 반복적으로 이용하지 않거나 충분히 이용하지 않게 되면 그 시냅스는 곧 사라지게 된다(김유미, 2006). 이는 신경세포의 가지치기(synaptic pruning) 과정에 해당된다(Berk, 2007). 정옥분(2015)은 이러한 신경세포의 가지치기를 농부가 크고 좋은 과일을 얻기 위해 불필요한 가지를 잘라내는 '가지치기' 작업에 비유하였다. 불필요한 뉴런이 제거됨으로써 신경계의 효율성이 증대되며, 신경계의 발달은 불필요한 세포의 소멸을 통해 효율적으로 진행된다. 전체적으로 시냅스의 40%는 성인 수준에 도달하기까지 아동기와 청소년기 동안 가지치기가 된다.

다음으로, 영아의 뇌에서는 수초화가 급속도로 이루어진다. 수초화는 미엘린이라 불리는 지방성 물질이 축색돌기 둘레에 막을 형성하는 현상을 말한다. 미엘린은 전선의 플라스틱 피복과 마찬가지로 신경세포를 둘러싸는 백색 지방질 물질로, 뉴런을 통해 전달되는 전기신호가 누출되거나 흩어지지 않게 보호할 뿐만 아니라 신경 전류의 전달속도를 증가시킨다. 미엘린은 뇌의 발달에 있어서 매우 중요한 역할을 하며, 미엘린이 파손될 경우 축색돌기는 피복이 벗겨진 전선과 같아서 신경전류가 흐르지 못하고 주위로 새어나가 버리며, 다발성 경화증[1]과 같은 장애가 발생하기도 한다(정옥분, 2015; 조형숙 외, 2015). 수초화는 약 4세까지 급속도로 진행되고, 약 6세가 되면 서서히 안정되지만 20세까지도 계속 이루어진다(Berk, 2007).

시냅스의 과잉생성과 수초화는 영아기가 생물학적으로 학습을 위한 민감기임을 시사해 준다. 그러나 이러한 학습의 민감기가 모든 것을 다 받아들일 수 있는 학습 가능성을 의미하는 것은 아니다. 이보다는 연령에 따라 뇌가 발달하는 부위가 다르므로 이에 적합한 학습 경험이 제공되어야 함을 의미한다(홍정선, 2008).

2) 영아기 뇌 발달에 영향을 주는 요인

영아기 뇌 발달에 영향을 주는 요인으로는 환경, 성숙, 안정애착, 민감기가 있다(Albrecht & Miller, 2001).

(1) 환경조건

뇌 발달은 긍정적이거나 부정적인 환경조건의 영향을 많이 받는다. 영양, 일상적 양육의 양과 질, 따뜻하고 양육적인 상호작용, 자극과 재미가 있는 주위환경 그리고 주변 환경 내에 있는 사람과 사물로부터 받는 자극적인 경험은 잠재적으로 긍정적인 환경조건의 예들이 될 수 있다. 어머니의 우울함, 외상 후 스트레스, 학대, 사회적 박탈, 마약, 음주 또는 흡연, 그리고 공공시설에 수용되는 것은 잠재적으로 부정적인 환경조건의 예들이다.

임신 기간 동안 마약사용 같은 효과들은 즉각적으로 영향을 줄 수 있으며, 따뜻하고 상호호혜적인 어머니-유아 상호작용 같은 효과들은 뇌 발달의 방향을 긍정이나 부정으로 향하도록 영향을 준다. 이 효과들의 방향은 잘 스며들고 누적되어 영아기뿐만 아니라 아동의 삶 내내 영향을 미칠 것이다.

1) 다발성 경화증은 중추신경계에 발생하는 만성 신경면역계질환으로 시력장애, 지각장애, 운동마비, 언어장애 등의 증상이 있다.

(2) 성숙

영아들이 뇌 발달을 위한 기제를 갖추고 태어난다. 발달적 성숙은 뉴런을 연결하며, 시냅스를 강화하고, 지속적으로 신경 경로를 조정하게 하는 강력한 자극이다.

이 경험들 중 몇몇은 뇌 발달에 있어서 '기대되는' 것이다. 이를 경험-기대 뇌 성장(experience-expectant brain growth)이라 부른다. 경험-기대 뇌 성장은 유전자가 특정 종류의 자극을 받도록 뇌를 준비하는 것으로, 자극을 받으면 뇌가 그 이상으로 조직되고 발달하게 한다. 경험-기대 뇌 성장은 발달적 민감기 동안 일어나는 경험에 의존하는 시간 제한적 기능이라 할 수 있다. 뇌 발달의 초기에는 많은 기대되는 경험들이 있다.

기대되는 경험은 시력이 발달하는 동안 뇌에서 일어난다. 출생 후에 아기들이 자연의 다양한 빛과 시각적 경험에 규칙적으로 노출되면, 뇌는 시력 발달을 심화하는데 이 경험들을 사용한다. 백내장이나 사시와 같은 것이 이러한 경험을 방해하지만 않는다면 뇌는 기대된 경험을 탐색하고 인지하며 경험을 이용하여 시력을 위한 두뇌 배선을 계속해서 발달시켜 나간다. 중요한 것은 정상적 경험이 정상 발달을 위해 어떤 시간에 일어나야만 한다는 것이다. 만약 이 시기를 놓쳐서 초래된 결손은 영구적이다.

경험-기대 뇌 성장과 대조적으로 계속되는 뇌 발달은 경험들에 '의존적'이다. 이를 경험-의존 뇌 성장(experience-dependent brain growth)이라 부른다. 경험-의존 뇌 성장은 개인에 영향을 주는 환경의 개별적 측면을 말한다. 우리는 새로운 정보에 노출되면 우리의 기본 시냅스를 변화시켜 결국 새로운 것을 만든다. 예를 들어, 대소근육 기술들을 계속하여 반복 연습한 영아들은 대소근육 운동기술을 협응해 나가며 뉴런 간 협응과 소통을 강화할 것이다. 반면 바닥에서 움직여 보지 못한 영아들은 시냅스 조정과 소통을 증대시키기 위한 충분한 자극적 경험을 제공받지 못할 것이다. 읽기, 컴퓨터 게임하기, 복잡한 편물 짜기, 시 짓기, 악기 연주하기 등이 경험-의존 뇌 성장의 또 다른 예가 될 수 있다.

구체적인 학습 경험의 결과로서 새로운 성장과 기존 뇌 구조의 정교화를 이룬다. 경험-기대 뇌 성장은 양육자가 영아에게 연령에 적합한 놀이 자료와 자극적이고 즐거운 일과를 제공함으로써 자연적으로 발생할 수 있으며, 이러한 성장은 이후 경험-의존 뇌 발달의 기초가 된다. 경험-의존 뇌 성장은 경험-기대 뇌 성장과 달리 결정적 시기나 민감기가 없고 전생에 걸쳐 일어날 수 있다.

경험-기대 발달은 특히 감각과 지각 기능(예: 시각이나 언어 지각 능력 발달 등)에 적용되는 경향이 있고, 경험-의존 발달은 전체 행동에 적용될 수 있다.

(3) 안정 애착

안정 애착 영아는 반응적이고 민감한 양육을 받는 반면, 불안정애착 영아는 일관되지 못하거나 거부적인 양육을 받는다. 안정 애착 영아는 스트레스에 대한 완충으로 적절하게 반응하는 양육자에게 의존할 수 있으나 불안정애착 영아는 적절하게 반응하는 양육자에게 의존할 수 없다. 그래서 안정애착 영아는 불안정애착 영아보다 더 잘 스트레스 시 적절하게 적용하고 스트레스에 대한 생리적 반응을 덜 보인다. 이렇듯 애착 관계망 속에서 영아와 양육자 간의 친밀하고, 지속적인 상호작용은 뇌 성장에 결정적인 역할을 한다. 이 관계는 영아들을 좋지 않은 생활 경험의 충격으로부터 보호하고, 스트레스를 유발하는 생활환경에서도 유익함을 찾고, 두뇌 회로를 지속시키는 자연적 탐색과 경험을 위한 견고한 토대를 제공한다.

다음의 특징들은 뇌에 가장 이로운 관계들을 서술한 것이다. 첫 번째 특징은 애착 관계망 안에서 따뜻하고, 반응적이고, 돌봐주며, 언제나 함께할 수 있는 양육자가 있어야 한다. 두 번째 특징은 양육자의 상호작용 방식과 영아의 몸짓 및 언어적 상호작용이 잘 맞아야 한다. 그래야 그들 사이에 주고받는 대화가 효과적이고 유용하게 이루어질 수 있다. 마지막으로, 영아와 양육자 간에 지속적인 관계가 요구된다. 다른 성인들, 또래들과의 간헐적인 관계가 사회성 발달에 중요하긴 하나, 지속적인 관계는 계속되는 뇌 성장과 정서발달을 위한 환경을 만든다. 결국, 뇌 발달에 영향을 주는 애착 관계의 질은 영아를 돌보는 양육자의 능력과 연관된다.

(4) 민감기

민감기(혹은 결정적 시기, 타이밍 효과)는 뇌의 특정 구조가 경험에 가장 민감한 시기를 의미한다. 이 경험들은 이후 뇌 구조와 기능을 바꾼다. 민감기의 영향이 정상적이고 유익한 경험에서 비롯된 것이라면 긍정적 일 수 있고, 비정상적이며, 해로우며, 억제된 경험에서 비롯된 것이라면 부정적일 수 있다.

민감기에 대해서는 논쟁의 여지가 있다. 어떤 신경과학자들은 민감기에 대한 지나친 강조는 일생동안 지속되는 변화와 조건을 보상할 수 있는 뇌 가소성과 능력을 무력화시킨다고 주장한다(Shonkoff & Phillips, 2000, Albrecht & Miller, 2001에서 재인용). 그럼에도 불구하고 특정 종류의 뇌 발달이 일어나는데 민감기가 있음을 뒷받침할 충분한 증거가 있다.

현재 대부분의 신경화학자들은 민감기를 한정된 기간으로 보는 대신 좀 더 긴 기간으로 보고 있다. 그리고 그 기간이 갑자기 끝나는 것이 아니라 점진적으로 끝난다고 보고 있다. 나아가, 민감기 이후 쉽지 않을지라도, 신경계를 강화하는 것은 일생동안 지속적으로 이루어져야 하는 것으로 주장하고 있다.

연습문제

- 영아기 신체 성장의 특징을 설명하시오.
- 영아기의 운동기능의 발달시기와 순서를 설명하시오.
- 영아기 뇌 발달에 영향을 주는 요인을 설명하시오.

CHAPTER

7 영아기 인지 · 언어발달

영아기의 인지발달은 오감각을 통해 발달들인 자료나 정보를 필요할 때 재생하고 추론하고, 문제를 해결하는 데 이용하여 환경이나 자신에 대한 지식을 획득해 가는 것을 의미한다. 영아기의 인지발달은 영아의 오감각 발달과 깊은 관련성이 있으며, 영아의 모방과 기억력 그리고 문제해결력과 대상영속성의 발달과도 관련이 있다.

영아기의 언어발달은 최초의 의사표현인 울음으로부터 문장표현에 이르기까지 역동적인 변화양상을 보이며 점차 주위 사람들의 말소리를 주의 깊게 듣고, 타인과 의사소통할 수 있게 된다.

제7장에서는 이렇게 영아기에 일어나는 인지 및 언어발달에 대해 자세히 알아볼 것이다. 먼저, 영아기 지각발달을 살펴본 후 영아기 인지발달, 영아기 학습과 모방, 영아기 언어발달에 대해 차례대로 살펴볼 것이다.

학습목표

1. 영아의 지각(오감각) 발달을 이해한다.
2. 영아의 감각운동기 6단계 발달을 이해한다.
3. 영아의 학습을 가능하게 하는 학습기제를 이해한다.
4. 영아기에 역동적으로 변화하는 영아기 언어능력을 이해한다.

주요용어

촉각, 청각, 시각, 미각, 후각, 반사운동기, 1차 순환반응기, 2차 순환 반응기, 3차 순환 반응기, 정신적 표상기, 지연모방, 학습기제, 반복, 강화, 모방, 울음, 목울림 소리, 옹알이, 몸짓언어, 한 단어 시기, 두 단어 시기, 문장 사용기

7 영아기 인지·언어발달

1. 지각발달

지각이란 외부 자극에 대한 인식을 통해 자극을 해석하고 반응하는 것을 의미한다. 영아는 오감각(촉각, 청각, 시각, 미각, 후각)기관을 통해 지각능력을 발달시키는데 이는 만 1년이 지나는 동안 거의 성인 수준에 도달한다. 영아기의 지각능력 발달을 구체적으로 살펴보면 다음과 같다.

1) 촉각

촉각은 영아가 출생하기 전에 발달되어 출생 시 비교적 성숙한 촉각을 가지고 있다. 영아는 촉각을 통해 사물에 반응하고 주변 환경에 대한 지식을 습득하며 대인관계를 형성한다. 처음에는 입과 입술을 통해 물체에 대한 지식을 얻다가 점점 손을 사용해서 주위 사물을 탐색하기 시작한다. 특히 영아는 태어나면서 촉각에 민감하여 온도변화, 고통과 같은 자극에 대해 울음으로 반응하는 것으로 볼 때 출생 때부터 고통을 느낄 수 있으며 연령이 높아짐에 따라 신경조직이 발달하여 통증에 대해 더욱 민감해진다. 한때는 신생아가 고통을 느끼지 않는다는 사실에 근거하여 신생아에게 마취를 하지 않고 포경수술을 해왔다. 그러나 포경수술을 하는 동안 영아는 고성과 울음, 심장박동과 혈압상승과 같은 고통에 반응(Warnock & Sandrin, 2004)하는 것을 볼 때 영아가 고통을 경험한다는 것을 알 수 있다.

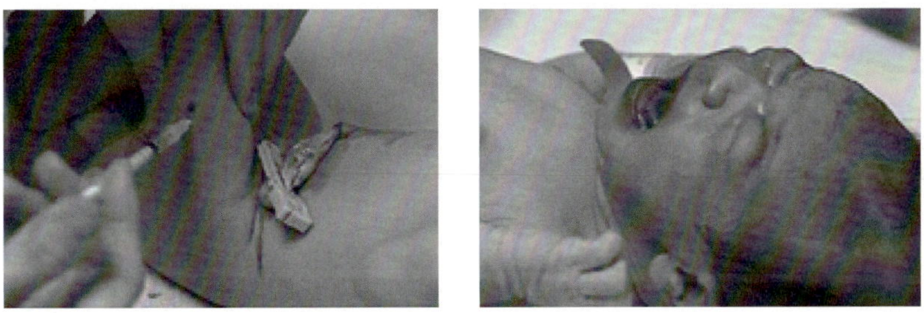

출처: 아기성장보고서

그림 7-1 고통을 호소하는 영아

영아 초기 부모와의 신체접촉은 신체 성장을 촉진하고 안정감과 신뢰감을 형성하여 정서발달에도 영향을 미친다. 즉, 부모가 영아를 안아주거나 부드러운 마사지와 같은 접촉은 부모와의 의사소통을 원활하게 할 뿐만 아니라 면역체계도 강화되는 긍정적인 효과가 있다(안선희, 2017).

2) 청각

영아의 청각은 출생 전부터 발달하여 태내에서 이미 소리에 집중하는 것으로 밝혀졌다(Silverman, 1982). 영아는 딸랑이와 같은 소리에 얼굴을 돌려 보거나 잡으려고 시도한다. 익숙한 사람 소리, 특히 엄마, 아빠 소리에 반응하며, 졸려서 칭얼대는 영아에게 엄마가 자장가를 불러주면 울음을 멈추고 잠이 든다. 디케스퍼와 스펜스(DeCasper & Spence, 1986: 123–124)의 연구에 의하면 어머니가 출산 전 6주 동안 하루에 2번씩 태아에게 특정한 책 내용을 소리 내어 읽어주었더니 출생 후 영아가 다른 책 내용보다 출산 전에 들었던 내용을 더 선호하는 것을 발견하였다. 또한 영아는 8개월이 지나면서 어머니 말소리의 뜻을 알아듣고 "앗 뜨거워~"하면 만지려고 했던 행동을 멈추거나 "엄마한테 오세요."라는 소리를 듣고 영아는 엄마 쪽을 향해 움직인다.

3) 시각

환경을 탐색하는 여러 감각 기관 중 인간은 시각에 많이 의존하지만 영아의 감각 능력 중 가장 늦게 성숙하는 감각기관이다. 신생아의 눈은 [그림 7–2]와 같이 초점이 잘 맞지 않으며 시력이 한정되어 있다.

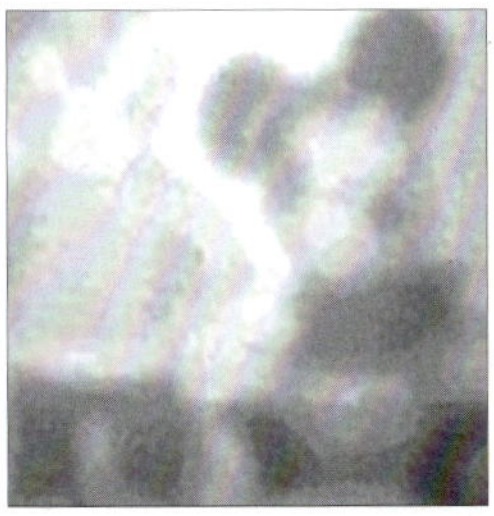

3개월 영아

성인

그림 7-2 신생아의 시력

영아들은 정지되어 있는 것보다는 움직이는 물체 보기를 더 좋아하여 비록 잘 볼 수는 없지만 흥미로운 사물을 자세히 쳐다보거나 움직이는 물체를 추적하여 적극적으로 환경을 탐색하지만 안구운동은 느리고 부정확하다. 한 달 정도가 되면 20~38cm(수유 거리)의 물체에 초점을 잘 맞추고, 생후 2개월이 되면 영아들은 성인만큼 사물에 초점을 맞출 수 있게 된다. 신생아가 일단 한 대상에 초점을 두면 한 특징만 쳐다보는 경향이 있는데, 예를 들어, 삼각형의 전체모양을 보는 것이 아니라 한구석만 본다. 사람 얼굴의 그림을 보여주면 1개월 된 영아는 눈을 주로 얼굴의 윤곽에 고정하고 3개월이 되면 얼굴 윤곽 안의 상세한 부분에 초점을 맞추게 된다([그림 7-3]). 그리고 시력은 점차 좋아져 6개월이 되면 거의 성인 수준에 다다르게 된다(문혁준, 2009).

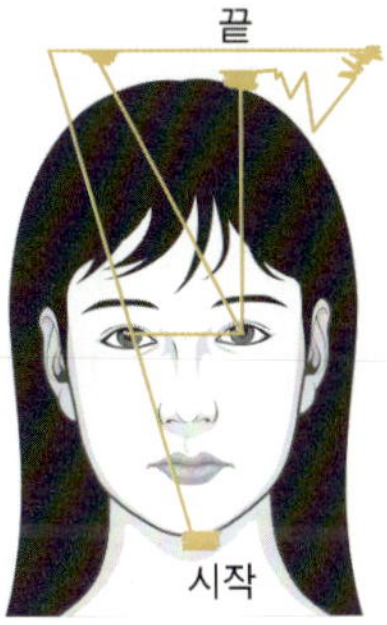

1개월

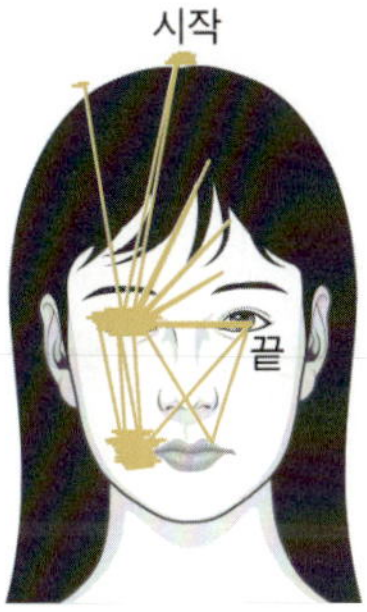

2개월

그림 7-3 영아의 눈 움직임

출처: Berk(1994).

(1) 깊이지각

깊이지각은 대상의 거리를 판단하는 능력으로 주변 환경의 배치를 이해하고 운동활동을 이끄는 데 매우 중요하다. 즉, 깊이지각 능력은 영아들이 기게 되면서 사물에 부딪히거나 계단이나 의자에서 떨어지지 않게 해준다.

깁슨과 워크(Gibson & Walk, 1960)는 시각절벽(visual cliff) 장치를 고안하여 영아가 깊이를 지각할 수 있는지를 살펴보았다. 시각절벽은 유리로 덮인 테이블로 구성되었으며 중앙에 단이 있고 유리 아래 체크무늬로 된 얇은 면과 유리에서 조금 떨어진 곳에 체크무늬의 깊은 면을 만들었다([그림 7-4]). 그런 다음 상판에 영아를 올려놓고 반대편에서 어머니가 영아를 부르도록 하였다. 얇은 쪽 면은 쉽게 기어오르지만 깊은 쪽 면에 다다르자 기어가는 것을 멈추고 두려워하거나 머뭇거리는 반응을 보임으로써 영아가 기어다닐 무렵 깊고 얕음을 구별하고 위험해 보이는 곳은 떨어질까 봐 겁을 낸다는 사실을 밝혀냈다.

그림 7-4 시각절벽 실험

(2) 패턴지각

판츠(Fantz, 1963)의 연구결과에 따르면 영아는 전체보다는 부분을, 흑백보다는 컬러를, 직선보다는 곡선을, 정지된 것보다는 움직이는 것을 더 선호하는 경향이 있다. 처음에는 흑백 대비가 뚜렷하고 일정하면서 단순한 패턴을 좋아하다가 점차 복잡한 패턴을 좋아한다. 패턴지각 실험에서 3주 된 영아는 검정과 흰색의 커다란 사각형 모양의 바둑판을 가장 오랫동안 주시한 반면 9~14주 된 영아들은 사각형이 더 많은 바둑판을 선호하였다(Bernnan, Ames, & Moore, 1966).

판츠(Fanz) 실험([그림 7-5])에서 영아는 사람 얼굴, 이목구비가 없는 얼굴, 뒤죽박죽 섞여 있는 얼굴을 보여주었을 때, 사람의 얼굴을 가장 오래 응시하였고, 눈, 코, 입이 없는 얼굴을 가장 짧게 응시하였다고 했다. 이처럼 영아들은 물체보다는 사람의 얼굴을, 친숙하지 않은 얼굴보다는 친숙한 얼굴을 선호하였으며, 눈, 코, 입이 잘 조화를 이룬 매력적인 얼굴을 더 선호한다는 것을 알 수 있다.

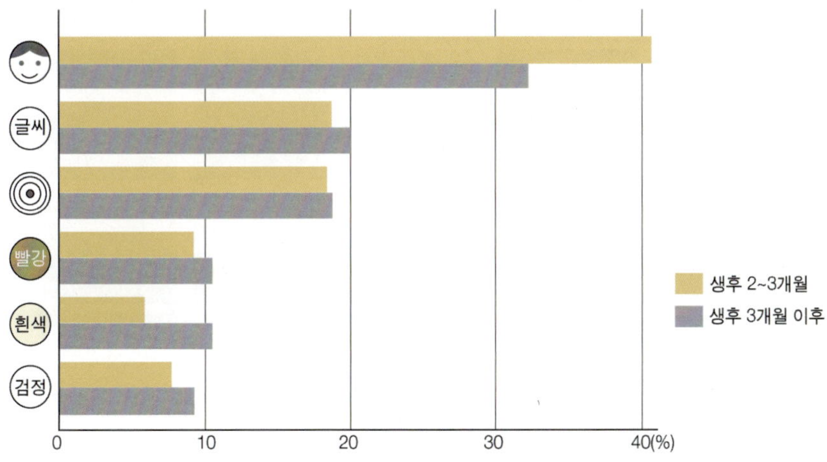

그림 7-5 영아의 시각지각에 관한 판츠의 실험

출처: Santrock(1994).

4) 미각

신생아들은 출생 때부터 미각이 존재하여 [그림 7-6]과 같은 실험을 통해 미각 반응을 볼 수 있다. 즉, 짠맛, 신맛, 쓴맛, 단맛의 기본적인 맛을 이미 구별하여 단맛에는 미소를 짓고, 입술을 빨거나 핥는 반응을 보이는 반면, 신맛이나 쓴맛일 때는 얼굴을 찡그리며 입을 오므리거나, 입을 벌려 아치와 같은 모양을 보인다.

영아기에는 음식에 대한 선호도가 급격히 발달하여 2~3개월이 되면 자신이 좋아하는 맛이 생기고 4개월 정도가 되면 짠맛을 좋아한다(Harris, Thomas & Booth, 1990).

2세경 영아의 미각은 더욱 예민해져서 맛에 대한 기호를 결정하기 때문에 다양한 음식을 제공할 필요가 있다.

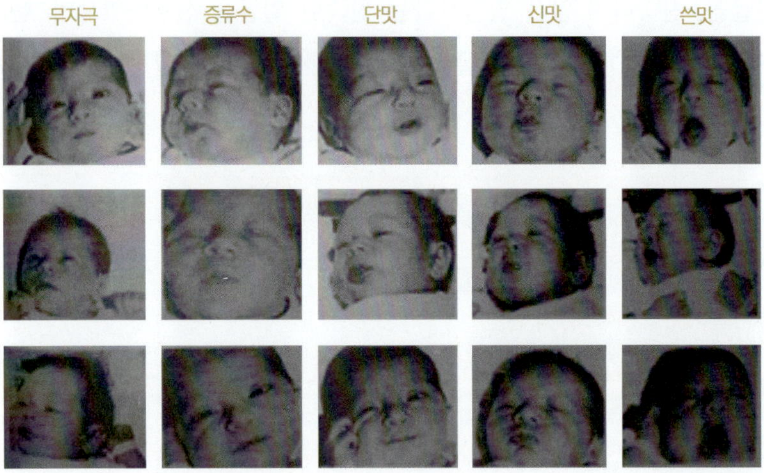

그림 7-6 신생아의 미각 반응

출처: Bukatko & Daehler(1998).

5) 후각

미각과 함께 어떤 냄새의 선호는 출생 시부터 존재한다. 좋은 냄새에는 편안한 표정을 짓지만 불쾌한 냄새에는 얼굴을 찡그리는 듯 부정적인 반응을 보인다. [그림 7-7]처럼 신생아에게 엄마와 다른 여성의 젖 냄새를 맡게 했더니 신생아들은 오랫동안 친숙한 엄마의 젖 냄새 쪽으로 고개를 돌린다(아기성장 보고서 1편). 영아기 양육자는 다양한 음식 제공을 통해 다양한 냄새를 구체적으로 경험해 보고 표현할 수 있는 기회를 주었을 때 편식할 가능성도 줄일 수 있다.

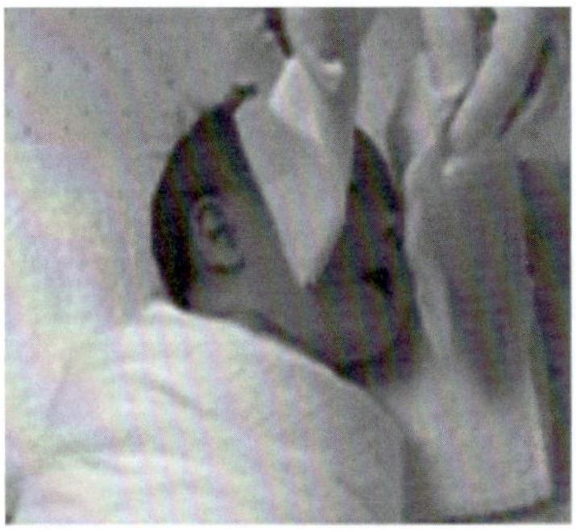

그림 7-7 신생아가 엄마 젖 냄새가 나는 쪽으로 고개를 돌리는 모습

출처: 아기성장보고서.

2. 인지발달

영아기는 피아제(Piaget)의 인지발달단계 중 감각운동기에 해당된다. 출생 시 영아들은 자신의 주변 세계에 대해 아는 것이 없기 때문에 의도적인 탐색을 할 수 없다. 감각운동기는 신생아의 단순한 반사들이 나타나는 출생부터 시작해서 상징적 사고가 시작되는 2세경에 끝나므로 피아제는 감각운동기를 구체적으로 하위 6단계로 구분하여 설명하였다.

1) 감각운동기 하위 6단계

1단계: 반사운동기(0~1개월)

피아제는 생후 1개월을 '반사운동단계'라고 한다. 신생아는 외부자극에 대한 자동적인 반응인 일련의 반사들을 갖추고 세상으로 나온다. 주로 잡기, 빨기 그리고 큰소리에 반응하기와 같은 반사적 행동을 통해 주변 세계를 이해하게 된다. 이 시기의 가장 우세한 반사는 빨기 반사이며 영아는 모든 것을 입으로 가져가 빨아보며 그 대상을 이해한다.

2단계: 1차 순환반응기(1~4개월)

1차 순환반응이란 영아가 우연히 일어났던 흥미를 끄는 행위를 반복한다는 의미에서 순환반응이라고 하고, 영아의 관심이 외부의 대상보다는 자신의 신체에 있기 때문에 1차적이라고 한다. 예를 들면 영아가 누워서 엄지손가락을 즐겁게 빨고 있는 것은 1차 순환반응을 하고 있는데, 이 행위는 우연한 행동을 통해 성취되었던 어떤 것을 재현하고자 하는 능동적 노력이다. 이 시기에는 영아들이 기본적인 욕구로 인해 우연한 행동을 반복함으로써 행동을 자발적으로 통제하기 시작한다. 또한 환경적 요구에 대한 반응으로 자신의 행동을 변화시킨다. 예를 들면, 아기들은 젖꼭지일 경우와 숟가락일 경우 입을 다르게 벌린다.

3단계: 2차 순환반응기(4~8개월)

4~8개월 된 영아들은 일어나 앉고 손발을 뻗어 잡는 행동에 숙달되며, 이러한 운동 능력의 발달은 관심을 외부환경 쪽으로 돌리는 데 중요한 역할을 한다. 가령, 매달려 있는 모빌을 치거나 장난감 오리를 눌러 소리가 나는 것을 우연히 발견한 후에 영아는 그와 같은 행동을 반복한다. 즉, 이 시기의 영아들은 자신의 행동으로 인해 일어나는 흥미 있는 사건을 반복적으로 시도하는데, 이 단계의 주요한 특징은 주변 환경의 대상과 사건에 열중한다는 점이다. 이때 영아가 반복적 행동을 즐긴다고 해서 계획적이거나 의도적 행동을 하고 있는 것은 아니다.

4단계: 2차 순환반응의 협응기(8~12개월)

8~12개월에는 의도적이거나 목표지향적인 행동에 몰두할 수 있고 단순한 문제를 해결하기 위하여 도식들을 조심성 있게 협응한다. 예를 들면 쿠션 아래 장난감을 넣어두면 9개월 된 영아는 한 손으로 쿠션을 들어 올려 다른 한 손으로 장난감을 집어 든다. 쿠션을 들어 올리는 행동은 우연히 이루어지는 행위가 아니라 의도적인 도식의 일부로써 처음에는 연계되지 않은 두 반응(들어 올리기와 잡기)들이 목적을 위한 수단으로써 통합된 것이다.

이 단계에 영아들은 숨긴 물건을 찾을 수 있는데, 숨긴 물체를 찾는 것은 물체가 시야에서 없어졌을 때도 계속해서 존재한다는 것을 이해하는 대상영속성을 획득하기 시작했다는 증거이다. 그러나 영아들이 실수를 하기 때문에 대상영속성의 획득이 아직 완전하지는 않다.

5단계: 3차 순환 반응기(12~18개월)

12~18개월까지 지속되는 하위 5단계에서 3차 순환반응이 나타난다. 영아들은 새로운 결과를 만들어 내는 다양한 행동들을 반복한다. 심사숙고 끝에 실험적인 방법으로 주변 세계에 다가감으로써 영아들은 모양을 돌리고 비틀어서 용기 안에 있는 구멍 모양에 맞추는 방법을 파악할 수 있고 손에 닿지 않는 장난감을 얻기 위해 막대기를 사용할 수 있다.

6단계: 정신적 표상기(18~24개월)

이 단계는 영아의 지적 능력이 놀랄 정도로 크게 성장하는 시기이다. 18~24개월 사이에 시행착오를 거치지 않고 한 번에 문제를 해결하는 것은 정신적 표상능력이 생겼다는 표시이다. 이제 영아는 행동을 하기 전에 머릿속에서 먼저 생각을 한 후에 행동한다.

정신적 표상이 가능해지면서 이전 단계까지는 불가능하던 지연모방이 가능해진다.

2) 대상영속성의 발달

감각운동기의 중요한 발달의 하나로 대상영속성 개념(concept of object permanence)을 들 수 있다. 대상영속성이란 사물이 눈에 보이지 않더라도 존재하고 있음을 아는 것이다. 피아제는 인지발달과 병행하여 대상영속성이 발달하며 영아들의 주변 세상을 탐색하고 적응해 가기 위해 필요한 개념이라고 하였다. 〈표 7-1〉은 감각운동기의 하위단계에 따른 대상영속성의 발달을 설명한 것이다.

표 7-1 대상영속성의 단계

단계	내용
1단계: 반사운동기 (0~1개월)	• 대상영속성의 개념이 전혀 없음 • 대상이 시야에서 사라지면 그 물체에 관심을 보이지 않음
2단계: 1차 순환반응기 (1~4개월)	• 눈앞에 놓인 공을 쫓아 눈을 움직인다. 공이 사라지면 고개를 돌림.
3단계: 2차 순환반응기 (4~8개월)	• 주변에 물체가 보이지 않아도 어딘가에 존재한다는 사실을 어렴풋이 이해함 • 수건에 장난감이 반쯤 덮여있으면 장난감을 찾아내지만 완전히 덮여있으면 찾지 않음
4단계: 2차 순환반응의 협응기(8~12개월)	• 시야에서 사라진 물체를 적극적으로 찾으려고 함
5단계: 3차 순환반응기 (12~18개월)	• 보이지 않는 곳으로의 이동은 이해하지 못함
6단계: 정신적 표상기 (18~24개월)	• 대상영속성의 개념이 완전히 발달됨

출처: 정옥분(2013).

3) 지연모방

지연모방은 어떤 행동을 목격한 후 그 행동을 그 자리에서 곧장 모방하지 않고 일정한 시간이 지난 후에 그 행동을 재현하는 것을 말한다.

피아제(Piaget)는 영아가 지연모방을 할 수 있는 것은 기억 속에 저장된 모델의 행동에 대해 정신적 상징이나 심상을 구상하여 이후에 다시 인출할 수 있기 때문이라고 한다. 예를 들면 교사가 노래를 부르면서 몸동작을 보여주면 영아는 특별한 관심을 보이지 않다가 일정 기간이 지나면서 노래를 흥얼거리거나 몸동작을 비슷하게 흉내 낸다.

3. 영아기 학습과 모방

학습(learning)이란 경험의 결과로 나타나는 행동의 변화를 의미한다(Berk, 2007). 출생 후 신생아의 뺨을 건드리면 고개를 돌려 젖꼭지를 찾고 빠는 행동을 보여준다는 것과 성인의 얼굴표정과 행동을 그대로 따라 한다는 것은 영아에게 학습능력이 있다는 것을 보여준다. 영아들은 앞서 발달이론에서 학습한 행동주의 이론, 즉 학습이론의 학습기제인 반복과 강화, 모방을 통해 일상생활과 주변 세계에 대해 학습한다.

1) 고전적 조건형성에 의한 학습

고전적 조건형성은 일정한 자극(무조건 자극)에 의해서 선천적으로 유발되는 반응(무조건 반응)을 그것과 아무런 관계가 없는 중성자극(중립자극)과 연합시킴으로써 그 중성자극이 조건자극으로 변화되어 조건반응을 일으키게 하는 것을 말한다. 신생아의 반사는 고전적 조건형성을 가능하게 한다. 예를 들어, 신생아에게 모유를 수유하기 전에 이마를 쓰다듬는 행동을 반복하였더니 신생아는 이내 이마를 쓰다듬을 때마다 빠는 행동을 보였다. 이때 모유가 무조건 자극이고 빠는 행동은 무조건 반응이며, 이마를 쓰다듬는 행동은 중립자극이다. 중립자극인 이마를 쓰다듬는 행동이 무조건 자극인 모유와 연합하여 조건자극으로 바뀌어 이마만 쓰다듬어도 조건반응인 빠는 행동을 유발한 것이다.

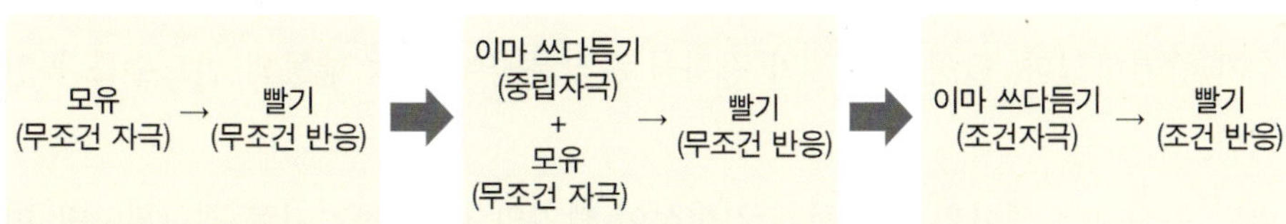

그림 7-8 고전적 조건형성에 의한 영아의 학습

[그림 7-8]을 보면 신생아는 이마를 쓰다듬고 모유 수유하는 반복적인 과정을 통해 다음에 일어날 것에 대해 예측할 수 있었다. 만약 이마 쓰다듬기와 모유 수유가 연합하여 충분히 반복되지 않았다면 다음에 어떤 일이 일어날지 예측하지 못하여 빠는 행동을 보여주지 않았을 것이다. 고전적 조건형성에서 반복이 학습기제로 작용한 것이다.

이후 영아는 이러한 반복을 통해 사물의 특성을 알고, 그들 간의 관계성을 이해할 수 있게 된다. 예를 들어, 빈 통에 무엇인가를 넣어 보고 쏟는 활동을 반복하던 영아는 작은 물건은 통에 많이 들어가고 소리가 많이 나지만 큰 물건은 몇 개 들어가지 않거나 아예 들어가지 않는 경우도 있다는 것을 알게 된다. 영아의 반복탐색 활동은 물이나 모래를 사용하는 데도 적용되며, 물건이 만들어 내는 모양이나 무게 등도 탐색하게 된다.

한편 고전적 조건형성이 이루어졌다 하더라도 조건자극이 무조건 자극과 연합되지 않고 충분히 제시되지 않는다면 조건반응은 더 이상 나타나지 않는다. 이를 소거(extinction)라고 한다(Berk, 2007).

2) 조작적 조건형성에 의한 학습

조작적 조건형성에서는 강화와 벌이라는 기제를 통해 사람의 행동을 형성할 수 있다고 하였다. 즉 어떤 사람의 특정 행동이 강화를 받게 되면 재발할 확률이 높아지고, 벌을 받게 되면 재발할 확률이 낮아진다. 신생아도 이러한 강화와 벌을 통해서 학습할 수 있다. 예를 들어, 신생아에게 달콤한 액체를 주면 빨기 행동이 증가하고, 신맛의 액체를 주면 빨기 행동이 감소한다. 그리고 신생아가 머리를 특정한 방향으로 돌릴 때마다 달콤한 액체를 제공한 경우 정확한 방향으로 머리를 돌리는 횟수가 증가하였다. 달콤한 액체가 강화물로 작용하여 특정 행동의 빈도수를 높인 것이다.

발달 특성상 신생아의 조작적 조건형성이 빨기와 머리 돌리기로 제한되지만 이후 조작적 조건형성은 좀 더 광범위한 반응과 자극을 포함한다. 한 연구에 의하면 (Rovee-Collier, 1999, Berk, 2007에서 재인용) 2~6개월 영아의 침대 위에 특별한 모빌을 매달아 놓고 긴 끈으로 영아의 발과 모빌을 연결하여 영아가 발로 차면 모빌을 돌릴 수 있게 하였다. 이러한 조건에서, 영아는 3~4분 정도 왕성하게 발차기를 하였다. 그리고 모빌에 의한 조작적 조건형성 실험은 영아의 기억 연구를 위한 유용한 기법으로 활용될 수 있다. 일단 영아가 발차기를 학습하게 되면, 모빌에 다시 노출되었을 때 그 반응을 얼마나 오랫동안, 또 어떤 조건하에 유지하는지를 알 수 있다.

또한, 신생아기를 지나면 음식 이외에도 다양한 자극이 강화물로 작용할 수 있다. 그중 가장 강력한 강화물이 성인이 될 수 있다. 영아가 성인의 눈을 바라볼 때 성인이 영아와 눈을 맞춰주고 웃어주고 안아주고 감각적인 소리를 내어주면 영아는 성인을 바라보고 미소를 짓는다. 영아의 시도나 행동과 연결된 성인의 부드러운 접촉, 쓰다듬기, 리드미컬한 노래 등은 강화물로 작용하여 영아의 바람직한 행동의 빈도수를 높일 수 있다. 그리고 이러한 영아-성인 간의 행동은 관계를 친밀하게 해주고, 결과적으로 즐거운 상호작용을 지속할 수 있도록 도움을 준다.

3) 모방에 의한 학습

신생아는 다른 사람의 얼굴표정과 행동을 모방할 수 있는 능력이 가지고 태어난다. [그림 7-9]는 성인의 얼굴표정을 모방하는 생후 2~6주 된 영아의 모습이다. 신생아는 특히 입술을 앞으로 내밀거나, 입을 벌리고 혀를 내미는 등 혀의 움직임을 따라 할 수 있는데, 이는 2~3개월 후 좀 더 어려운 모방행동으로 나타난다.

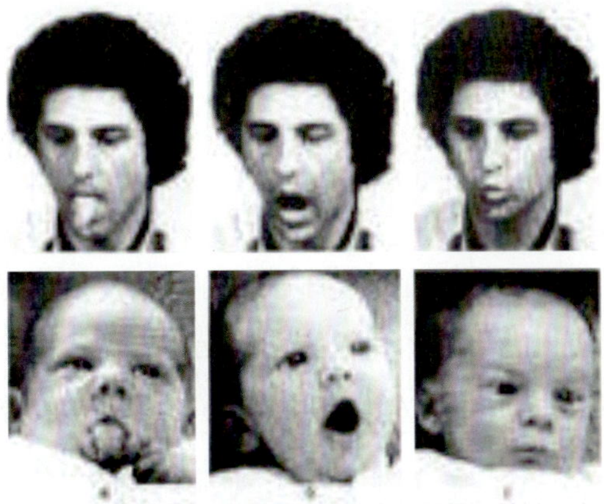

그림 7-9 신생아의 모방행동 실험

출처: Berk(2007). p. 229.

피아제에 의하면 영아가 내적 표상이 가능해지는 18개월에는 지연모방(deferred imitation)도 가능해진다. 영아가 과거의 경험을 재현하는 능력은 인지발달에 중요한 이정표이며, 영아는 모방을 통해 일상생활과 주변 세계를 이해하고 자신이 알고 있는 것을 표현한다.

이러한 영아의 모방행동은 유용한 학습수단이 된다. 영아는 모방능력을 활용하여 자신의 사회적 세계를 탐구해 나가는데, 모방의 과정에서 영아는 자신의 행동과 다른 사람의 행동 사이에서 유사성을 인지하게 되고 자신에 관해서 발견해 나가기 시작한다(문혁준 외, 2009; Berk, 2007). 또한, 성인은 영아의 모방능력을 활용하여 영아에게 바람직한 행동을 이끌어낼 수 있으며, 자신의 표정과 행동을 모방하는 영아에게 즐거움을 얻을 수 있다. 영아의 모방능력은 부모와 자녀가 좋은 관계를 맺는 데 출발점의 역할을 해 줄 수 있다.

그리고 영아는 성인이나 또래의 행동을 모방하여 일상생활용품이나 놀잇감의 사용법 등을 익힐 수 있다(박찬옥 외, 2010). 성인은 도구와 도구의 사용에 대한 방법을 영아가 성인과 또래의 행동을 모방하여 탐색할 수 있도록 도울 수 있다. 이를 위해 성인은 영아가 모방놀이를 해 볼 수 있도록 역할영역을 마련하고 다양한 소품을 제공해줄 수 있으며, 일상생활용품을 경험하게 하고, 영아가 재현할 수 있도록 격려할 수 있다.

4. 언어발달

영아기는 언어의 형태보다는 의미에 대한 이해가 먼저 발달하는 시기로, 음성언어 발달에 있어 양적·질적 변화가 급격하게 이루어지는 시기이다. 울음과 옹알이 등으로 자신의 의사를 표현하던 영아는 생후 1년 정도가 되면 한 단어로, 2년 정도에는 두 단어로 의사소통할 수 있게 된다. 3세에 다다르면 두세 단어로 이루어진 간단한 문장을 사용해 대화를 나눌 수 있게 된다. 이러한 영아기의 음성언어 발달은 크게 언어 이전 시기와 언어 시기로 나눌 수 있다. 영아기의 음성언어 습득과정은 〈표 7-2〉와 같다.

표 7-2 영아기 음성언어 습득과정

시기	연령	언어행동
언어 이전 시기	0~1개월 1~2개월 2개월 6개월 8개월	분화되지 않은 울음 분화된 울음 말소리의 식별, 목 울림 소리 옹알이와 자기 소리 모방 반향음(타인 및 주변 소리 모방)
언어 시기	9~15개월 15~36개월	한 단어 시기 두 단어, 단어 문장

출처: 서동미 외(2010). p.51.

1) 언어 이전 시기: 0세

언어 이전 시기는 0세(0~12개월)에 해당하며, 이 시기의 영아들은 말은 못 하지만 울음과 옹알이, 표정과 몸짓으로 자신의 생각을 표현할 수 있으며 다른 사람의 표정과 목소리 톤, 크기 등을 통해 타인의 말의 의미를 받아들인다.

(1) 소리 듣기

영아는 1~2개월부터 사람이 내는 소리와 다른 소리를 구별할 수 있으며, 친숙한 사람의 소리와 다른 사람의 소리를 구별할 수 있다. 이 시기 영아는 소리가 나는 방향으로 고개를 돌리고, 소리를 낸 사람 또는 사물에 대해 관심을 보인다. 때로는 자신이 놀잇감을 던지거나 두드려서 소리를 내고, 다시 그 소리를 듣기를 반복한다.

영아들은 자음과 모음의 구별은 물론 자음의 미묘한 차이와 모국어와 다른 나라의 언어와의 차이를 구별하면서 모국어를 배우기 위한 준비를 시작한다. 아주 어린 아기도 상대방의 말을 듣고 그 의미를 이해하는데, 이때 영아는 단어의 의미보다는 말하는 사람의 얼굴표정과 억양 등을 통해 그 의미를 받아들인다. 영아는 말로 표현하는 능력보다 다른 사람의 말을 듣고 이해하는 능력이 더 빨리 발달한다. 10개월경이 되면 약 30개의 단어를 알고 이해한다(서동미 외, 2010).

(2) 소리내기

① 울음

아기는 태어나면서 울음으로 최초의 발성을 한다. 울음은 의사전달의 수단이면서 자신의 욕구를 표현할 수 있는 하나의 의사소통 수단으로 중요한 의미를 갖는다(김미영, 2011). 초기의 울음은 의미가 분화되지 않은 미분화된 울음이다. 그러나 생후 1개월경이 지나면 울음은 점차 복잡하게 분화되어 배고픔, 졸림, 아픔을 울음의 강도, 고저 등으로 분화시켜 나타내는 등 타인과의 의사소통 수단으로 사용된다. 영아의 양육자는 아기가 내는 울음의 미세한 차이를 민감하게 파악하고 영아의 욕구를 충족시켜주어야 한다.

② 목울림 소리(cooing)

생후 1~2개월경이 되면 울음 이외의 발성인 '아아', '오오' 등의 일정한 모음을 반복하는데, 이를 목울림 소리라고 한다. 영아는 처음에는 배가 부를 때나 혼자 놀면서 목울림 소리를 내다가, 1~2개월이 되면서부터 모국어가 무엇이든 상관없이 거의 비슷한 목울림 소리를 낸다. 점차 '아아', '오오' 등의 일정한 모음을 반복하면서 논다. 아기는 억양과 고저를 달리하기도 하고, 소리를 크게 또는 작게 내기도 한다.

③ 옹알이(babbling)

생후 6~7개월경이 되면 점차 '바', '나' 등 자음과 모음을 연합한 단음절의 소리를 내기 시작하는데, 이를 옹알이라 한다. 10개월경의 아기는 옹알이를 대화처럼 길게 연결하여 표현하는데, 이를 자곤(jargon)이라고 한다. 자곤은 옹알이를 억양과 몸짓을 담아서 표현하는 것으로 일종의 소리내기 놀이라고도 한다(박성연, 도현심, 2001). 옹알이와 자곤은 영아가 주변인의 관심과 상호작용을 이끌어내고, 발성과 억양, 의사소통을 연습하는 기회를 주기 때문에 이후 언어발달에 영향을 미치게 된다.

생후 6개월 무렵에는 자시가 낸 소리를 반복함으로써 자기 소리를 모방할 수 있게 되며, 생후 8개월 무렵이 되면 자기 주변의 소리를 의도적으로 모방하기 시작한다.

④ 몸짓언어(gestures)

생후 9~10개월경이 되면 무엇인가를 요구하기 위해서 몸짓을 사용하거나 때로는 몸짓과 소리를 함께 사용하는 몸짓언어가 나타난다. 예를 들어, '안녕'의 의미로 손을 흔들고, '예'라는 의미로 고개를 끄덕이고, '싫다'는 의미로 고래를 흔든다. 이러한 몸짓언어는 사물과 생각들이 상징적으로 표현될 수 있음을 이해하기 시작했다는 것을 나타낸다(김미영, 2011). 몸짓언어는 영아가 말을 할 수 있게 되면 점차 사라지게 된다.

2) 언어 시기

언어 시기는 1~2세에 해당되며, 영아는 생후 1세 무렵이 되면 하나의 단어를 사용하여 자신의 생각을 표현할 수 있게 되고, 24개월 무렵부터는 두 단어를 사용하여 대부분의 의사소통을 한다. 그리고 사용하는 단어의 수는 적으나 실제 듣고 이해하는 단어는 훨씬 더 많다.

(1) 듣기

1세가 되면서 영아는 말로 표현할 수 없어도 듣고 이해하는 단어의 수가 증가한다. 성인이 간단한 지시를 했을 때 이를 듣고 지시를 수행할 수도 있다. 13~14개월 이후의 영아는 성인이 사용하는 단어의 100개 정도는 듣고 이해할 수 있다. 24개월 즈음에는 눈앞에 보이는 사물의 소리 외에도 주변에서 들을 수 있는 다양한 소리에도 관심을 보이며 이러한 소리를 즐겨 듣고 변별할 수 있게 된다. 그리고 운율이 있는 동시와 동요 듣기를 즐기고 이를 따라하려고 한다.

(2) 말하기

① 한 단어 시기

생후 12개월경의 영아는 '맘마', '엄마' 등의 한 단어의 말을 하기 시작한다. 영아가 사용하는 한 단어는 다음과 같은 특징이 있다.

- 다의어 : 상황에 따라 한 단어가 여러 가지 의미로 사용된다. 예를 들어, 영아가 "맘마"라고 했을 때 배가 고프니 음식을 달라는 의미일 수도 있고, 식탁 위에 음식이 있다는 의미일 수도 있다.
- 불분명한 발음 : 한 단어 시기에 영아는 주변 사람과 대화하고, 사물을 보고 이름을 말하는 것에 많은 관심을 보이나, 단어의 한 글자 정도만 발음하기도 하고, 발음이 정확하지 않은 경우가 많다. 예를 들어, 요구르트를 달라는 말을 "요~"라고 표현하기도 하며, 신발을 달라는 말을 "시바"라고 표현하기도 한다.
- 과잉일반화와 과잉축소 : 사물의 명칭을 말할 때 단어의 의미를 지나치게 확대하거나 좁게 사용하는 경우가 있다. 전자를 과잉일반화라 하고 후자를 과잉축소라 한다. 예를 들어, 털이 있는 네발 동물을 모두 '강이지'라 말하거나(과잉 일반화), 자기 옷만 '옷'이라고 말하는(과잉축소) 경우가 이에 해당한다.

이상의 영아가 사용하는 한 단어의 특징으로 인해, 영아의 한 단어 말은 언어적 전후 상황을 참조하지 않으면 의미파악이 어렵다. 따라서 영아가 전달하고자 하는 말의 의미를 정확하게 이해하려면 항상 사건이 일어난 상황을 함께 살펴보아야 할 것이다.

② 두 단어 시기

만 2세경의 영아는 문장을 만들기 위해 둘 또는 그 이상의 단어를 연결시킨다. "엄마, 밖에.", "아가 운다."와 같이 두 단어를 연합하여 의사소통을 하기 때문에 이 시기를 두 단어 시기라고 부르며, 의미를 가진 단어만으로 구성되어 있기 때문에 전보식 언어(telegraphic speech)라고 부르기도 한다. 두 단어를 사용하면서 영아가 사용하는 어휘의 수는 이전보다 더 많아지는데, 개인차가 있지만 약 50개의 어휘를 사용하던 영아는 18개월이 지나면서 1주일에 10개 이상의 단어를 습득하게 되어 24개월을 전후하여 약 300개 이상의 어휘를 사용하게 된다. 이러한 특성을 반영하여 18~24개월을 '언어의 폭발적 팽창기'라고 부른다.

그리고 인사말과 감정을 표현하는 말, 상대방에 따른 언어 예절에 맞게 말하는 등 서서히 상황에 맞는 언어적 표현을 사용하기 시작한다. 그러나 여전히 의미를 확대하거나 축소하여 사용하는 과잉일반화와 과잉축소가 일어난다.

③ 문장 사용기

36개월경에 가까워질수록 영아는 문장을 사용하여 의사소통하고자 하는 욕구가 강해진다. "내꺼 인형."이라고 말하던 영아는 점차 "그거 내 인형이에요."와 같이 두 단어 표현에서 문장의 형태로 자신의 생각을 표현한다. 그러나 생각하는 것은 많은데 말로 표현하기는 어렵기 때문에 말을 주저하거나 시간을 벌기 위한 전략으로 "응~, 내가~" 같은 말을 사용하며 천천히 말하기도 하고 이 말만 반복하기도 한다.

3) 문자언어 발달

문자언어는 글이나 매체, 즉 문자 기호를 통하여 의사소통하는 것을 의미한다. 영아도 책 읽기를 즐기며 끼적이기의 쓰기 활동을 즐긴다. 책을 들고 옹알이를 하면서 책 읽는 흉내를 내기도 하고, 성인이 책을 읽어주었을 때 마지막 음절을 따라 하기도 한다. 그리고 앉아서 쓰기 도구를 손으로 잡을 수 있게 되면 이내 곧 끼적이기의 쓰기 활동이 시작되며 쓰기 활동에 열중하게 된다.

(1) 읽기

영아는 짧은 문장으로 된 그림책을 좋아하며, 그림책을 보며 읽는 것처럼 말할 수 있으나, 이는 글을 읽는 것이 아니라 그림책의 내용을 기억하여 읽는 것처럼 흉내 내는 것이다. 영아는 그림책의 글자에 관심을 가지기 시작하며, 주변에서 볼 수 있는 글자에 관심을 가지고 읽어 달라고 요청하기도 한다. 또한 성인이 영아에게 소리 내어 책을 읽어주면서 그림 속의 사물을 지적하고 이름을 말해 주는 것을 통해서 영아들은 새로운 어휘를 받아들일 수도 있다.

영아에게는 사실적이고 명확한 그림이 함께 실린 짧은 이야기책이나 사물 이름을 알 수 있는 사물 그림책이 좋다. 영아에게 책을 읽어 줄 때는 테이프나 동영상으로 보여주는 것보다는 성인의 육성으로 들려주는 것이 더 좋으며, 때로는 그림 자료 없이 구연으로만 들려주는 것도 좋다. 그리고 영아가 생활하는 주변 환경에 사물의 명칭을 적어두어 영아가 글자에 관심을 갖도록 도울 수도 있다.

TIP 영아에게 책을 읽어주는 방법

책 읽기 활동은 영아나 성인 모두에게 즐거운 시간이 될 수 있지만, 영아와 함께 책을 읽으려면 특별한 이해와 인내, 민감성이 요구된다. 일반적으로 영아는 생후 1년이 지나기까지는 이야기를 좋아하지 않기 때문이다. 영아의 신호에 민감하고 영아의 발달에 적합하게 책을 읽어준다면 즐겁게 책 읽기 시간을 보낼 수 있을 것이다.

- 책을 잘 볼 수 있는 시간을 선택한다. 일반적으로 영아들은 피곤하여 덜 활동적으로 되는 잠자기 직전의 시간에 가장 오랫동안 책을 볼 수 있다.
- 가능하다면 영아를 성인의 무릎에 앉히거나 같은 방향으로 나란히 앉는다.
- 영아의 주의를 끈다. 예를 들어, 사물 그림책이나 글자 없이 그림만 실려 있는 책을 볼 때는 책 속의 그림이 무엇이냐는 질문으로 영아의 주의를 끌 수 있다.
- "여기 좀 봐", "이게 뭐야?" 등과 같은 간단한 질문을 하여 주의를 끈 다음에는 영아가 대답하기를 기다린다. 영아가 대답하면 분명한 발음으로 반복해 주거나 설명을 덧붙여

준다. 그리고 필요하다면 직접 대답해 준다. 이 경우 영아의 말하기 능력이 제한되어 있으므로 성인이 대화를 주도해 나간다. 그리고 점차 영아의 말하기 능력이 발달하면 영아가 대화를 이끌어 나가도록 한다.

- 그림 속의 사물을 명명하거나 그림에 대해 말할 수 있는 기회를 제공하고 영아가 책을 넘기려 하면 이를 존중해 준다.
- 책을 읽는 도중에 영아가 갑자기 일어나 책에 나오는 사물을 찾아오거나 말로써 흥분을 표현하면 잠시 책 읽어주는 것을 멈추고 영아의 행동과 말에 반응해 준다.
- 영아의 요구나 반응에 피드백을 제공한다.

출처: 박찬옥 외(2010). p.295.

(2) 쓰기

만 1세경의 초기 쓰기 행동은 '끼적이기'로 시작한다. 끼적이기는 영아의 감정과 생각을 표현하는 언어 형태로, 팔의 힘을 이용하여 형태 없이 크게 휘갈겨 쓰는 형태이다. 만 2세가 되면 손가락 사용이 이전보다 유연해지면서 필기도구를 쥐고 힘을 주어서 끼적이기를 할 수 있다. 손과 손가락 조절력이 향상되면서 수평선을 긋기도 하며, 서서히 의도를 가지고 끼적이기를 한다. 이때부터 성인의 눈으로 볼 때는 그린 것과 글씨 쓴 것의 구별이 안 되지만 영아는 그림과 글쓰기를 구별하여 긁적거린다. 36개월경에 가까워지면 글자와 유사한 모양을 그릴 수 있게 된다.

영아의 끼적이기는 쓰기 및 그리기 발달의 기초 단계로 중요한 활동이므로 커다란 종이에 마음껏 그리거나 써 볼 수 있는 기회를 제공하도록 한다. 필기도구는 입에 넣어도 해롭지 않은 것으로 준비한다. 그리고 성인이 영아에게 편지를 써서 주면 영아는 생각을 글로 적을 수 있다는 것에 관심을 갖게 된다.

4) 영아기 언어발달에 영향을 미치는 요인

영유아기에 습득한 언어 생활습관은 일생동안 큰 영향을 미침으로 영아를 돌보는 양육자는 영아기의 언어발달에 대한 이해를 토대로 영아가 바른 언어 습관을 습득할 수 있도록 도와주어야 한다. 영아기 언어발달에 영향을 미치는 요인은 다음과 같다.

- 일상생활에서 효과적으로 언어가 습득된다.
  영아는 매일 반복되는 일상에서 의미를 파악해야 하는 상황에 놓이게 되는데, 이러한 상황 속에서 자연스럽게 언어를 습득하게 된다.
- 양육자의 반응적 상호작용이 영아의 언어표현 능력을 촉진시킨다.
  양육자가 자발적으로 영아에게 언어적 자극을 많이 제공해주고, 영아가 하는 말에 반응해 주면 영아의 언어 표현력이 향상하게 된다.
- 안정적인 애착형성은 영아의 언어 사용 욕구를 증가시킨다.
  언어는 의사소통의 기능을 가지고 있기 때문에 서로 좋아하고, 서로에 대해 알고자 할 때 더욱 말하는 방법을 배우고 이를 표현하고자 한다. 따라서 영아와 안정적인 애착을 형성한 양육자는 영아로 하여금 언어를 사용하고 배우고자 하는 목적을 가지게 한다.
- 영아의 언어발달은 풍부한 언어적 자극이 있는 환경에서 촉진된다.
  언어적 경험을 확장시켜 주고 풍부하게 해주는 놀이 환경은 언어발달을 최적으로 촉진시킨다.

이상의 영아기 언어발달에 영향을 미치는 요인을 바탕으로 영아의 언어발달을 도모하기 위한 양육자의 역할을 정리하면 다음과 같다.

- 매일 반복되는 일상생활의 과정을 말로 들려주어 언어학습의 장으로 활용한다.
  말을 하기 위해서는 먼저 그 말이 사용되는 실제 맥락에서 말의 의미를 이해해야 한다. 따라서 영아가 일상생활을 할 때 양육자는 일상생활의 과정을 반복하여 말로 들려주도록 한다. 영아가 식사하거나 손을 씻을 때와 같은 일상적인 행동을 할 때 그 과정을 말로 들려주는 것도 좋다. "손을 씻어요. 이쪽 손은 쓱

쓱, 저쪽 손은 싹싹. 손이 깨끗해졌네요!"와 같은 상호작용을 통해 다양한 어휘를 듣고 이해할 수 있게 된다.

- 영아의 옹알이 및 언어 사용에 반응적으로 상호작용을 한다.

영아가 옹알이를 하기 시작하면 양육자의 역할은 더욱 중요해진다. 옹알이는 발성 연습의 효과도 있으나 상대방과 의사소통하고자 하는 시도이므로, 양육자가 실제로 말이 사용되는 일상생활에서 영아가 말의 의미를 이해하고 사용할 수 있도록 반응적인 상호작용을 하여야 한다. 영아와 눈을 마주하고 영아의 '엄~ '또는 '아~', '까~' 같은 소리 만들기 시도에 기뻐하고 적극적으로 반응하면 언어적 표현을 반복하려는 영아의 욕구가 커지게 된다. 반대로 만약 아무도 영아의 이러한 초기 시도에 반응하지 않거나 또는 영아가 청각적 피드백을 받지 못하게 막는다면, 소리를 만들고 의사소통하기 위한 영아의 욕구와 언어발달은 지속되지 못한다.

- 구체적인 어휘를 사용하여 완전한 문장으로 다시 들려준다.

영아가 단어로 말을 하면 양육자는 이를 구체적인 어휘를 사용하여 완전한 문장으로 다시 들려주어 영아의 언어발달을 도울 수 있다. 예를 들어, 영아가 "까까"라고 말했다면, "아, 과자가 더 먹고 싶니?"와 같은 완전한 문장으로 다시 들려주어 영아가 새로운 단어를 습득할 수 있도록 격려할 수 있다.

- 영아와 정서적인 유대관계를 안정적으로 형성한다.

영아는 안정적 애착을 형성한 타인과 보다 많은 상호작용을 하며, 많은 언어적 자극을 제공받을 수 있다. 따라서 교사는 영아와 안정적인 유대관계를 형성할 필요가 있다.

- 언어 사용의 좋은 모델이 된다.

양육자는 언제나 정확한 발음, 적절한 음성 크기와 속도로 말을 하는 모델이 되어야 할 뿐 아니라 영아가 이해할 수 있는 수준의 다양한 어휘를 사용하여 간결한 문장으로 말하는 모범을 보여주어야 한다. 또한, 양육자가 영아의 말에 주의를 기울여 듣는 모범(고개 끄덕이기, 말하는 사람 응시하기 등)을 보여줄 때 영아는 타인의 말을 듣는 바른 습관을 기를 수 있다.

- 매일 그림책을 읽어준다.

  매일 그림책을 읽어줌으로써 책 읽기를 즐기는 성인으로 성장할 수 있다. 영아에게 책을 읽어 줄 때에는 양육자의 무릎에 앉히거나 같은 방향으로 나란히 앉아 천천히 또박또박 읽어준다. 테이프나 동영상으로 보여주는 것보다 양육자의 육성으로 들려주는 것이 더 좋으며, 때로는 아무 자료 없이 양육자의 구연으로만 들려주는 것도 좋다.

- 커다란 종이와 안전한 필기구를 제공하여 끼적이기를 많이 하게 한다.

  영아는 언제 어디서나 끼적이기를 즐긴다. 이는 영아가 쓰기를 할 준비가 되었다는 것을 보여주는 것이다. 초기 끼적이기는 쓰기 발달의 기초 단계로 중요한 활동이므로 커다란 종이를 벽이나 바닥에 붙여주고 마음껏 그릴 수 있는 기회를 제공한다. 필기도구는 입에 넣어도 해롭지 않은 무독성으로 준비한다.

- 언어발달을 자극할 수 있는 환경을 구성한다.

  양육자는 다양한 종류의 그림책, 손 인형, 끼적이기 재료 등을 제공해 주어 언어적 자극을 많이 받을 수 있는 물리적 환경을 마련하고, 영아에게 민감하고 긍정적인 상호작용을 제공해 줄 때 영아의 언어발달을 도울 수 있다.

연습문제

- 영아기 지각발달 특성을 오감각 기관으로 나누어 설명하시오.
- 영아발달 단계인 감각운동기를 구체적으로 하위 6단계로 구분하여 설명하시오.
- 영아가 학습이 가능한 이유를 행동주의 이론의 학습기제 측면에서 설명하시오.
- 울음에서 문장사용까지 영아기에 일어나는 언어발달 과정을 정리하시오.

CHAPTER 8

영아기 사회·정서발달

자기 이외의 다른 사람과 정서적으로 긍정적인 관계를 맺는 것은 영아가 일생을 살아가는 데 행복함을 좌우하는 매우 중요한 발달과업이다. 영아는 성인의 도움 없이는 살아갈 수 없는 존재인 만큼 성인과 많은 시간을 보내고 중요한 관계를 맺으며 성장하게 된다. 타인과의 정서적인 관계를 맺는 것은 영아가 자신을 주로 돌보아 주는 양육자와 어떤 애착을 형성하는지에서부터 시작된다고 할 수 있다. 또한 영아는 태어날 때부터 타고난 성향을 가지고 주변 환경을 탐색하고, 양육자와 애착을 형성하며 또래와의 관계를 발전시켜 나간다.

본 장에서는 영아의 사회·정서 발달의 중요한 부분을 차지하는 영아의 다양한 정서와 표현, 기질, 애착, 그리고 자기 인식 및 자기 통제 등의 자아발달 등에 살펴보고자 한다.

학습목표

1. 영아의 정서이해, 정서표현, 정서조절을 이해한다.
2. 다양한 기질의 특성을 알고 기질에 맞는 양육방법을 적용할 수 있다.
3. 애착의 중요성을 알고 바람직한 애착을 형성하기 위한 방법을 실천한다.
4. 사회화에 기초가 되는 자기인식과 자아통제의 중요성을 안다.

주요용어

정서이해, 정서표현, 정서조절, 순한기질, 까다로운 기질, 더딘 기질, 안정애착, 불안정 애착, 자기인식, 자아통제

8 영아기 사회·정서발달

1. 정서발달

1) 정서의 중요성

인간은 사회적 동물이다. 인간이 사회에서 살면서 타인과 원만한 관계를 유지하고 행복한 삶을 추구하기 위해서 인생 초기 영유아의 사회·정서 발달은 매우 중요하다고 할 수 있다. 정서는 인간의 행동 중 많은 부분을 조직하고 조절하는 역할을 한다. 예를 들어 퍼즐 맞추기를 할 때 성공하게 되면 성취감을 느끼면서 계속 시도하는 모습을 보일 것이다. 그러나 실패하는 경험이 되풀이되면 낙담하여 나는 잘하지 못하는 사람이라고 생각하고 이후로도 시도하지 않을 수 있다.

생의 초기 영아는 흥미, 놀람, 기쁨, 고통, 혐오, 분노, 슬픔 등 다양한 정서를 느끼고 표현하는 것으로 보고되고 있다. 영아는 미소를 짓거나 흥미를 보임으로써 양육자의 관심을 끌려고 하며 울음소리를 냄으로써 양육자를 자기의 곁으로 오게 한다. 즉 영아는 자신의 정서를 표현함으로써 양육자가 '적응적'으로 자신과 상호작용하도록 한다. 영아가 자신의 정서를 표현할 때 양육자는 반응적으로 상호작용해야 하는데 양육자의 영아의 정서적 표현을 이해하지 못하고 영아의 욕구에 적절히 반응하지 못할 경우 상호작용의 질이 저하될 수 있다.

정서는 정서 자체의 발달뿐만 아니라 다른 행동을 조직하고 조절하게 하기 때문에 중요하다(한유미, 2014). 예를 들어, 자전거 타기를 배울 때 비틀거리지만 넘어지지 않고 타는 것에 성공했다면 성취감을 느끼고 많은 시간 연습을 계속할 것이지만, 실패를 되풀이하거나 다치기라고 하면 화가 나고 낙담해서 한동안 자전거를 타지 않을지도 모른다. 이처럼 정서는 자신이 무엇을 해야 할지 결정하도록 하는 역할을 하기 때문에 중요하다.

마찬가지로 영아의 울음이나 고통의 표현은 양육자를 자신의 곁에 오게 하여 자신을 도와줄 수 있도록 하며, 기쁨이나 웃음의 표현은 양육자로 하여금 사랑의 감정을 불러일으켜 적극적인 상호작용을 시도하도록 유도하는 역할을 한다. 놀람이나 호기심의 표현은 뭔가 새로운 도전을 받아들이려는 의지가 있음을 표현하게 된다. 이처럼 정서의 표현은 영아가 자신의 욕구를 상대방에게 알리고 정서발달 이

외의 다른 발달의 균형적인 발달을 이끌 수 있도록 하는 역할을 하게 된다.

마찬가지로 영아를 돌보는 양육자는 영아의 정서적 표현을 민감하게 파악하여 영아가 무엇을 원하는지 영아의 욕구를 신속하게 알아차려 영아가 욕구를 충족할 수 있도록 해야 한다. 영아는 언어적 표현에 한계가 있어 나름 정서적인 반응으로 자신의 욕구나 신체·정서 상태를 표현하게 된다. 예를 들어, 배가 고파서 칭얼거리는 영아의 욕구를 파악하지 못하고 잠을 재우려 한다든지 배고픔을 해결해 주지 않고 놀이를 한다든지 하는 양육자는 민감한 양육자라고 할 수 없다. 즉 영아의 정서표현은 영아와 양육자가 서로를 알아가는 데 도움이 되며 반대로 양육자가 영아의 정서적 표현을 인식하거나 해석하지 못하면 영아의 욕구가 무엇인지 알지 못하여 긍정적인 정서를 공유할 수 없게 된다(Sullivan & Lewis, 2003).

2) 영아기의 정서발달

(1) 정서표현

출생시 신생아는 고통, 혐오 등 기본적이고 보편적인 표정을 지을 수 있다. 성장하면서 점차로 흥미, 기쁨, 놀람, 두려움 등의 정서를 분화하여 나가게 된다. 생후 2~7개월에는 분노, 슬픔, 기쁨, 놀람과 공포 등의 기본정서가 출현하게 되며 이는 거의 모든 정상적인 영아들에게서 같은 시기에 등장하며 모든 문화권에서 유사하게 나타나므로 일차정서라고 한다.

영아기에 정서표현의 발달은 영아에 따라 서로 다른 시기에 등장하기도 하고 동일한 자극이라 할지라도 영아들에 따라 반응이 다르게 나타날 수 있다. 예를 들어, 어린이집 크리스마스에 영아들을 즐겁게 하기 위해 나타난 산타 분장을 하고 나타난 할아버지를 보고 대부분의 영아는 울음을 터트린다. 심지어 얼굴에 하얀 털이 덥수룩한 산타 할아버지가 영아 개인을 안고 사진 찍을라치면 영아들은 발버둥 치면서 무서운 할아버지에게서 벗어나려 안간힘을 쓰는 것을 볼 수 있다. 그러나 36개월이 지나 산타 할아버지가 선물을 주는 존재라는 것을 알게 되면 유아들은 더 이상 산타 할아버지를 보며 울거나 하지 않고 다가가는 모습을 볼 수 있다.

영아기는 정서가 발달하고 있는 중이므로 정서표현이 미숙하거나 감정조절이 어려울 수 있다. 예를 들어, 친구랑 놀고 싶어 하는 만 1~2세 영아가 친구에게 관심을 표현하기 위해 친구에게 다가가 건드리거나 심지어는 툭 치거나 할 수도 있다. 그러면 자기를 건드린 영아에 대하여 자신에게 공격성을 표현했다고 생각하고 이에 대응하여 신체적인 행동으로 나타날 수 있다. 이때 양육자는 무조건 영아를 훈육하기보다는 영아의 표정과 행동의 원인을 잘 살펴 "○○이 친구랑 놀고 싶어서 그러는구나. 그럴 때는 '친구야 함께 놀자'라고 하렴"이라고 하는 식의 바람직한 정서표현이 되도록 지도하여야 한다.

(2) 정서이해

생후 몇 개월 된 영아도 성인의 표정 변화에 분명한 정서적 반응을 나타내는 것으로 보아 영아도 타인의 감정을 인식할 수 있다고 보여진다. 예를 들어, 양육자가 영아를 보고 부드럽게 웃을 때 영아는 표정이 밝아지고 양육자를 보고 웃으며 팔다리를 흔든다. 그러나 양육자가 슬픈 표정을 짓고 단조롭고 우울한 목소리로 말을 하면 영아는 고개를 돌리고 저항하고 울기 시작하는 것이 흔히 관찰된다(Hyson, 1994). 따라서 아주 어린 영아도 양육자의 표정과 목소리의 미묘한 차이를 구별할 수 있다.

영아는 양육자의 이러한 표정과 목소리의 차이를 해석해 새로운 환경과 사물의 탐색에 적용한다. 특히 익숙하지 않거나 새롭고 모호한 상황에서 영아는 양육자의 표정을 살피면서 상황을 해석한다. 예를 들어 새로운 사물에 대해 양육자가 걱정하는 듯한 표정을 지으면 영아는 사물을 가지고 놀려 하지 않는다. 반대로 낯선 사물에 대하여 양육자의 표정에 변화가 없거나 탐색을 촉구하는 듯한 적극적인 긍정적인 정서가 표현되면 영아는 탐색을 시작하게 된다. 이처럼 영아가 모호하고 위험한 상황에서 의도적으로 양육자의 표정을 살피면서 상황을 해석하는 것을 사회적 참조(social reference)라고 하며 생후 9개월경에 나타나기 시작해 점차 정교해진다. 영아는 낯선 대상에 접근하기 전에 어머니의 표정에 나타난 정서반응을 보고 어머니가 미소를 띠면 다가가고, 긴장된 표정을 보이면 움츠린다. 이것은 영아가 상황에 대처하는 행동을 결정하는 인지적 단서로 타인의 정서를 사용하고 있음을 반영한다(Klinnert et al., 1983; Gross & Ballif, 1991).

(3) 정서조절

정서조절은 개인이 어떤 목적을 이루려는 과정에서 자신의 정서적 반응을 조정·평가·수정하는 데 관계되는 내적 및 외적 과정을 의미한다. 생후 4~6개월 정도의 어린 영아도 자신의 손가락을 빠는 행위를 통해 스스로 진정시키고, 불쾌한 자극이 있으며 고개를 돌리거나 멀어지려고 하고, 정서적으로 불안하거나 불편하면 양육자에게 다가가려 한다(한유미, 2014). 18개월 이상이 되면 자신을 좌절시키는 상황에서 양육자에게 다가가 도움을 구하기도 하며 자신의 의도대로 뭔가가 되지 않을 때는 눈을 찌푸리거나 입술을 무는 등 나름의 정서조절을 하는 모습을 보인다.

양육자는 영아의 이러한 부정적 정서가 지속되지 않고 긍정적인 정서로 전환될 수 있도록 하는 것이 중요하다. 예를 들어 영아가 낯선 상황에서 낯선 사물을 접해 불안한 반응을 보일 때 양육자는 얼른 영아를 안심시키며 위험한 상황을 피하거나 익숙해질 수 있도록 안정을 주는 것이 필요하다.

3) 영아기 정서의 종류

신생아는 태어나서 불쾌와 혐오를 느끼기 시작하여 점차 다양한 정서를 표현하게 된다. 다음 〈표 8-1〉은 영아기 정서발달의 예정표이며 영아기의 주요 정서표현의 종류에 대하여 살펴보고자 한다.

표 8-1 영아기 정서발달의 예정표

정서	처음 나타나는 시기
흥미	출생 시
불쾌	출생 시
혐오	출생 시
기쁨	4~6주
분노	3~4개월

정서	처음 나타나는 시기
놀람	3~6개월
슬픔	출생~3개월
공포	5~7개월
수줍음	6~8개월
격노	7~8개월
수치	12~24개월
당황	24~36개월
죄책감	24~36개월

출처: Izard. C. E., & Malatesta, C. Z.(1987). *Perspectives o emotional development I*. New York: Wiley.

(1) 흥미

흥미는 사람과 사물에 대한 긍정적인 접근과 수용을 나타낸다. 한유미(2014)는 흥미와 관련된 표정을 다음과 같이 구분하였다. 첫째, '열린 또는 편안한' 흥미는 눈썹이 살짝 올라가고 눈은 크게 뜨고 입은 편안한 상태로 벌리는 표정이다. 이는 영아에게 위협적이지 않고 강도가 약한 자극을 제공하는 환경에서 나타나며 어린 영아에게 가장 흔히 나타나는 표정으로 '호기심' 또는 '신기해서 눈을 동그랗게 뜬' 표정이라고도 한다.

둘째, '흥분된 또는 인상을 쓴' 흥미인데 근육이 수축하여 눈썹이 두드러져 보이고 양 미간에 주름이 생긴다. 강력한 흥미를 느끼고 자신이 무엇인가를 적극적으로 연구하는 듯 집중하는 모습을 보인다. 대략 10초 정도 지속되며 문제해결을 요하는 도전적 상황에서 주로 나타난다.

(2) 놀람

영아가 놀랄 때는 눈썹이 올라가고 눈이 커져서 흰자위가 분명해진다. 놀람은 개인차가 큰 정서로 어떤 영아들에게는 놀란 표정을 잘 보이지 않는 경우도 있다. 대략 생후 6개월경 영아는 새로운 사건에 대해 약간의 놀란 표정을 짓는다. 놀람의 정서는 원래 갑작스러운 자극에 대한 반응으로 처음 접할 때는 놀란 표정을 짓지만 일단 학습이 이루어지고 익숙해지면 놀란 표정은 나타나지 않게 된다. 성인의 경우 2번 이상 제시된 자극에 대해서는 반응이 급격히 익숙해지지만, 영아의 경우는 자극이 몇 번 반복될 때까지 놀란 표정이 나타난다.

(3) 기쁨

기쁨의 표현은 웃음(laugh)과 미소(smile)이다. 인간은 생의 첫날부터 미소를 보인다. 그러나 신생아의 미소는 외부자극과 관계없는 선천적이고 반사적인 배냇 미소(endogenous smile)라고 하는데 눈은 작아지고 입 주변이 올라가면서 입이 커지는 미소이다. 생후 2개월경이 되면 사람과 사물의 외부자극에 미소를 짓기 시작하며 이러한 미소는 상대방으로 하여금 친밀감을 강화시켜 주므로 사회적 미소라고 한다. 영아는 자기와 즐겁게 상호작용 하는 사람이면 누구에게나 미소를 짓는 사회적 미소가 4개월경까지 증가하게 된다. 4개월 이후에는 상호작용 하는 사람의 친밀도에 따라 상대방을 변별하면서 미소를 짓게 된다.

웃음은 생후 2개월경부터 나타나고 이후 성장하면서 더 많은 자극에 반응하면서 웃음이 많아지며 만 1세 정도 영아는 자신이 참여할 수 있는 것(예: 모빌에 팔을 뻗어 만지기, 상대방이 내민 사물에 손을 뻗기 등)에 대해 웃기 시작한다.

(4) 고통

고통(pain)은 실제 또는 잠재적인 조직의 손상과 관련 있는 불쾌한 감각적, 정서적 경험으로 정의된다. 인간은 태어난 순간부터 고통을 느낄 수 있는데 예방접종과 같은 심각한 고통에 영아는 강력하게 반응한다. 생후 12개월 이후가 되면 영아는 고통을 예측하고 정서적인 반응을 보이기도 하는데 가령 예방접종을 하기 전에 이전의 주사 맞았던 고통을 기억하고 울기 시작하며 거부하는 반응을 보이는 경우이다.

2. 기질발달

갓 태어난 아기의 키, 몸무게, 얼굴 모습이 서로 다르듯이 영아의 행동유형도 출생시부터 차이를 보인다. 어떤 아이는 조금만 배가 고파도 자지러질 듯 울지만 어떤 아기는 아주 느리고 순한 울음소리를 낸다. 어른이 안아주면 좋아하고 달라붙는 아기가 있는 반면 혼자 놀기를 더 선호하는 아기도 있다. 이처럼 정서적 표현양식과 환경의 자극에 대한 반응양상의 차이를 통해 식별할 수 있는 영아 성격의 개인차를 기질이라고 부른다(송명자, 1995).

기질에 대한 연구자인 토마스와 체스는 기질은 개인의 행동을 결정짓는 기본적인 양식이라고 정의하였다(Chess, Thomas, & Birch, 1965). 기질을 형성하는 심리적 특성이 성인기 성격의 토대가 된다고 본다면 기질은 성인의 경우 성격이라고 표현할 수 있겠으나 영유아의 경우 성격보다는 환경의 영향을 덜 받은 생애 초기부터 나타나는 안정적이고 정서적인 반응이라는 점에서 기질이라고 표현한다. 따라서 기질은 타고난 것으로 유전의 영향을 많이 받으며 기질은 유아기, 아동기, 성인기까지도 지속성이 있는 것으로 보인다(Caspi & Silva, 1995).

1) 기질의 구성요인

기질을 구성하는 차원으로 대표적으로 토마스와 동료들은 활동성, 규칙성, 접근/회피, 적응성, 반응의 역치, 반응의 강도, 주의산만, 기분, 주의집중/지속성의 9가지 차원을 제시하였다(Thomas & Chess, 1986)(〈표 8-2〉 참조). 토마스와 체스는 이 9가지 특성을 기준으로 순한(easy) 아이, 까다로운(difficult) 아이, 더딘(slow-to-warm-up) 아이로 분류하였다.

그림 8-1 알렉산더 토마스(A. Thomas)와 스텔라 체스(S. Chess)

표 8-2 기질의 구성요인

구성요인	설명	
활동성 (activity)	젖먹기, 목욕하기, 옷 입기 등의 일상생활에서 영아가 하는 신체활동의 양	활동수준이 높은가?
규칙성 (rhythmicity)	수유시간, 수면의 주기, 배변습관 등의 예측가능성	생물학적으로 규칙성을 나타내는가?
접근/회피 (approch/withdrawl)	새로운 사건이나 자극(장난감이나 음식 등)에 영아가 어떤 반응(접근 또는 회피)을 보이는가?	새로운 자극에 민감한가?
적응성 (adaptability)	변화된 상황에 영아가 얼마나 쉽게 반응하는가?	환경에 대한 적응력이 높은가?
반응강도 (intensity)	영아가 보이는 긍정적 또는 부정적 반응의 강도	기분을 어느 정도 표현하는가?
반응역치 (threshold)	영아의 반응을 유발하는 데 필요한 자극의 양	어느 정도의 자극에 반응하는가?
기분 (mood)	영아가 보이는 행복하고 기분 좋은 반응의 빈도와 불행하거나 부정적인 행동의 빈도	잘 웃는가?
주의산만성 (distractibility)	외부 사건이나 자극에 의해 영아가 현재 하고 있는 행동이 쉽게 방해받는 정도	산만한가?
지구력 (attention span and persistence)	어떤 활동의 지속시간과 장애에 직면했을 때 그 행동을 계속하려는 의지	한 가지 일을 어느 정도 지속하는가?

2) 기질의 분류

(1) 순한 아이

순한 아이는 전체 영아의 40%를 차지하는 유형으로 온순하며 즐거운 기분을 보이며 많이 웃는다. 새로운 상황과 변화에 쉽게 적응하고 장난감을 가지고 혼자 잘 놀며, 식사와 수면이 규칙적이며 좌절하는 상황을 쉽게 받아들이고 쉽게 당황하지 않으며 위로를 받는다. 낯선 사람에게도 잘 웃고 생활이 규칙적이어서 예측이 가능하므로 키우기 힘들지 않으며 양육자에게 기쁨과 즐거움을 준다.

(2) 까다로운 아이

까다로운 아이는 전체의 10% 정도 차지하며 순한 아이와 반대의 기질로 신체 기능이 불규칙적이고 까다로우며 오래 많이 운다. 새로운 상황에 쉽게 적응하지 못하며 식사, 수면 등의 습관을 형성하는 데 시간이 오래 걸린다. 좌절 상황을 쉽게 받아들이지 못하고 반응의 강도가 높고 산만하여 양육자를 힘들게 하는 기질로 양육자의 인내심을 요구하는 기질이다.

(3) 더딘 아이

더딘 아이는 전체의 15% 정도 차지하는 기질로 새로운 상황이나 낯선 사람에 잘 반응하지 않는다. 수동적이고 새로운 상황에 대해 움츠러드는 경향을 보인다. 긍정적이든 부정적이든 반응에 대한 강도가 약한 것이 특징으로 새로운 상황에 마주하게 되면 멈칫거리거나 거부하는 등 약간의 부정적인 반응을 보이기도 한다. 행동이 느리고 새로운 상황을 탐색하지 않는 것처럼 보일 수 있으나 시간을 두고 기다리면 시키지 않아도 적응하고 새로운 상황에 흥미를 보인다.

영아기의 초기의 기질은 이후에도 지속되는 것으로 나타났다. 영아기에 까다로운 기질을 보였던 아동은 이후의 학교생활에서도 또래와의 관계나 주의집중에 문제를 보였으며, 반응이 느린 아동은 새로운 환경에 빨리 적응하는 데 문제를 보였다(Thomas, Chess, & Korn, 1982). 모든 영아가 위의 세 유형에 속하는 것은 아니며 35% 정도의 영아는 어디에도 속하지 않았다.

3) 조화의 적합성

영아가 어떤 기질을 가지고 있는가의 문제는 주양육자인 어머니와의 관계에 영향을 미치고 마찬가지로 부모의 양육 태도 또한 영아의 기질을 변화시킬 수 있다. 예를 들어 '까다로운' 기질의 영아는 부모를 좌절하게 만들고 그럼으로써 영아에 대해 덜 기대를 하는 형태로 양육태도에 영향을 미치게 된다. 반면 더딘 기질을 가지고 있는 영아가 주변 환경을 탐색하는 데 두려움을 느끼는 소심한 기질이라 할지라도 부모에 의해 주변 환경을 조심스럽고 부드럽게 접하도록 하게 한다면 더딘 기질이 점차 사라질 수도 있다.

토마스와 체스(Thomas, A. & Chess, S., 1977)는 이처럼 영아의 기질과 환경이 상호작용하여 바람직한 결과를 산출할 수 있다는 '조화의 적합성(goodness-of-fit)' 모델을 제시하였다. 영아의 이상적 발달은 영아의 기질과 부모의 기질이 얼마나 조화를 이루는가에 달려있다고 할 수 있다. 부모가 영아의 기질에 따라 양육행동을 조절한다면 조화로운 관계가 될 수 있다. 반면, 영아의 기질과 부모의 양육행동이 조화를 이루지 못하면, 부모나 영아 모두 갈등을 경험하게 될 것이다. 따라서 영아의 기질을 제대로 파악하여 부모와 자녀 간에 보다 조화로운 관계를 유지하는 것이 필요하다.

4) 기질과 양육

영아의 기질은 유전의 영향을 받은 생의 초기부터 안정적인 경향을 보이는 정서적 반응이다. 따라서 부모는 영아의 기질을 바꾸려 하기보다는 영아의 기질적 특성에 따른 양육의 요구에 적합한 양육 행동으로 영아의 적응을 돕는 것이 바람직하다. 즉 기질의 유형별로 그에 따른 적합한 양육이 필요하다는 것을 의미한다.

먼저 순한 기질의 영아는 규칙적이고 긍정적인 정서를 나타냄으로 양육자를 기쁘게 하며 낯선 장소, 사람과 쉽게 적응하므로 양육자를 힘들게 하지 않는다. 그러나 부모에게 특별한 요구를 하지 않고 좌절 상황(장난감을 뺏기는 상황 등)도 쉽게 받아들이며 스스로 위로를 받기 때문에 양육에 시간과 노력을 적게 들게 된다. 그러나 영아 입장에서는 보채거나 떼쓰지 않기 때문에 부모의 관심을 덜 받게 되거나 자신의 욕구를 적절히 충족받지 못하는 상황이 일어날 수 있다. 따라서 순한 기질 아이의 욕구가 무시되기 쉽기 때문에 양육자는 의도적으로 순한 기질 아이의 욕구가 적절히 충족되도록 관심을 가지는 것이 필요하다.

까다로운 기질의 영아는 까다롭고 산만하며 자신의 욕구가 충족되지 않았을 때 거칠게 반항하며 쉽게 달래지지 않는 등 양육자를 힘들게 한다. 까다로운 아이의 부적응 행동을 강제로 제지하면 더 격렬한 반응이 나타날 수 있으므로 무조건 제지하기보다는 관심을 다른 대상으로 돌리거나 새로운 활동으로 전환하는 것이 바람직하다.

더딘 기질의 영아는 정서를 잘 표현하지 않고 새로운 상황에 적응하는 데 시간이 오래 걸린다. 더딘 기질의 부모는 한 발짝 뒤로 물러서 지켜보며 억지로 새로운 상황에 적응하도록 재촉하거나 독립심을 강요하지 않고 익숙한 것부터 단계적으로 제시하여 영아가 거부감 없이 탐색할 수 있도록 해준다.

TIP 까다로운 아이 훈육법

1단계		2단계		3단계		4단계
아이의 요구와 바람을 인정한다.	→	현재 상황을 인식시킨다.	→	가능한 대안을 제시한다.	→	마지막 선택을 제시한다.
너 그 인형을 갖고 놀고 싶구나.		지금은 집에 갈 시간이니 인형을 갖고 놀 수 없어.		엄마가 1분 기다려 줄테니 1분 동안은 더 가지고 놀 수 있어.		엄마는 너를 더 이상 기다려 줄 수 없어. 1분 후에도 인형을 놓고 오지 않으면 엄마 먼저 갈 거다.

출처: EBS 아기성장보고서. 제5편 육아의 키워드 기질

3. 애착관계

1) 애착의 개념

애착(attachment)은 영아와 양육자 두 사람 간에 형성되는 강력한 유대관계를 말한다. 보통의 경우 양육자는 엄마가 되므로 엄마와 영아 사이의 유대관계를 말한다. 영아는 애착 대상과 신체적 접촉을 유지하려고 하며 떨어졌을 때는 울고, 다시 만났을 때 기쁨을 표현하게 된다. 애착 대상은 영아에게 안전기지와 안전한 피난처의 역할을 함으로써 영아가 주변을 탐색하도록 격려한다. 영아는 애착 대상을 안전기지로 삼고 애착 대상으로부터 떨어져 환경을 탐색한다. 또한 영아는 위협을

느끼거나 무서울 때 안전한 피난처인 애착대상에게 돌아와 위로를 받는다.

영아기에 형성된 애착은 이후 인지, 정서, 사회성 발달에 지대한 영향을 미치게 된다(Thompson, 1998). 안정된 애착을 형성한 영아는 이후에 자신감, 호기심, 타인과의 관계에서 긍정적인 성향을 보이며, 도전적인 과제를 잘 해결하고, 좌절을 잘 참아내며, 문제해결을 덜 보이는 것으로 나타났다.

2) 애착의 유형

영아의 애착을 측정하기 위해 보편적으로 사용되는 방법은 에인스워스(Ainsworth)의 낯선 상황 실험이다. 낯선 상황 실험은 8단계의 에피소드로 구성되어 있으며 이를 통해 영아가 양육자와 분리되었을 때와 같은 스트레스 상황에서 어떻게 행동하는지 그리고 양육자와 다시 재회하였을 때 영아가 어떻게 행동하는지를 주로 관찰한다. 이와 같은 낯선 상황 실험을 통하여 에인스워스는 영아의 애착유형을 안정애착, 불안정－회피 애착, 불안정－저항 애착으로 분류하였으며 후에 혼란 애착이 추가되었다.

표 8-3 에인스워스의 낯선 상황 실험

에피소드	내용	관찰되는 애착행동
1	실험자가 어머니와 영아를 실험실로 안내하고 떠난다.	
2	영아가 장난감을 가지고 노는 동안 어머니는 그 곁에 앉아 있다.	안전기지로서의 어머니
3	낯선 사람이 들어와 앉아서 어머니와 이야기를 나눈다.	낯선 사람에 대한 반응
4	어머니가 방을 나간다. 낯선 사람이 영아와 상호작용하고, 영아가 불안반응을 보이면 진정시킨다.	분리불안
5	어머니가 돌아와 영아를 반기고 필요하다면 영아를 진정시킨다. 낯선 사람이 방을 나간다.	재결합 반응
6	어머니가 방을 나간다.	분리불안
7	낯선 사람이 들어와서 영아를 진정시킨다.	낯선 사람에 의해 진정되는 정도
8	어머니가 돌아와 영아를 반기고 필요하다면 영아를 진정시킨다. 영아의 관심을 장난감으로 유도한다.	재결합 반응

출처: Ainsworth, M. D. S., & Blehar, M., Waters, F., & Wall, S. (1978). *Patterns of attachment*. Hillsdale, NJ: Erlbaum.

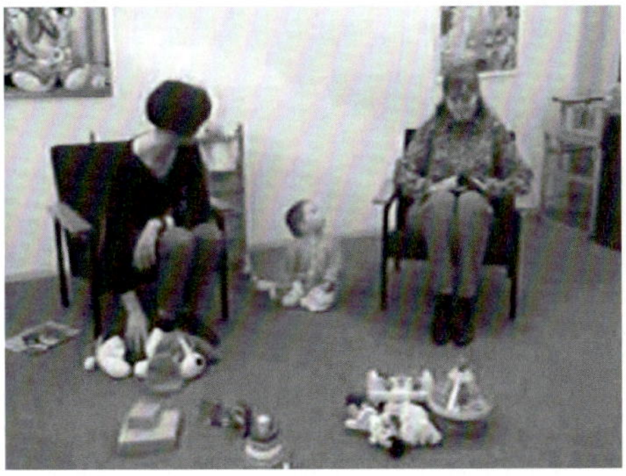

그림 8-2 낯선 상황 실험

(1) 안정 애착

안정 애착 영아는 낯선 상황에서 어머니를 안전기지로 삼아 환경을 탐색하고 장난감을 가지고 논다. 낯선 사람이 들어와도 크게 동요하지 않으며 낯선 사람보다 어머니에게 더 확실한 반응을 보인다. 어머니가 방에서 나가면 울거나 어머니를 따라가는 등 동요하지만 어떤 식으로든 위안을 찾고 탐색활동을 한다. 어머니가 돌아오면 달려가 반가워하며 안기고 다시 탐색활동을 한다. 안정 애착은 가장 많은 영아들이 보이는 애착유형으로 전체 영아의 약 50~60%에 해당한다.

(2) 불안정-회피 애착

불안정 회피애착은 어머니와 같이 있는 낯선 상황에서 어머니의 존재에 무관심하고 무시하는 듯한 모습을 보인다. 어머니가 방에서 나가도 울거나 반항하는 등 동요하지 않으며 어머니가 다시 돌아와도 반가워하지 않고 무시하거나 회피하는 모습을 보인다. 특별히 어머니와 친밀한 관계로 보이지 않으며 낯선 사람에게도 비슷한 반응을 보인다. 전체 영아의 약 10~20%를 차지한다.

(3) 불안정-저항 애착

불안정 저항 애착의 영아는 어머니와 같이 있는 낯선 상황에서 어머니가 있음에도 불구하고 불안해하며 어머니 곁에서 붙어 있으며 주변 환경을 탐색하지 않는다. 어머니가 방에서 나가면 크게 울거나 과도하게 저항하는 모습을 보이다가 어머니가 다시 돌아오면 과도하게 매달리거나 화를 내며 발로 차거나 때리는 등의 저항하는 모습을 보인다. 어머니가 안아서 달래줘도 안정되지 않으며 계속 울거나 저항한다. 전체 영아의 약 10~25%를 차지한다.

(4) 혼란 애착

혼란 애착은 불안정 회피 애착과 불안정 저항 애착이 혼합된 형태의 불안정 애착의 가장 심한 경우로 어머니에게 일관된 모습으로 반응하지 않고 모순된 행동을 보인다. 어머니가 돌아왔을 때 어머니에게 달려가다가 멈칫거리거나 바로 안기지 않고 서성거리거나 도망쳐 버리는 듯한 행동을 한다. 어머니에게서 일관된 양육을 받지 못했을 때 나타나는 불안정 애착의 형태 중 가장 심각한 형태로 전체 영아의 약 5~10% 정도 해당된다.

3) 애착의 발달

위에서 살펴본 바와 같이 영아가 양육자와 안정 애착을 맺는 것은 원만한 대인관계의 기초가 되므로 영유아의 사회·정서 발달에 있어서 중요한 과업이라고 할 수 있다. 애착은 영아가 어머니와 낯선 사람을 구별하기 시작하는 생후 3개월~6개월 사이에 나타나기 시작하는데 낯선 사람보다 어머니를 보고 미소를 짓거나 어머니에 의해 쉽게 달래지는 등 변별적인 사회적 반응(undiscriminating social responsiveness)이 나타난다.

생후 6개월에서 1년 반 정도가 되면 애착이 분명하게 나타나는데 자신을 돌봐주는 주양육자(어머니)와 애착을 형성하고 그 사람에게 적극적으로 기어가는 등의 접근과 신체적 접촉을 추구한다. 애착 대상이 사라지면 울거나 당황해하는 등의 불안을 나타낸다. 이 시기에 나타나는 대표적인 애착 행동은 낯가림과 분리불안이다.

낯가림은 낯선 사람을 보면 두려워하고 울거나 애착을 형성한 사람에게 가려고 하는 행동을 보이는 것을 말한다. 낯가림은 친숙한 사람과 애착을 형성함으로써 영아가 친숙한 사람과 낯선 사람을 구분할 수 있다는 증거로 자연스러운 행동이며 영아의 환경이나 기질에 따라 차이가 있을 수 있다. 분리불안은 친숙한 사람과의 분리에 대한 불안으로 애착 대상을 좇아다닌다거나 안 보이면 불안해하는 것이다.

분리불안은 애착이 형성될 때 최고조에 달하다가 만 3세경이 되면 자연스럽게 줄어든다. 분리불안은 완전히 없어진다기보다는 줄어드는 것으로 영유아는 애착 대상과 헤어지고 다시 만나는 경험을 반복함으로써 경험상 애착 대상이 다시 돌아올 것으로 믿게 되기 때문이다.

영아기에 애착이 잘 발달되도록 하기 위해서는 양육자가 영아의 신호를 민감하게 해석하고 영아의 요구에 일관성 있고 신속하게 반응하여 영아가 양육자에 대해 신뢰감을 가지도록 해야 한다. 영아는 이처럼 자신의 요구에 즉각적이고 일관적으로 반응해주는 누군가로부터 보살핌을 받으면서 안정 애착을 형성하게 되는 반면 양육자가 기분에 따라 화내거나 거절하고, 어떤 때는 과도하게 애정을 표현하는 등의 일관적이지 못할 경우, 자신의 신체적 요구를 적절히 충족되지 못할 경우 불안정 애착을 형성하게 된다.

보울비(1969)가 제시한 애착발달단계는 다음과 같다.

표 8-4 보울비의 애착발달단계

단계	내용
① 전 애착 단계 (출생 후~6주)	애착이 형성되지 않은 단계이며 낯선 사람과 혼자 남겨져도 영아는 별로 개의치 않는다. 매우 단순한 행동으로 자신 주위의 누구에게나 접근하고자 한다.
② 애착형성 단계 (6주~8개월)	친숙한 사람과 낯선 사람에게 다르게 반응하기 시작한다. 낯선 얼굴과 친숙한 얼굴을 구별할 수 있음에도 불구하고 부모가 자기를 혼자 남겨놓고 자리를 떠나도 아직 이 단계에서는 분리불안을 보이지 않는다. 그러나 특정 친숙한 사람에게 가까이하고자 한다.
③ 애착 단계 (6-8개월~18개월)	이미 애착이 형성된 사람에게 적극적으로 접근하고자 능동적 행동을 하는 단계이다. 애착대상이 떠나면 분리불안을 보인다. 분리불안은 돌 전후에 나타나기 시작하며, 친숙한 사람에게 강한 애착관계를 나타내고 점차 그 강도가 줄어들 뿐 아니라 여러 사람에게도 애착행동을 보인다. 애착을 가진 사람의 부재를 인식하기도 한다.
④ 상호관계의 형성 단계(18개월~2세)	애착이 형성된 사람의 행동을 예측할 뿐만 아니라 원하는 방향대로 그 사람의 행동을 수정하도록 하는 단계이다. 2세 말이 되면 영아는 정신적 표상과 언어발달로 인해 이미 애착을 형성한 사람의 행동을 예측하게 된다. 어머니가 언제 돌아올지 예측할 수 있으므로 결과적으로 분리불안이 감소한다. 양육자와 협상하고 자신이 원하는 대로 그 사람의 행동을 수정하고자 한다.

4) 애착 형성에 영향을 미치는 요인

애착 형성에 영향을 미치는 요인으로 영아의 기질, 영아와 부모의 특성, 양육의 질 등을 들 수 있다. 안정된 애착을 형성한 영아의 어머니는 아기의 신호에 빨리 반응하고, 적절한 도움을 주는 등 민감한 상호작용을 한다. 이와는 반대로 불안정 애착의 경우 영아의 어머니는 화를 잘 내고 아기와의 밀접한 신체접촉을 회피하며 자신의 감정을 표현하는 데 어려움이 있는 것으로 나타났다(조복희, 2002).

애착에 영향을 미치는 요인

▌할로와 짐머맨(Harlow & Zimmerman, 1959)의 새끼 원숭이 대리모 실험

이 실험은 새끼 원숭이를 그림과 같이 두 개의 대리모와 함께 기른 실험이다. 하나는 부드럽고 푹신한 벨벳 천으로 싼 대리모였고, 다른 하나는 철사로 만든 대리모였다. 이 실험에서 모든 원숭이의 대부분은 천 대리모에게 매달려 많은 시간을 보냈다. 아래 세 번째 그림처럼 철사대리모에게서 젖을 먹는 시간에도 천 대리모에게 몸을 밀착한 채 목만 뻗어 먹는 모습은 천 대리모에게 새끼 원숭이가 애착을 형성하고 있음을 보여준다.

또한 새끼 원숭이에게 공포를 유발하는 로봇을 넣어주면, 모든 원숭이들은 천 원숭이에게 달려가 매달렸고 일단 아기 원숭이들은 천 원숭이에게 몸을 밀착시키면 얼굴에 공포가 사라지고 몇 분 후에는 로봇에게 다가가 유심히 살펴보는 것이 관찰되었다.

이것은 애착발달에 있어서 중요한 것은 수유를 통한 욕구충족보다 접촉위안(contact comfort)이라는 것을 의미한다.

애착은 대부분 어머니와 영아 간의 초점을 두고 있으나 영아는 생후 7개월 무렵 어머니와 아버지 모두에게 애착을 형성하게 된다. 아버지가 영아에게 보이는 애착 행동은 어머니와는 조금 다른데 어머니는 주로 수유와 일상적인 양육을 담당하고, 아버지는 영아와 놀이를 하는 데에 시간을 많이 보내게 되어(Walker et al., 1992) 영아는 스트레스를 받는 상황에서는 어머니를 찾고, 재미있는 자극을 원할 때는 아버지를 찾게 된다(lamb, 1977).

부모 이외에도 영아는 다른 사람과도 애착을 형성할 수 있으며, 어머니와 애착을 형성하고 보육교사나 조부모 혹은 그 밖의 가족구성원과도 동시에 복수 애착을 형성할 수 있는 것으로 보고되고 있다(Snow, 1998).

TIP 동영상 보고 문제 풀기

EBS 특별기획 <아기 성장 보고서>
제2부: 애착-행복한 아기의 조건

1. 애착은 무엇인가?

2. 애착 형성에서 양육자-영아 간 상호작용의 질은 중요하다. 그러면 양육자는 어떻게 영아를 양육해야 하는지 안정적인 애착형성을 위한 상호작용 방법을 적으시오.

3. 양육자 - 영아 간 상호작용에서 양육시간보다 더 중요한 것은 상호작용의 질이다.
   O (   ) , X (   )

4. 할로(Harlow)의 새끼 원숭이 대리모 실험을 보고 애착형성에 있어서 중요한 것은 무엇인지 적어보시오.

5. 한 번 형성된 애착은 돌이킬 수 있는 것인가? 없는 것인가? 동영상 마지막 부분의 '윤서'의 예를 들어 설명하시오.

4. 자아발달

영유아는 성장하면서 자신에 대한 개념을 형성하게 됨에 따라 자신에 대해 긍정적 혹은 부정적인 가치를 부여하게 된다. 이로써 영유아는 자아개념과 자아존중감을 형성하게 되며 이러한 개념은 성장하면서 개인의 행·불행에 영향을 미치는 중요한 심리적 변인으로 작용하게 된다.

1) 자아개념

자아개념은 영아의 자아인식(self-recognition)에서 시작된다. 자아인식은 영아가 다른 대상과 구분되는 독립된 실체로 자기를 인식하는 것에서부터 시작한다. 영아는 자신을 어머니의 한 부분으로 여기다가 생후 4개월이 되면 '어머니와의 분리(seperation-individuation)'를 인식한다. 분리는 자기 인식이 시작됨을 의미한다. 영아는 기기 시작하면서 주변 환경을 적극적으로 탐색하기 시작하면서 분리를 경험하게 되고 서서히 자기 인식이 일어나게 된다.

영아가 눈으로 자기를 보고 자신을 인지하는 것은 언제부터일까? 자기 인식에 대한 연구로 생후 9~24개월 영아의 코에 빨간 립스틱을 발라준 뒤 영아가 거울을 보고 자신을 알아보는지 관찰하였다. 15개월 이전의 영아는 빨갛게 된 코에 아무런 관심을 보이지 않았으며, 거울 속 자신의 모습이 마치 타인인 것처럼 반응하였다. 그러나 15~24개월 영아는 자신의 코에 묻은 립스틱에 손을 가져갔다(Lewis & Brooks-Gunn, 1979).

18개월경이면 영아는 자신의 사진을 알아보는 등 자기표상을 인지할 수 있는 것으로 보아 자아인식 발달은 인지발달과정과 밀접하게 연관되어 있는 것으로 보인다(송명자, 1995).

자아개념(self-concept)은 신체적 특징, 개인적 기술, 특성, 가치관, 희망, 역할, 사회적 신분 등을 포함한 '나'는 누구이며, 무엇인가를 깨닫는 것을 의미한다(정옥분, 2002). 영아가 어머니와 분리된 자기를 깨닫게 되기 시작하면서 자기인식을 시작하여 유아기를 거치면서 자신의 신체적 특징, 소유물, 활동, 능력으로 자기를 규정하게 된다. 점차 나이가 들고 성숙해짐에 따라 추상적이고 분화된 개념으로 발달하게 된다.

그림 8-3 거울 속의 자신을 살펴보는 영아

2) 자아통제

자아통제(self-control)는 자신의 목표나 목적을 달성하기 위해 순간의 욕구나 충동적인 행동을 스스로 억제할 수 있는 능력을 말한다. 자아통제는 유혹에 저항하는 능력, 만족을 지연하는 능력, 충동을 억제하는 능력 등으로 구성된다. 이에 대한 자세한 설명은 유아기 자아통제에서 다루도록 한다.

영아기는 자아통제가 서서히 발달해 나가는 시기로 첫 돌까지는 자아통제 능력이 없다가 12개월 이후에는 양육자의 기대를 인식하고 지시에 따르는 등의 순응적인 모습을 보인다(Howes & Olenick, 1986). 18~24개월 사이에 유혹에 저항하는 능력이 급격히 향상되는데 부모의 지시나 금지가 없는 경우에도 스스로 자신의 행동을 통제한다(Bullock & Lutkerhaus, 1990). 평소에 만지지 못하게 하는 물건에 손이 가다가도 '안 돼'라고 혼잣말을 하면서 손을 움츠리는 행동을 보인다(송명자, 1995). 또한 생일케이크를 보면 무조건 손으로 만지던 영아가 이 시기가 되면 생일축하 노래가 끝날 때까지 기다려 촛불을 불어야 한다는 것을 알고 기다릴 수 있게 된다. 만 2세 이후가 되면 언어능력이 발달하면서 자아통제가 급격히 향상된다.

자신을 행복하고 가치로운 사람을 여기고 타인과의 원활한 관계형성을 맺는 성인으로 성장하기 위해서 영유아 시기의 사회정서 발달은 매우 중요하다고 할 수 있다. 바람직한 영아기의 사회정서 발달을 위한 양육자의 역할을 알아보면 다음과 같다.

- 안정된 애착을 형성하기 위해 양육자는 일관적이고 즉각적인 반응을 한다. 양육자와 안정된 애착을 형성한 영아는 자신과 타인에 대해 긍정적으로 생각하고 높은 자아존중감을 가지게 된다. 영아와의 안정된 애착을 형성하기 위하여 영아의 신체적 요구에 빠르게 반응하고 신체적 접촉을 많이 해주며 일관성 있게 반응해 준다.
- 영아의 기질에 적합한 적응적 양육을 한다. 기질은 유전적인 요인을 더 많이 받는 성격 특성으로 영아의 기질은 시간이 지나면서 다듬어질 수는 있지만 근본적으로 변하지는 않는다는 것이 지배적인 입장이다. 따라서 까다로운 기질의 영유아일 경우 양육자가 신체적으로 심리적으로 피곤하더라도 영아의 기질에 맞춘 적응적 양육을 할 수 있도록 한다.
- 긍정적인 자아개념과 자아존중감을 형성할 수 있도록 다양한 성공의 경험을 제공하도록 한다. 영아기는 자율성과 주도성이 발달하는 시기이다. 영아가 무엇이든 스스로 해보려고 할 때 주변을 자유롭게 탐색하고, 스스로 무엇인가를 계획하고 실행하여 성취하는 경험을 많이 할 수 있도록 한다. 특히 위험하다고 영유아의 행동을 지나치게 통제하거나 양육자가 대신해주는 경우가 없도록 한다. 또한 영아에게 칭찬과 격려를 해 줌으로써 자신을 긍정적인 사람으로 평가하도록 한다.

∴ 연습문제

- 영아가 정서이해, 정서표현, 정서조절을 원만히 발달시키기 위한 양육자의 역할을 설명하시오.
- 영아의 기질에 대해 알아보았다. 자신의 기질이 어떤 기질인지 생각해보고 현재의 성격과 어떤 관련이 있는지 생각해보시오.
- 영아의 애착유형을 설명하고 바람직한 애착을 형성하기 위해 어떤 양육이 필요한지 설명하시오.

PART

IV 유아기 발달

Chapter 9

유아기 신체·운동발달

Chapter 10

유아기 인지·언어발달

Chapter 11

유아기 사회·정서발달

유아기는 영아기에 구축한 인프라를 기반하여 각 발달영역에 질적 성장을 가속화하는 중요한 시기이다.

Ⅳ부에서는 이러한 유아기에 3~5세 유아가 신체적·인지적·언어적·사회적·정서적 차원에서 양적·질적으로 어떤 변화과정을 겪는지, 그리고 그 변화에 따른 생각·느낌·행동을 어떻게 표출하는지 자세히 살펴볼 것이다. 구체적으로 제9장에서는 유아기 신체·운동발달을, 제10장에서는 유아기 인지·언어발달을, 11장에서는 유아기 사회·정서발달을 다룰 것이다.

제Ⅳ부의 학습을 통해 질적 성장의 가속화를 지원하기 위한 양육적·교육적 시사점을 얻을 수 있을 것이다.

CHAPTER **9**

유아기 신체 · 운동발달

유아기의 신체 성장은 영아기에 비해 느린 편이지만 신체 크기의 변화는 눈에 띄게 현저한 변화를 보이고 있다. 특히 유아기는 전인적 발달에 중요한 토대를 마련하는 시기로 신체적 안정성을 발달시키며, 충분한 영양공급 및 규칙적인 생활습관을 형성시켜 안전사고나 질병에 노출되지 않도록 세심한 주의와 보호가 필요하다.

제9장에서는 유아기 신체·운동발달을 살펴보기 위해 먼저 유아기 신체성장을 자세히 알아본 후, 대소근육 운동 발달과 뇌 발달을 차례대로 알아볼 것이다.

학습목표

1. 유아기의 신체 성장의 특징을 이해한다.
2. 유아기의 운동기능의 발달시기와 순서를 이해한다.
3. 유아기 뇌 발달과정과 뇌 발달에 영향을 주는 다양한 요인에 대해 이해한다.

주요용어

신체 크기의 변화, 신체비율의 변화, 골격성장, 대근육기술의 향상, 성장점, 전두엽, 측두엽, 두정엽, 뉴런, 시냅스, 대뇌피질, 뇌 발달의 민감기

9 유아기 신체·운동발달

1. 신체성장

유아기 신체발달은 영아기처럼 급성장이 이루어지지는 않지만 완만하게 꾸준히 성장하는 것을 볼 수 있다. 유아기 신체발달이 원활하게 이루어지기 위해서는 충분한 음식물 섭취를 통한 영양공급이 이루어져야 하며, 규칙적인 생활습관 형성 및 안전사고나 질병에 노출되지 않도록 세심한 주의와 보호가 필요하다. 특히, 유아기에는 신체 발달로 인한 움직임이 많아지고 활발해지면서 안전사고의 위험이 높기 때문에 부모나 주위의 성인들이 유아의 안전에 계속적인 관심과 교육을 통해 마음껏 뛰어 놀 기회를 충분히 마련해 주어야 한다(권민균 외, 2012).

1) 신체 크기, 체중

유아들은 매년 평균 키가 7cm씩 증가하여 6세가 되면 키는 112cm 정도가 되고, 몸무게는 2~3kg씩 증가하여 6세에 20kg 정도가 된다. 〈표 9-1〉을 보면 2~7세까지의 유아의 평균키와 몸무게를 알 수 있는데 이 기간 동안 여아들은 남아들에 비해 약간 작고 가벼우며 이러한 차이는 사춘기까지 계속된다.

유아기 동안 남아와 여아는 몸통이 길어짐에 따라 살이 빠져 보인다. 여전히 머리가 몸에 비해 상당히 크지만, 유아기말이 되면 대부분의 유아들은 머리가 더 이상 커 보이지 않게 되며 몸의 지방도 이 기간에 천천히 지속적으로 줄어들게 된다.

여아는 남아보다 지방층이 많으며 남아는 근육층이 많다(권민균 외, 2012).

성장 패턴은 개인마다 매우 다른데 예를 들면, 힘이 센 유아가 있는 반면 힘이 약한 유아가 있고, 큰 신체를 가진 유아가 있는 반면 작은 신체를 가진 유아가 있다. 어떤 유아는 뚱뚱하고, 어떤 유아는 마른 모습을 보이기도 한다.

이러한 차이는 유전적 요인이기도 하고, 환경과 경험에 의해 결정되기도 한다(Meredith, 1978). 유아에게 생기는 신체적인 문제와 함께 영양결핍이나 전염병 감염도 성장을 멈추게 할 수 있다. 그러므로 신체에 생긴 문제들을 조속히 치료하여 정상적인 성장이 이루어질 수 있도록 해야 한다(Gardner, 1972).

표 9-1 유아의 평균 키와 몸무게

남아		연령	여아	
체중(kg)	신장(cm)		체중(kg)	신장(cm)
13.14	89.38	2~2.5세	12.50	88.21
14.04	93.13	2.5~3세	13.42	91.93
14.92	96.70	3~3.5세	14.32	95.56
15.91	100.30	3.5~4세	15.28	99.20
16.97	103.80	4~4.5세	16.30	102.73
18.07	107.20	4.5~5세	17.35	106.14
19.22	110.47	5~5.5세	18.44	109.40
20.39	113.62	5.5~6세	19.57	112.51
21.60	116.64	6~6.5세	20.73	115.47
22.85	119.54	6.5~7세	21.95	118.31

2) 신체비율의 변화

유아기가 되면 신체의 성장과 함께 신체의 비율과 체지방의 구성 비율이 변화되어 점차 영아기의 모습이 벗어나는데, 키에 대한 머리 크기의 비율이 급격히 감소하여 영아기 때처럼 머리가 무거워 보이는 모습은 사라진다.

[그림 9-1]과 같이 신체의 비율과 체지방의 구성 비율이 1세와 5세 사이에 극적으로 변한다. 영아기 말의 머리 크기는 전체 키의 1/5이지만 점차 머리의 비율이 줄어들면서 6세 정도가 되면 1/6 정도가 된다. 유아기에는 체지방이 꾸준히 감소하고 팔다리가 길어지면서 머리의 비율이 점차 줄어들고 통통하던 모습이 홀쭉한 모습으로 변하여 팔과 다리가 길어짐에 따라 이동성이 증가한다.

그림 9-1 1세와 5세의 신체비율 비교

3) 골격

초기 골격은 연골이지만 점차 경골로 변화하는데, 이러한 과정은 신체 부분에 따라 각기 다르며, 개인에 있어서 조금씩 차이를 나타낸다. 유아기의 뼈는 연골이기 때문에 외부의 다양한 압력에 의해 쉽게 손상되는 위험이 있다. 따라서 각별히 자세나 행동에 신경을 쓰는 것이 필요하다.

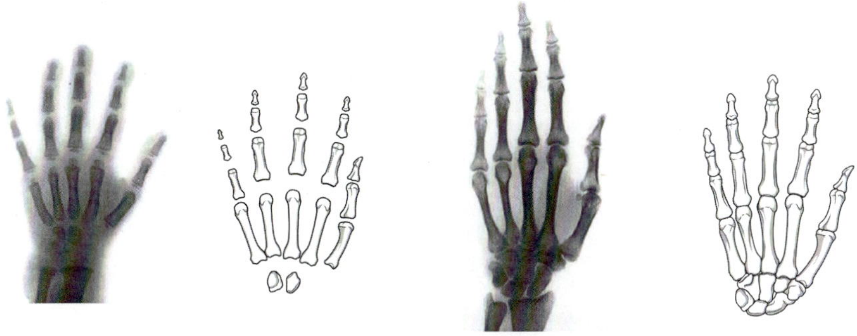

유아 뼈 청소년 뼈

그림 9-2 유아 뼈와 청소년 뼈의 비교

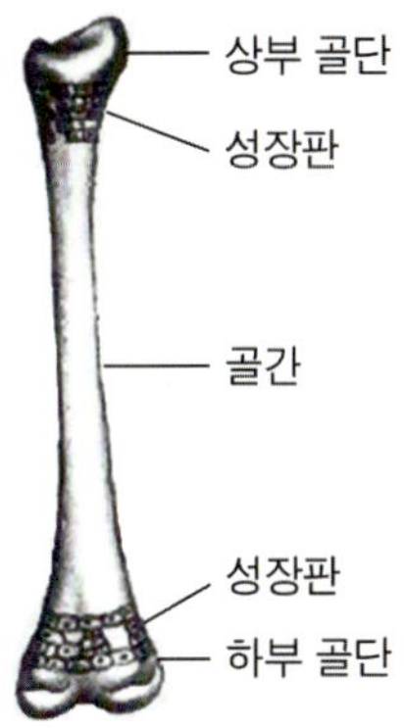

그림 9-3 상부와 하부 골단을 보여주는 긴 뼈의 도식

성장기 동안 뼈는 [그림 9-2]와 같이 계속 만들어지므로 유아의 뼈는 성인에 비해 그 수가 적고 모양도 다르다. 손목뼈의 경우 생후 1년의 영아는 3개로 구성되어 있으나 사춘기에는 9개의 뼈로 늘어난다. 손목뼈는 주로 X-ray 촬영으로 뼈의 성숙

정도(골화 정도)를 알 수 있다. 즉 골 연령(skeletal age)을 알 수 있다. 골 연령은 주로 손목뼈로 측정하여 신체적 성숙도나 키가 자랄 수 있는 가능성을 예측할 수 있다. [그림 9-3]의 연골세포는 골단의 성장판에서 생성되고 점차적으로 뼈로 경화된다.

뼈의 성장은 뼈의 끝에 있는 성장점(epiphysis)이라고 하는 연골 부위에서 일어난다. 성장점과 뼈 본체 사이에는 성장판이 있으며 사춘기 이후에 성장판의 성숙이 완료될 때까지 이곳을 통해 지속적으로 자라게 된다. [그림 9-4]는 열린 성장판과 닫힌 성장판을 보여주고 있다.

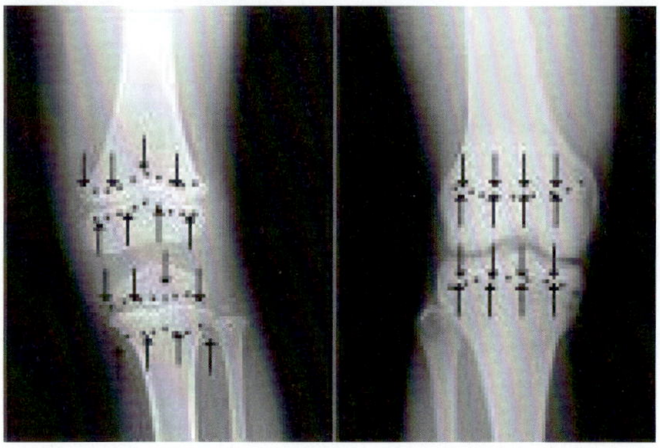

열린 성장판 닫힌 성장판

그림 9-4 열린 성장판과 닫힌 성장판의 비교

4) 치아

유치는 2~3세경에 거의 다 나와서 대부분의 음식물을 먹을 수 있게 되고 5~6세경이 되면 유치가 영구치로 대치된다. 영구치가 나오게 되면 치아 건강에 더욱 신경을 써야한다. 특히 손을 빠는 유아의 경우 치열이 고르지 않고 충치 등 치아 건강에 나쁜 영향을 끼칠 수 있다. 이 시기에는 가정과 교육기관에서의 유아 치아건강관리에 대한 교육이 중요하다.

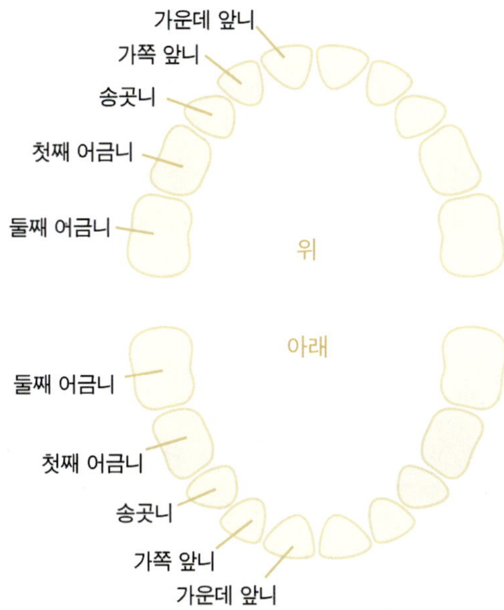

그림 9-5 유아의 치아

2. 운동발달

유아기 운동발달은 신체적 안정성을 발달시키는 시기이다. 안정성이란, 신체의 각 부분을 효율적으로 움직일 수 있고 바른 자세를 형성할 수 있으며, 균형을 유지할 수 있는 능력을 의미한다. 또한 유아는 공간적으로 다양하게 몸을 이동시킬 수 있는 이동능력을 발달시키며, 주변에 있는 여러 가지 사물을 접하면서 각각의 특성에 따라 다양한 조절 방법을 배움으로써 조작적 능력을 발달시키는 시기이다.

근육발달은 출생 후부터 3~4세 동안 계속적으로 증가한다. 5~6세가 되면 근육을 구성하는 근섬유의 굵기가 증가하고 근력도 강해짐에 따라 체중의 약 75%를 차지한다. 근육도 골격과 마찬가지로 신체의 부위나 개인에 따라 차이를 나타내는데, 여기서는 대근육과 소근육 운동 측면에서 살펴보겠다.

1) 대근육 운동

영아기에는 체중의 중심이 위쪽에 있어서 균형을 잡기가 어려웠으나 유아기에는 영아기에 비해 몸이 더 날씬해지고 체중의 중심이 배꼽 아래로 내려가면서 신체의 균형이 크게 좋아지고 대근육 운동 측면이 발전한다.

(1) 걷기와 달리기

그림 9-6 ✣ 3세 유아가 달리는 모습

유아기에는 활동 범위가 넓어지면서 걸어 다니기보다는 달리거나 뛰어다니는 경우가 많다. 그러나 유아는 달리기 모습과 자세가 균형 잡혀 있지 않아서 어깨가 높이 올라가 있고 팔을 넓게 흔들며, 발을 충분히 들어 올리지 못하여 자주 넘어진다.

[그림 9-6] 과 같이 2~3세는 몸을 세우고 달리며, 방향을 바꾸거나 갑자기 멈추는 것이 어렵다. 4~5세는 빨리 잘 달리고 방향도 바꿀 수 있다. 5~6세경에는 성인처럼 발을 적당히 들어 올리면서 팔도 잘 흔들고 속도를 내서 달릴 수 있다.

(2) 도약

3세에는 멀리뛰기를 할 때 팔을 뒤로 흔들기 때문에 착지(着地)할 때 뒤로 넘어지나 5세경에는 팔을 앞으로 흔들어 앞으로 떨어진다. 5~6세 정도가 되면 한 발로도 도약할 수 있는 데, 이 도약 운동은 전신의 협응성과 치밀성을 길러주고 모험심을 갖게 도와준다.

그림 9-7 유아기 대근육운동기술을 활용한 활동

표 9-2 유아기 대근육 운동기술

연령	대근육 운동기술
3세	• 더 리드미컬하게 걷는다. • 허둥대는 걸음이 달리는 것으로 변한다. • 깡충 뛰며 한 발로 뛰고 상체를 고정시킨 상태로 던지고 받는다. • 발로 타는 자전거를 민다.
4세	• 발을 교대로 사용하여 계단 위로 올라가고 한 발씩 계단을 내려간다. • 상체를 구부려서 깡충 뛰고 한 발로 뛴다. • 상체를 사용하여 공을 던지고 잡는다. • 세발자전거의 페달을 밟고 조정한다.
5세	• 발을 교대로 하면서 계단을 내려가고 더 유연하게 달린다. • 한 발로 달리거나 깡충 뛴다. • 신체회전이 향상되고 발에 체중을 옮겨서 공을 던진다. • 한 손으로 공을 잡는다.

2) 소근육 운동

유아의 연령이 증가하고 성숙해짐에 따라 소근육 운동기술도 정교해지고 좀 더 복잡한 소근육, 운동기술을 필요로 하는 과제도 능숙해진다. 사물을 손으로만 탐색하던 방식에서 벗어나 도구를 활용하는 운동기술의 발달은 옷을 입고, 벗고, 닦기 등의 자조기술을 발달하는 것에 영향을 미치게 된다.

3세 유아들은 아직 물건을 움직이고 다룰 때 영아기 때 능력이 남아있다. 때때로 엄지와 검지를 사용하여 작은 물건을 잡을 수 있는 능력이 있어도 아직은 미숙하여 블록을 높이 쌓지만 똑바로 세우지는 못하고 엉성하게 쌓는다. 퍼즐을 가지고 놀 때도 퍼즐 조각을 놓아야 하는 자리를 알기는 하지만 잘 끼워 넣지 못해 안간힘을 쓰거나 억지로 넣으려고 한다.

4세 유아들의 소근육협응은 놀라울 정도로 향상되고 훨씬 정확해지지만 마음대로 되지 않는 블록 쌓기에 속상해하기도 한다.

5세 소근육협응은 훨씬 향상되어 손, 팔, 몸 모두가 눈에 명령에 의하여 움직인다. 글자를 쓰는 것과 그림 그리기는 소근육 운동능력으로 점차 발달해 나아간다. 켈로그(Kellog, 1979)는 〈표 9-3〉과 같이 유아의 그리기 과정을 4단계로 발달 특성을 구분하여 제시하였다.

표 9-3 유아의 그리기 과정

단계	특성
제1단계 기본형태단계	뚜렷한 형태가 없는 점이나 선 그리기는 2세경에 나타난다. 초기에는 긁적거리며 직선을 반복하여 그리다가 곡선과 나선형으로 변하여 원 모양으로 발달한다.
제2단계 도형단계	원, 삼각형, 사각형 등의 단순한 형태 그리기는 3세경에 나타난다.
제3단계 디자인단계	기본적인 형태를 조합한 무늬를 그린다. 원 속에 ×를 그려 넣거나 큰 원 안에 작은 원을 그려 넣는데 주로 4세경에 나타난다.
제4단계 초기도식단계	실제 사물을 그리기 시작하는 단계로 5세경에 나타난다. 이 시기에는 간단한 원이나 네모에서 실제의 사물, 얼굴이나 집으로 변형시키기 시작한다. 또한 동물, 자동차, 나무 등을 그리려고 시도하는 데 이러한 그림은 유아의 근육운동능력이 성숙하면서 더 원숙해진다.

그림 9-8 소근육 운동기술을 활용한 활동

표 9-4 유아기 소근육 운동능력 발달

연령	소근육 운동능력 발달
2~3세	• 원과 비슷한 모양의 그림을 그릴 수 있다. • 가위를 사용하여 자를 수 있다. • 8개 정도의 블록을 가지고 탑을 쌓을 수 있다. • 인형 옷을 벗기고 입힐 수 있으며, 주전자의 물을 따를 수 있다.
3~4세	• 10개 이상의 구슬을 실에 뀔 수 있다. • 가위로 선을 따라 자를 수 있다. • 양쪽 손을 다 사용할 수 있다. • 세모, 네모, 원 모양 등을 보고 베낄 수 있다.
5~6세	• 종이를 반으로, 또 반의반으로 접을 수 있다. • 직사각, 정사각, 원 삼각형의 모양을 그릴 수 있다. • 신발 끈을 꿰고 묶을 수 있다. • 두 개의 짧은 단어를 따라 글씨를 쓸 수 있다. • 오른손 혹은 왼손 중 한쪽 손의 사용이 우세해진다.

출처: 김미영(2014).

3. 뇌 발달

뇌는 유아기에 놀라운 속도로 성장을 하는 데 신경섬유의 성장이 폭발적으로 일어나서 출생 초기 시냅스의 수보다 20배로 늘어나 1천조 개 이상이 된다.

[그림 9-9]는 뇌의 언어영역의 시냅스 발달이 이루어지는 모습을 보여주고 있다. 어휘가 폭발적으로 증가하는 16개월에서 24개월 사이에 시냅스 연결도 폭발적으로 증가한 것을 확인할 수 있다. 주변 환경으로부터 자극을 받은 뉴런은 시냅스를 지속적으로 생산하여 더욱 정교화 하여 더 복잡한 능력을 발휘하는 데 사용된다.

뇌의 기본 전달체계인 뉴런과 시냅스의 대부분은 대뇌피질에 있다. 대뇌피질은 인간 뇌의 최대구조로써 뇌 무게의 85%를 차지하며 뇌 구조 중에 가장 늦게 성장이 멈추기 때문에 뇌의 다른 부분보다 더 오랫동안 환경의 영향에 민감하다(Berk, 2006). 대뇌피질은 특수한 기능을 수행하는 몇 개의 다른 영역들로 구분된다. 전두엽은 사고 및 기억 운동 기능을 관장하고, 두정엽은 신체적 감각, 공간, 추상 능력을 관장한다. 또한 측두엽은 감정, 행동 및 언어와 청각적 기능을 담당하고, 후두엽은 시각적 정보를 관장한다. 이 중 가장 늦게까지 발달하는 전두엽은 영아기부터 성인기까지 계속 발달한다(조성연 외, 2005).

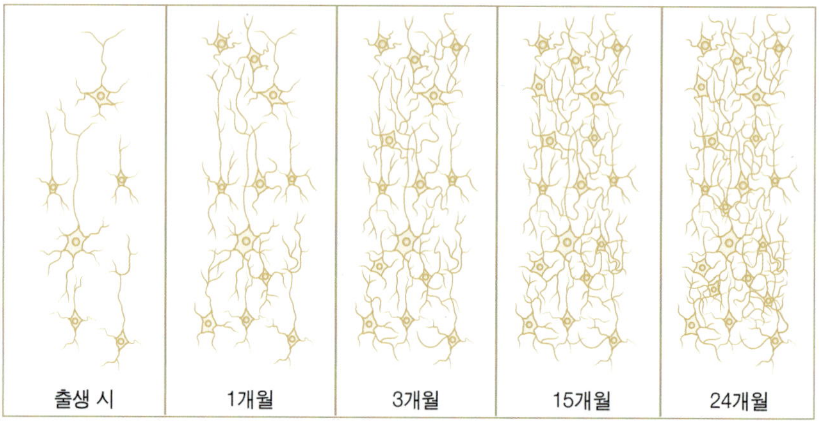

그림 9-9 출생~24개월 사이의 시냅스 연결망의 발달

우리의 뇌는 두 개의 반구로 나뉘어 있다. 보통 좌뇌는 영유아기에 활동적이다가 점차 활동 수준이 떨어진다. 그런 반면 우뇌는 영유아기를 비롯해 아동 중기까지 꾸준히 증가한다. 2세 미만의 경우 75~80% 정도가 오른손을 사용하였으나 초등학생이 되면 90% 이상이 오른손을 사용한다(현온강 외, 2011). 이러한 경향은 오른손잡이 또는 왼손잡이가 유전적인 것인지 환경적인 것인지에 대한 학자들의 이견이 분분하다. 물건들이 오른손잡이 위주로 제작이 되었으며, 한글을 쓸 때에도 왼쪽에서 오른쪽으로 써서 내려가기 때문에 오른손잡이가 편리하고 유리하다. 따라서 부모들은 왼손 사용보다는 오른손 사용을 권장하고 있다. 이때 자녀의 왼손잡이를 교정하고자 할 때 강압적으로 지도하면 부적응 현상이 나타날 수 있으므로 양손을 다 사용할 수 있도록 허용하는 것이 한 가지 방법일 것이다.

연령	뇌 발달의 특징
0~3세	고도의 정신활동을 담당하는 전두엽, 측두엽, 두정엽이 골고루 발달한다.
3~6세	전두엽(종합적 사고 능력 등을 조절)이 보다 빠르게 발달한다.
6~12세	측두엽(언어, 청각기능), 두정엽(수학, 물리적 사고)이 빠르게 발달한다.
12세 이후	후두엽(시각기능, 논리적 사고)이 빠르게 발달한다.

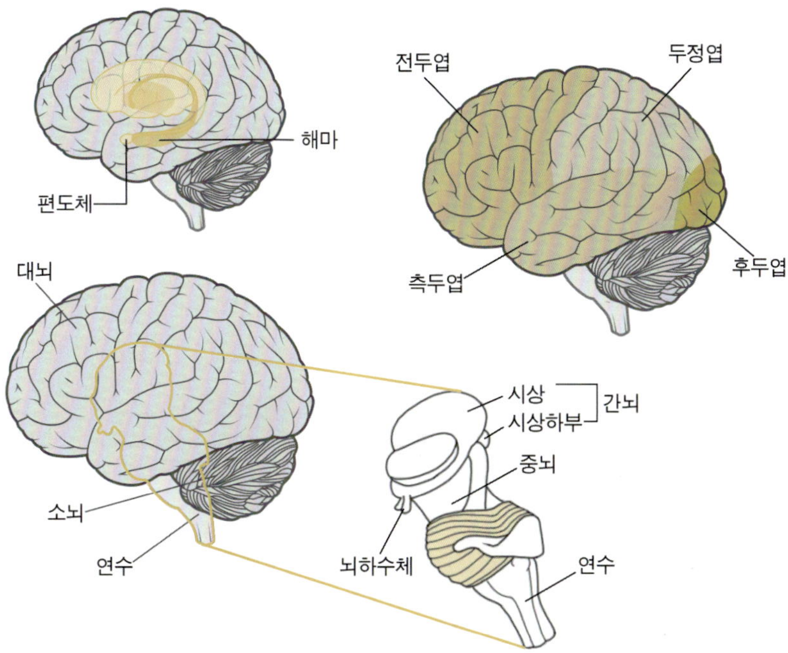

그림 9-10 연령별 뇌 발달의 특징

출처: 조성희(2017).

뇌 연구에서 주목할 만한 것은 뇌의 구조와 화학반응이 경험에 의해 바뀔 수 있다는 것으로 초기 경험이 뇌의 구조에 영향을 미친다는 것이다(Kolb, 2000). 즉 약물처럼 경험이 뇌의 화학작용을 긍정적 또는 부정적으로 변경시킴으로써 뇌 기능에 영향을 미칠 수 있다는 사례는 간단한 실험방법을 활용하여 살펴볼 수 있다(Kolb, 2000). 이 실험에서는 보통 실험용 쥐의 열악한 환경과 이와 비교할 수 있는 환경을 마련하여 쥐의 뇌신경 세포를 비교하는 것이다. 비교환경은 쥐의 활동을 자극할 수 있는 장난감, 사다리, 터널 및 그 밖의 물건들이 많은 풍족한 환경을 마련하여 쥐를 키웠다.

이 두 환경에서 자란 쥐의 대뇌피질 뉴런의 수상돌기 수는 의미 있는 차이가 나타났다. 풍족한 환경에서 자란 쥐의 수상돌기는 일주일 안에 현저하게 증가하였다. 이러한 뉴런의 구조가 신속하게 발생하고 영구적으로 유지된다는 점에서 두뇌 발달을 위한 경험의 중요성이 강조된다고 할 것이다(김상림 외, 2017).

레빗(Levit, 2005)은 뇌의 가소성을 주목하면서 유아기에는 뇌 발달에 긍정적인 영향을 미칠 기회를 제공하기 때문에 더욱 중요한 시기, 즉 뇌 발달의 민감기라고 보았다.

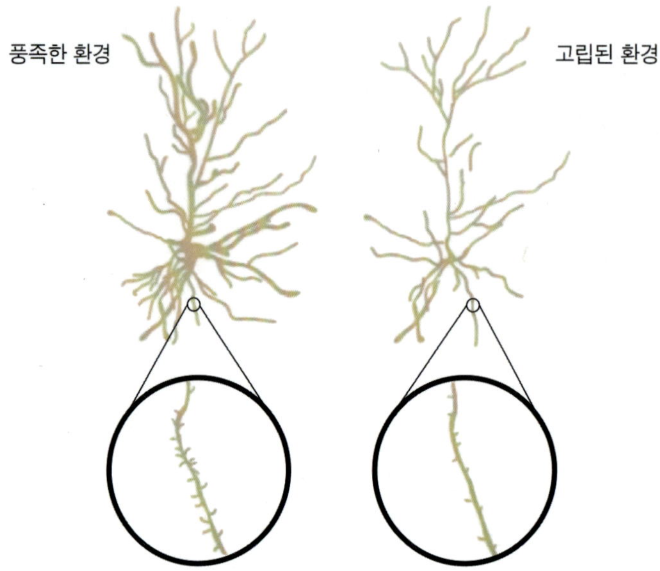

그림 9-11 풍족한 환경과 고립된 환경에서 자란 쥐의 뉴런 구조와 확대한 수상돌기의 모습

연습문제

- 유아기 신체 성장의 특징을 설명하시오.
- 유아기의 대근육 운동능력 발달과 소근육 운동능력 발달의 특징을 설명하시오.
- 유아기의 뇌발달에서 대뇌피질의 특수한 기능을 영역별로 구분하여 설명하시오.

CHAPTER 10

유아기 인지 · 언어발달

유아기는 생각, 기억, 정보처리능력, 지능, 창의성 등의 모든 인지적 사고 활동에서 상승적인 변화를 보이는 시기이며, 유아들은 이런 변화를 바탕으로 성공적으로 인지 과제를 수행해 낸다. 또한, 유아기에는 급격한 어휘력 증가로 4~5단어로 이루어진 문장을 사용할 줄 알고 접속사나 절을 포함한 복문 등 복잡한 수준의 문장을 구사할 줄 알게 된다. 그러나 아직 추상적인 사고기능에는 한계가 있어 성인의 민감한 격려와 지원이 필요하다.

제10장에서는 유아기의 인지발달 특성, 정보처리능력, 기억발달, 지능 이론, 창의성 발달과 언어발달을 탐색하여 유아기에 보이는 인지 및 언어발달의 역동적 변화과정을 자세히 살펴볼 것이다.

학습목표

1. 유아기의 인지발달 중 전조작기 특징을 이해한다.
2. 인간의 인지작용을 컴퓨터의 작동방식인 정보처리 이론으로 이해한다.
3. 기억을 저장하는 책략과 기억을 인출하는 책략을 이해한다.
4. 유아기 지능 이론 및 지능측정 방법을 이해한다.
5. 유아기 창의성 발달을 지원하기 위한 양육자의 역할을 이해한다.
6. 유아기 언어 발달단계와 단계별 주요 특성을 이해한다.

주요용어

자기중심적 사고, 상징적 사고, 물활론적 사고, 직관적 사고, 뇌 기반 교육, 다중지능이론, 지능검사, 창의성, 창의성 검사, 행동주의 관점, 생득주의 관점, 상호작용주의 관점, 촘스키, 언어습득 기제, 음성언어, 문자언어, 혼잣말, 의사소통능력, 창안적 글자, 표준적 글자

10 유아기 인지·언어발달

1. 인지발달 특성

유아기는 피아제(Piaget)의 인지발달단계 중 전조작기에 해당한다. 이 시기에는 정신적 표상에 의한 사고가 가능하지만, 아직 개념적인 조작 능력이 제대로 발달하지 못했기 때문에 전조작기라고 부른다. 전조작기의 사고는 경직되어 있고 한 번에 한 가지 측면에만 관심이 제한되며, 사물을 외관만으로 판단하는 경향이 있다.

1) 상징적 사고

유아기의 사고는 유아 자신의 행동이나 감각에 의존하지 않고 상징적 사고가 가능해진다. 즉, 상징적 사고란 유아가 의미를 부여한 단어나 숫자 이미지 등 정신적 표현을 사용하는 능력을 말한다. 사물에 대한 상징을 이해하면서부터 유아는 실제로 존재하지 않아도 사물을 기억하고 생각할 수 있게 된다.

대표적인 상징의 예는 언어이며, 상징적 사고를 할 수 있게 되면서 상징놀이가 가능해진다. 상징놀이는 사람이나 상황을 믿도록 만드는 것인데, 유아가 인형과 같은 사물을 사람으로 상징화하는 것이다. 이러한 상징적 사고를 통해 유아는 문제해결 시 시행착오를 줄이고 보다 효율적으로 문제를 해결할 수 있게 된다.

2) 자기중심적 사고

자기중심적 사고는 다른 사람의 관점을 고려하지 못하는 데서 기인한다. 이는 유아가 이기적이거나 일부러 다른 사람의 입장을 배려하지 않는 것이 아니라 단지 다른 사람의 관점을 이해하지 못하는 것을 의미한다.

피아제는 전조작기에 해당하는 유아를 대상으로 세 산 실험을 했는데, 이 시기 유아는 자기중심적 사고를 하기 때문에 자신의 맞은편에 앉은 유아가 본 산의 모습을 자신이 본 산의 모습으로 설명한다.

피아제는 유아들이 세상에 대해 처음으로 정신적 표상을 하게 되었을 때 자신의 관점으로만 집중하는 경향이 있다고 믿었다. 그래서 다른 사람도 자신과 같은 방식으로 생각하고 느낀다고 가정한다. 예를 들면 유아들은 자기가 가지고 싶은 물건은 다른 사람도 갖고 싶을 것이라고 생각하여 엄마 생일선물로 인형이나 로봇을 고르는 것이 자기중심성 사고에서 비롯되었다고 볼 수 있다.

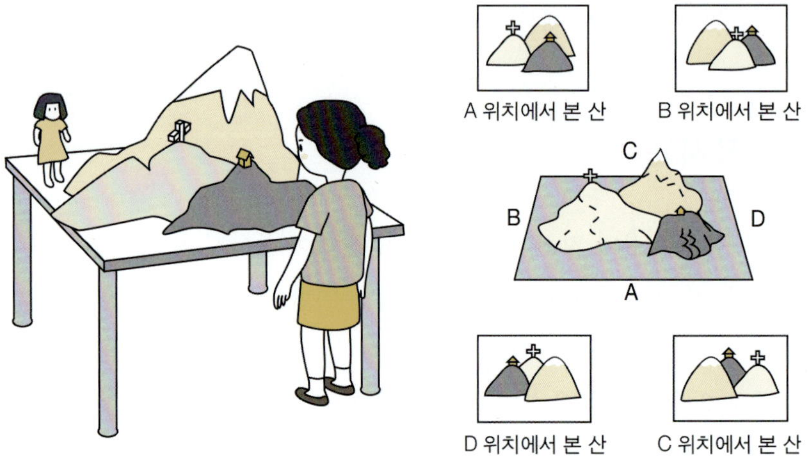

그림 10-1 피아제의 '세 개의 산' 실험

출처: 홍길회 외(2019).

3) 물활론적 사고

그림 10-2 물활론적 사고를 통한 놀이 모습

물활론적 사고는 생명이 없는 무생물을 살아있는 생명체처럼 생명과 감정을 부여하는 것이다. 예를 들면 소꿉놀이 시 곰돌이 인형에게 물을 따라주며 "목마르지 물 마셔"라고 말할 때, 하늘에 있는 구름이 두둥실 떠다니면 햇님을 가리자 "화가 난 햇님이 구름을 쫓아 버리려고 한다."라고 말할 때 등은 물활론적 사고를 보여주는 것이다. 피아제는 유아의 사고는 성인의 사고와는 질적으로 다르다고 강조하면서 물활론적 사고는 전조작기 유아의 전형적인 사고 특성이라고 하였다.

4) 직관적 사고

직관적 사고는 어떤 사물을 볼 때 그 사물의 두드러진 속성을 바탕으로 사고하는 것이다.

직관적 시기에는 유아가 물체를 구분할 때에는 지각적 특성을 기초로 하여 분류하는데 처리 방식이 직관에 의해 좌우되기 쉽다.

(1) 보존개념의 결여

보존개념(conservation)이란 대상의 외양(外樣)이 변했다 하더라도 어떤 물리적 특성은 그대로 남아있다는 것을 말한다. 피아제에 의하면 전조작기의 유아는 보존개념이 없다고 한다. 예를 들면, 유아에게 똑같은 양의 물이 담긴 두 개의 컵을 보여준 후 높이와 너비가 다른 컵으로 옮겨 붓고 난 뒤, 어느 컵의 물이 많은지를 물어보면 물의 양이 달라졌다고 말한다.

전조작기 유아들이 보존개념이 없는 것은 한 상황의 한 가지 측면만 보고 다른 중요한 특성은 무시해 버리는 중심화 특성 때문이다. 액체보존 실험에서 유아는 물의 높이에만 관심을 두고 높이의 변화가 너비의 변화에 의해 보상된다는 점을 생각하지 못한다. 또한 어떤 문제에 일련의 단계를 따라가고 그다음에 머릿속에서 원래 시작점을 향해 역방향으로 되돌아가는 가역성(reversibility)의 능력이 없기 때문이다.

액체보존 실험의 경우 전조작기 유아는 물을 본래 있던 컵으로 다시 붓는 것을 생각하지 못하기 때문에 물의 양이 똑같다는 것을 알지 못한다.

보존과제	초기제시	변형
수	두 줄의 동전을 동일한 간격으로 배열한 후 동전 수가 같은지 물어본다. 	동전 한 줄의 간격을 다르게 하고 동전 수가 같은지 물어본다. 
길이	두 막대기를 나란히 하고 길이가 같은지 물어본다. 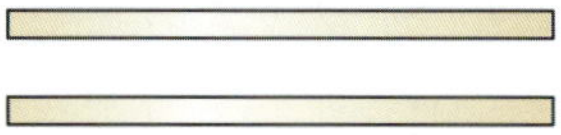	막대기 한 개를 옆으로 옮겨 놓고 두 막대기의 길이가 같은지 물어본다. 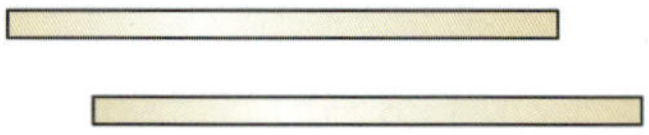
질량	두 개의 찰흙 양이 같은지 물어본다. 	찰흙 한 개의 모양을 바꾸고 각각의 찰흙의 양이 같은지 물어본다. 
액체	동일한 컵에 동일한 양의 물을 부어 두 컵의 물의 양이 같은지 물어본다. 	한 개의 컵을 길쭉한 컵으로 바꾸고 물을 옮겨 부은 후 두 컵의 물의 양이 같은지 물어본다. 
무게	동일한 모양의 공을 저울에 올려놓은 후 찰흙의 무게가 같은지 물어본다. 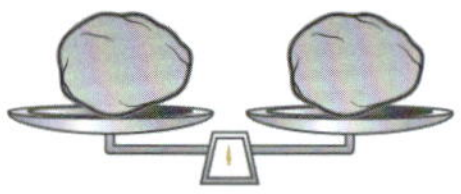	찰흙 한 개의 모양을 변형시킨 후 두 개 찰흙의 무게가 같은지 물어본다(저울에 올려놓기 전에 물어본다). 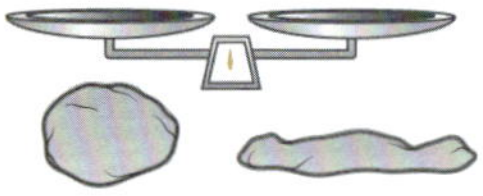

출처: Berk(2006).

그림 10-3 보존 과제 실험

(2) 분류능력의 부족

전조작기 유아들은 논리적인 조작 능력이 부족하기 때문에 대상을 유사성과 차이점에 근거하여 유목과 하위유목으로 분류하는 위계적 분류를 어려워한다. 피아제의 유명한 분류 유목화 과제 [그림 10-4]에서 유아들에게 주황 꽃 4송이와 흰 꽃 12송이를 보여준 후에 흰 꽃과 주황 꽃 중에서 어느 것이 더 많은지 물어보면 전조작기 유아들은 흰 꽃이 더 많다고 한다. 이들은 흰 꽃과 주황 꽃 모두가 '꽃'의 유목에 포함되는 것을 깨닫지 못한다. 즉 전체(꽃)에서 부분(흰색과 주황)으로 다시 이를 부분에서 전체로 전환하는 가역적인 사고를 할 수 없다.

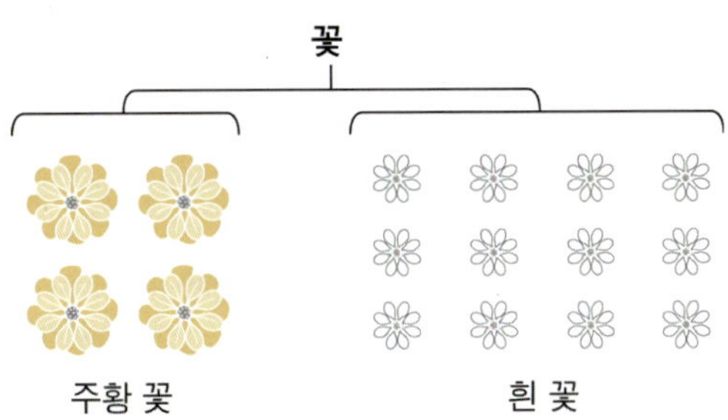

그림 10-4 분류능력

출처: Berk(2006).

2. 정보처리 능력 발달

인지변화의 메커니즘을 규명하기 위해 인간의 사고과정을 컴퓨터의 작동방식에 비유하는 형태로 1960년대부터 시작되었다.

유아의 정보처리 능력은 영아기보다 더 발달한다. 이는 유아기에 기억용량이 증가하며, 정보를 체계적으로 인출할 수 있는 기억전략이 발달하고, 기억과 기억과정에 대한 지식인 상위 기억이 발달하며 연령증가에 따라 지식기반이 확대되기 때문이다. 정보처리 이론은 인간의 인지작용을 정신 하드웨어와 정신 소프트웨어의 작동으로 이루어진다고 보는 견해이다.

정보처리 이론은 일상적인 생활 속에서 사람들이 어떠한 자극에 주의를 집중하고 기억하고 이해하고 문제를 해결하는가에 대해 연구하여 인간의 정신을 분석한다. 정보처리 접근에 의하면 유아는 정보를 처리하는 용량이 점차 증가하는데 이것은 유아가 더 복잡한 지식과 기술을 획득하도록 해준다.

1) 정보처리의 일반모형

정보처리 이론가들은 정신을 컴퓨터처럼 처리하는 복잡한 상징-조작 체계로 보는 관점을 가지고 있다. 환경에 대한 정보는 부호화(encoding), 저장(storage), 인출(retrieval)의 세 가지 기본적인 과정을 거쳐 처리한다.

부호화는 정보를 나중에 필요할 때에 잘 기억해낼 수 있는 형태로 기록하는 과정이다. 부호화과정에서는 여러 가지 자극을 우리가 기억할 수 있도록 시각, 청각, 촉각 등의 방법으로 부호화하게 된다.

정보를 부호화한 뒤에는 그 정보를 보유하고 저장해야 한다. 저장은 정보를 기억 속에 쌓아두는 과정으로 감각기억, 단기기억, 장기기억으로 구분된다. 감각기억(sensory memory)이란 2초 정도의 짧은 순간에만 저장되는 것으로, 분석되지 않은 원래 상태의 정보가 저장되는 곳이다. 감각기억에 담긴 정보는 단기기억이나 장기기억으로 바뀌지 않으면 곧 사라지고 마는데, 유아는 메아리와 같은 짧은 시간 동안 소리에 대한 감각기억을 가지고 있다. 그러나 시각적 이미지에 대한 유아의 감각기억은 약 1/4~1초 동안 유지된다.

단기기억(short-term memory)이란 제한된 용량의 기억체계로 정보가 책략을 이용하지 않는 한 30초 정도만 정보를 보유한다. 감각기억과 비교해 볼 때 단기기억은 용량이 제한되어 있지만 비교적 길게 정보를 저장할 수 있다. 일반적으로 학교에서 단기기억 폭이 큰 아동들은 같은 연령의 기억폭이 작은 아동들보다 학습수행이 뛰어나다(Siegler, 1998). 장기기억(long-term memory)은 컴퓨터의 프로그램과 데이터를 반영구적으로 저장하는 하드디스크와 같다. 즉, 장기기억은 영구적으로 오랜 시간 많은 양의 정보를 가지고 있는 기억 형태이다. 장기기억에 저장된 정보는 접근이 어려울 수는 있어도 완전히 소실될 수가 없다는 것이 정보처리 이론가들의 견해이다.

인출은 저장된 정보를 필요할 때에 꺼내는 과정을 말한다. 기억된 정보를 얼마나 쉽사리 인출할 수 있는가는 기억재료들이 얼마나 체계적으로 잘 저장되어 있는가에 달렸다(곽금주 외, 2006).

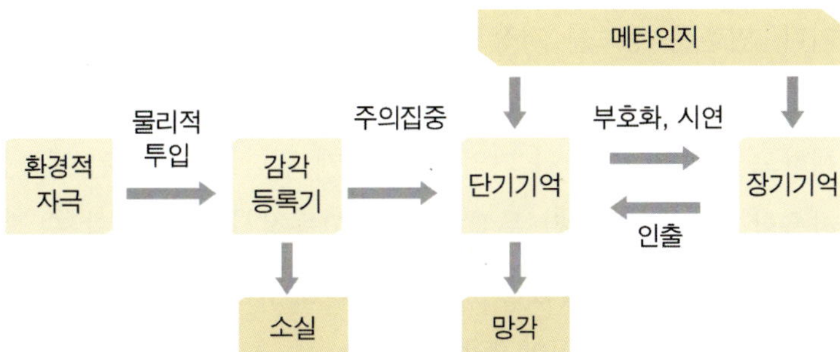

그림 10-5 정보처리 모델

쉬어가기

청바지를 사야 하는데 어느 브랜드로 살까?

3. 기억발달

기억은 오랜 시간 동안 정보를 보유하는 것이고 부호화, 저장, 인출을 포함한다. 부호화는 정보를 기억 속에 집어넣는 기제이고 저장은 오랜 시간 동안 정보를 보유하는 것이다. 인출은 정보를 저장고에서 꺼낼 때 일어난다.

유아는 정보처리 기술의 발달로 인해 더 효율적으로 학습할 수 있으며 복잡한 개념을 이해하고 경험을 더 많이 기억할 수 있게 된다. 또 기억된 정보를 적절히 인출하여 사용할 수 있음으로써 문제해결 등 고등정신 활동을 할 수 있게 된다.

유아기에 이루어지는 기억발달은 기억용량의 증가, 기억전략의 발달, 상위기억의 발달, 지식기반의 확대를 이야기할 수 있다.

기억의 기초능력 발달 전제는 신경학적 발달에 의한 기억이다. 다시 말하자면, 신경학적 발달이 정보처리 속도와 작업 기억 용량을 증가시키고 단기기억 용량의 증가가 학습 시 아동이 학습과는 관련이 없는 무관련 정보의 억제 능력과 간섭에 대한 저항능력을 증가시킨다고 보는 것이다. 또한 최경숙(2007)은 작업 기억 용량은 많은 정보에 주의를 기울일 수 있도록 하여 한순간에 많은 양의 정보를 머릿속에서 처리하도록 하기 때문에 주의용량이라고 설명하고 있다. 유아가 주의를 기울여 숫자, 단어, 단어의 철자 등 제시되는 학습 정보의 자료 유형에 관계없이 작업 기억 용량의 명확한 기억폭 발달적 변화는 만 1세에서부터 약 2~3개 회상인출량을 보이며 이는 연령이 증가할수록 회상인출량의 개수 또한 증가하는 양상을 보인다. 이러한 기억폭의 발달적 변화는 작업 기억 용량의 발달로 간주해 왔으며 4~15세 사이 작업 기억의 폭은 2~3배 정도 증가하고, 8세에는 완만하게 증가하는 것으로 보고되고 있다. 예를 들어 신생아라 할지라도 동일한 사물을 계속해서 반복 제시하면 습관화 현상을 나타낸다. 습관화란 아기가 친숙해진 자극에 대해서 이전에 보이던 반응을 더 이상 나타내지 않는 것을 말하는데, 더 이상 나타내지 않는다는 것은 그 자극이 이전에 경험했던 것임을 유아가 기억하고 있다는 것을 보여주는 것이다. 이와 같이 인간은 생의 초기부터 기억할 수 있는 능력을 갖고 있으며 이러한 능력은 유아기 동안에도 계속 발달한다. 특히 사람의 학습은 과거의 경험에 대한 기억에서부터 기인된다. 다시 말하면, 과거의 경험에 대한 기억은 학습이 일어날 수 있도록 하며, 학습이 일어나면 사람의 사고 또한 가능해진다. 우리는 여러 자극들 또는 어렸을 때부터 학습된 행동들을 기억하여 일상생활 안에서 끊임없이 인식하고 동작하는데, 이러한 행동적인 학습의 인식을 위해서는 기억의 사용이 필요하다. 실제로 우리는 무엇인가를 잊어버리지 않고 기억하는 경험을 하며 살아가고 있다.

1) 기억용량의 증가

기억용량이 증가한다는 것은 정보를 저장할 수 있는 공간이 증가하는 것을 의미한다. 기억공간에는 감각기억, 단기기억, 장기기억이 있으며 일시적인 기억 저장소인 감각기억과 장기간 정보를 보유할 수 있는 장기기억은 연령에 따른 변화가 거의 없는 것으로 보이기 때문에 기억용량의 증가는 단기기억용량의 증가를 의미한다(Bjorklund, 1995).

단기기억의 용량은 연령에 따라 증가한다. 단기기억의 용량은 기억폭 과제로 측정한다. 기억폭은 서로 관련이 없는 항목들을 빨리 제시하여 몇 개까지 정확한 순서대로 기억할 수 있는지를 말한다. [그림 10-6]은 영아기부터 성인기까지 기억폭을 제시해 주는데 5세 유아의 기억폭이 4~5개, 9세 아동은 6개, 성인기는 7~8개로 증가한다.

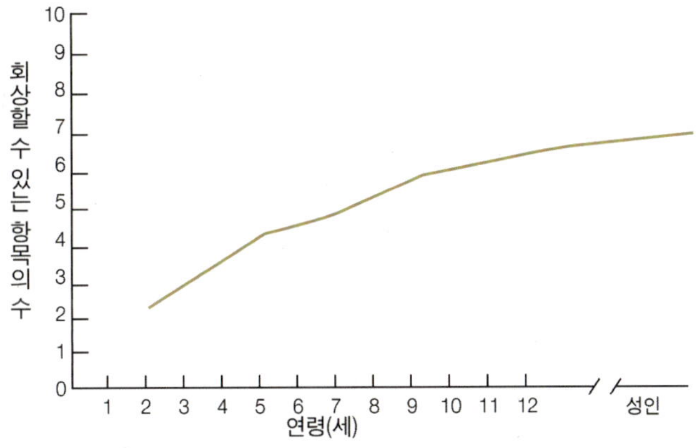

그림 10-6 기억폭의 발달적 변화

출처: 정옥분(2005).

연령에 따른 기억의 폭이 증가하는 것은 기존에 알았던 지식들이 연결되면서 정보를 처리하는 속도가 빨라지고 점점 효율적으로 되기 때문에 조작 공간을 덜 필요로 하고 저장 공간이 점점 증가된다고 한다(Case, 1985). 어렸을 때는 많은 시간과 노력을 필요로 했던 정보처리 기술이 나이가 들면서 자동화되어 시간과 노력을 적게 들이고도 쉽게 답을 얻을 수 있게 된다(정옥분, 2005).

2) 기억전략의 증가

기억전략은 기억을 보다 효율적으로 하기 위해 의도적으로 하는 활동을 의미한다. 기억을 저장하는 책략은 주의집중, 암송, 조직화, 정교화가 있고, 기억을 인출할 때는 회상과 재인의 전략이 필요하다.

(1) 주의집중

어떤 정보를 기억하기 위해서는 먼저 그 정보에 주의를 기울여야 한다. 주의는 인간 사고의 기저라고 부르는데 이는 주의가 특정 과제에서 고려할 정보를 결정하기 때문이다.

영아들은 한 행동에서 다른 행동으로 주의가 쉽게 전환되고 어떤 한 대상이나 사건에 초점을 맞추고 긴 시간을 보내기가 어려운 반면 유아들은 30분 동안 TV를 보는 것이 가능하다. 주의집중 능력은 중추신경계의 성숙으로 유아기에서 아동기에 크게 증가하게 되는데 그 이유는 주의집중을 위해 필요한 전략을 효율적으로 사용하기 때문이다. 과제수행과 무관한 자극은 무시하고 관련된 자극에만 주의집중하는 선택적 주의를 하게 되고 상황에 따라 융통성 있게 주의집중을 하며 행동에 앞서 먼저 계획을 세우는 등의 주의전략을 사용한다(정옥분, 2003).

(2) 시연

새로운 정보를 유지하기 위해 간단하지만 가장 효과적으로 사용하는 책략이 시연(rehearsal)이다. 즉, 시연은 기억 속에 정보를 오래 머무르게 하기 위해 정보를 계속해서 의식적으로 반복하는 것이다. 시연으로 기억 속에 많은 정보를 저장할 수는 없지만 좀 더 오랫동안 정보를 유지시킬 수 있다. 시연으로 오랫동안 정보를 보유하지 못하는 이유는 시연이 어떤 의미 있는 것을 전달하기보다 기계적인 반복적 암기에 그치기 때문이다. 기억을 의미 있는 방식으로 구성할 때 더 잘 기억할 수 있다. 한 연구(Guttemtag et al., 1987)에 의하면 연령이 높은 유아가 연령이 낮은 유아에 비해 더 효과적으로 시연을 한다고 한다. 만약 한 번에 하나씩 제시되는 단어의 목록을 회상하라고 요구하면 5세 유아는 각 단어를 한 번씩 시연한다. 그러나 12세 아동의 경우 처음 제시된 항목들을 계속 반복하면서 새로운 단어를 추가하여 단어의 군집을 시연한다.

(3) 조직화

조직화란 기억하는 정보를 서로 관련이 있는 것끼리 묶어 범주나 집단으로 분류함으로써 기억의 효율성을 높이려는 전략이다. 예를 들면, 자동차, 기차, 포도, 오렌지 등을 기억하라고 할 때 자동차와 기차는 탈 것의 범주, 포도와 오렌지는 음식 범주로 분류한 다음 암송한다.

조직화는 상위 개념과 하위 개념에 대한 이해를 전제로 하기 때문에 시연보다 늦게 나타난다. 5세 정도의 유아들은 9세 아동들보다 조직화를 적게 사용한다. 한 연구(Moely et al., 1969)에 따르면 아동들에게 옷, 가구, 동물, 탈 것 등 네 범주의 사진을 보여준 후에 이 그림에 대해 공부하고 나중에 무엇이 있었는지 이름을 이야기해달라고 하면서 그림들을 잘 기억하기 위해 그림의 위치를 움직일 수 있다고 말해 주었다. 10세 아동들은 관련 있는 그림들끼리 조직하였으나 유아들은 그렇게 하지 못했다. 그러나 유아들도 간단한 훈련을 통해 조직화하는 책략을 사용할 수 있었고 그에 따라 기억이 향상되었다(곽금주 외, 2006).

(4) 정교화

아동기 말이 되면 기억전략인 정교화를 사용한다. 정교화는 서로 관계가 없는 정보 간에 관계를 설정해 주는 것이다. 예를 들어, 학습할 두 단어들이 물고기와 파이프라면 '물고기는 파이프에 앉아 있는다.'와 같은 언어적 진술이나 심상(정신적 상)을 만드는 것이다. 정교화는 고도의 효과적 기억기술로서 가장 늦게 발달한다.

정교화 전략을 사용하기 위해서는 그 항목들을 이미지로 번역하고 그들 사이의 관계를 생각할 수 있어야 한다.

유아들은 여러 종류의 지식을 풍부하게 가지고 있지 않기 때문에 정교화 전략을 사용하여 새로운 정보를 기존 지식과 연결하는 것이 어렵다(권민균 외, 2005). 따라서 유아기에 정교화 방법을 가르치는 것은 무의미한 것이다.

(5) 인출전략

인출전략은 저장되어 있는 정보 중에서 필요한 정보를 찾으려 할 때 사용하는 방법이다. 저장된 정보를 인출하는 데에도 적절한 전략이 필요한데 회상(recall)과 재인(recognition)을 통해 기억으로부터 정보를 인출할 수 있다.

재인은 어떤 자극이 이전에 경험했던 자극과 동일하거나 유사한 것임을 알게 되는 기억을 말하며 특정한 사물, 그 자체가 인출 단서로 존재하기 때문에 가장 단순한 인출방식이다. 반면 회상은 특별한 단서 없이 이전에 본 물건이나 사건을 기억해 내는 것을 의미한다. 재인은 몇 개의 사물을 보여 준 다음 감추고, 처음에 보여주지 않았던 사물들을 포함시켜서 보여주면서 이전에 보았던 물건들과 처음 보는 물건들이 어떤 것들인지 물어봄으로써 측정한다(최경숙, 2006). 회상은 재인보다 더 늦게 발달하는데, 이는 회상하기 위해서는 부재한 자극의 정신적 이미지를 생성할 수 있어야 하기 때문에 재인보다 더 이후에 발달한다.

쉬어가기

아내를 모자로 착각한 남자 - Oliver Sacks

❙ 두뇌와 의식에 대한 현대의학의 인식을 바꾼 사례
환자를 신경과 화학물질로 이루어진 존재로 보기보다는 주체를 가진 인간으로 접근하였다.

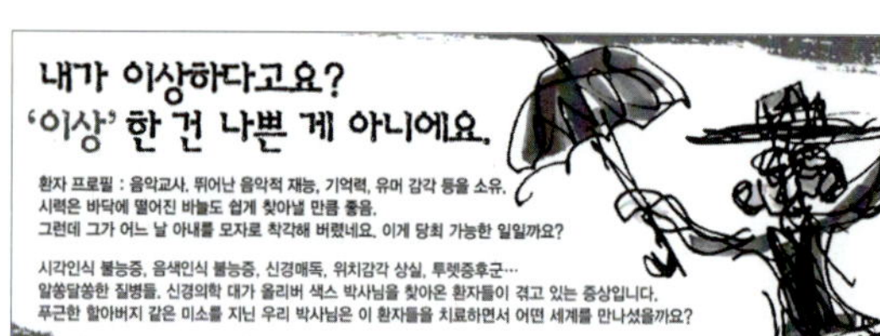

4. 지능 이론 및 검사

지능에 대한 합의된 정의는 없다. 지능은 단일 요소가 아닌 다양한 요소로 구성된 인지능력의 집합체라고 할 수 있으며(성현란, 2008), 일반적으로 웩슬러(Wechsler)가 분류한 언어성 지능과 동작성(비언어성) 지능으로 크게 분류된다(이슬아, 2015). 또한 블룸(Bloom, 1964)에 의하면 지능발달은 출생에서 4세까지 약 50%가 결정되고, 4세에서 8세까지 약 30%, 8세에서 17세까지 약 20%가 결정된다고 하였다. 이러한 연구결과는 지능발달에 있어서도 민감기(sensitive period)가 존재하며, 지능에 미치는 환경의 영향이 어릴 때일수록 크게 작용한다는 것을 시사한다(김태희, 2016).

최근의 뇌 연구에서는 뇌 가소성(brain plasticity)이라는 개념이 출현하면서 출생 후의 환경과 다양한 경험이 뇌 발달과 크기에 영향을 미친다고 주장하고 있다. 대뇌피질에서 일어나는 뇌의 가소성은 어느 한 과정에서만 일어나는 발달적 변화가 아니라 인간의 전 생애에 걸쳐 일어나는 현상이라는 것을 밝혀냈다. 이는 2000년 이후로 이루어진 지능발달에 관한 연구에서 유전과 환경의 절충적 입장이 주장되면서 더욱 강조되고 있다.

이제 본 절에서는 현재 교육계에서 크게 주목받고 있는 뇌 발달이론에 근거한 교육과 가드너의 다중지능이론에 대해 자세하게 살펴보고자 한다.

1) 뇌 발달이론에 근거한 교육

오늘날 교육 전문가들은 다양한 이론 중에서도 특히 뇌 발달이론에 근거하여 교육하기를 권하고 있다. 뇌의 구조적 발달은 태어나기 전에 거의 완성된다. 그러나 뇌의 기능적 발달은 환경의 영향, 경험의 여부 등에 의해 정해진다. 예를 들어, 스트레스를 경험한 신생아는 안정된 신생아에 비해 머리둘레가 작은 것으로 나타났으며(Lou et al., 1994, 신의진, 2011에서 재인용), 아동기에 학대받은 경험이 있던 어른들이 기억에 장애가 나타나는 현상이 있음을(Bremner et al., 1995, 신의진, 2011에서 재인용) 밝힌 연구들이 있다. 이는 곧 뇌신경계 가소성을 말하는 것으로, 뇌 발달은 유아가 처한 환경과 그 속에서 경험하는 것에 따라 크게 달라질 수 있다는 것을 의미한다. 이에 대해 뇌 발달 이론가 중 맥클린(MacLean, 1990)은 인간의 두뇌구조를 최대한 단순화하여 [그림 10-7]과 같이 제시하면서, 두뇌 각 부위의 기능과 민감기를 설명한 바 있다.

[그림 10-7]에서 대뇌피질은 감각과 반응의 명령 및 언어와 사고 등의 고등정신 작용을 담당하며, 변연계는 의지와 정서적 작용을, 소뇌는 몸의 운동조절 및 균형을 담당하고, 뇌간은 호흡, 체온조절, 혈당량, 수분 등을 담당한다. 이들 각 부위는 유아가 태어나서 발달해가는 과정에 민감기가 작용하여 발달적 특성을 나타낸다. 예를 들어, 영아기에는 소뇌 중심의 감각운동적 발달이 민감하게 이루어지며, 유아 전기에는 변연계 활동이 활발해지고, 유아 후기로 가면 대뇌피질 활동이 민감하게 이루어진다는 것이다.

이같이 두뇌의 각 부위는 기능과 발달적 민감기가 다르지만 발달의 결정적 시기를 의미하지는 않는다. 예를 들어, 만 1세에 좁은 공간에서 활발한 움직임을 경험하지 못했다고 해서 감각운동 능력이 완전히 퇴화하는 것은 아니며, 이후에 환경이 좋아진다면 회복할 수 있는 가소성이 있다고 본다. 또한 각 발달단계마다 특정 부위의 뇌만 기능하는 것이 아니라, 각 부위들이 서로 연계하여 통합된 행동을 하게 된다. 예를 들어, 만 2세 영아는 보육실에서 놀잇감을 가지고 놀이할 때, 우선 오감각을 통한 놀잇감 탐색을 시도하면서(소뇌 작동) 동시에 놀잇감의 특성을 인지하고(대뇌피질작동) 자유롭게 몰입하여 놀이한 과정에서 오는 만족감을 느낀다(변연계 작동).

이러한 두뇌발달이론에서 다음의 교육에 대한 시사점을 얻을 수 있다(이옥임, 2011). 첫째, 발달적 민감기 동안 적절하고 풍부한 환경과 경험을 제공해야 한다는 것이다. 태아기에는 풍부한 영양 공급과 태교를 통해, 0~2세에는 자유로운 탐색 기회 제공, 숙면할 수 있는 환경구성, 애정 어린 스킨십하기, 오감활용교육, 화목한 가정운영하기, 영아의 언어에 따뜻하고 적극적인 반응 보이기를 통해 적절하고 풍요로운 환경과 경험을 제공할 수 있다. 3~5세에는 충분하고 균형 잡힌 식단제공, 기본적 운동기술 습득 지원, 일관된 행동지도, 문장사용 돕기, 종합적인 사고 촉진을 통해 유아의 발달을 도울 수 있다. 둘째, 풍부한 환경의 효과로 계속하여 신경계가소성이 일어나므로 긍정적인 경험들로 뇌를 재조직화할 수 있다는 것이다. 연령이 증가하면서 두뇌의 가소성은 감소하지만 뇌의 재구성은 평생 진행되므로 긍정적인 경험들로 유아의 뇌를 재조직화하여 유아의 발달을 도울 수 있다.

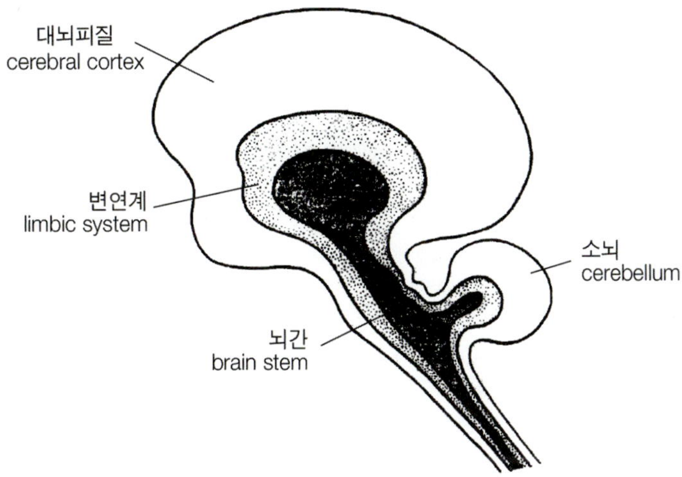

그림 10-7 인간의 두뇌구조(MacLean, 1990)

한편 젠센(Jensen, 2010)은 유아의 뇌 발달 수준에 맞은 교육을 이루기 위한 교육의 원리들들 다음과 같이 제시하였다(조형숙 외, 2015에서 재인용).

- 원리1 – 변화의 원리: 뇌는 고정적인 것이 아니라 역동적이다.
- 원리2 – 다양성의 원리: 모든 뇌는 독특하다.
- 원리3 – 발달적 민감성의 원리: 유아의 뇌는 취약하다.
- 원리4 – 상호작용의 원리: 유아는 '사회적 뇌'를 갖고 있다.
- 원리5 – 결합성의 원리: 뇌는 통합된 '기관'이다.
- 원리6 – 기억 유연성의 원리: 유아의 기억은 유연하다.

2) 다중지능이론

가드너(Gardner)는 다중지능이론(Theory of Multiple Intelligence, 1983)에서 〈표 10-1〉에서와 같이 인간의 지능을 언어적, 논리·수학적, 음악적, 공간적, 신체 운동적, 대인관계, 개인내적, 자연친화적 지능의 8가지 지능으로 나누고 인간은 서로 다른 지적 능력을 가지고 태어난다고 제안하였다.

표 10-1 가드너의 다중지능이론

지능	설명
언어적 지능	단어의 의미와 순서에 대한 민감성
논리 수학적 지능	추론의 연결고리를 다룰 수 있고 패턴과 체계를 인식할 수 있는 능력
음악적 지능	멜로디, 리듬, 음성, 음조에 대한 민감성
신체운동 지능	신체를 기술적으로 활용할 수 있고 사물을 능숙하게 다룰 수 있는 능력
공간 지능	공간을 정확하게 지각하고 그 공간의 특성을 재창조하거나 바꿀 수 있는 능력
대인관계 지능	사람과의 관계를 이해하는 능력
개인내적 지능	자신과 다른 사람을 이해하는 수단으로써 정서적 삶에 접근 (Goleman은 정서지능이라 부름)
자연친화적 지능	환경의 수많은 종들을 인식하고 분류할 수 있는 능력

출처: Albrecht & Miller(2001). p.208.

가드너의 이론은 유아가 단순히 하나나 두 개의 유형이 아닌 많은 유형의 지능을 가지고 태어난다는 생각을 뒷받침해주며, 유아의 학습을 돕는 수많은 방법이 존재한다고 믿게 하였다(Albrecht & Miller, 2001). 이 이론은 다양한 지능이 모두 태어날 때부터 존재한다고 주장한다. 각기 다른 지능의 지표는 유아 행동 관찰에서 쉽게 찾아볼 수 있다. 예를 들어, 어떤 유아들은 다른 사람들이 새로운 것을 시도하는 것을 지켜보기 좋아하며, 또 어떤 유아들은 경험 중간에 참여하기도 한다. 그리고 또 다른 유아들은 주변 탐색을 시작하기 전에 그들의 주변에서 일어나고 있는 것들을 주의 깊게 관찰한다. 이런 차이점은 개인의 독특한 지능 집합에서 나타나며, 우리 각각을 서로 다르게 만드는 것의 일부분이 된다.

특히 다중지능의 한 유형인, 개인 내적 지능은 유아기에 지원해야 할 중요한 지능으로 간주되고 있다. 이른바 정서 지능이라 불리는 그것에는 자기 인식, 정서 관리, 정서적 자기 통제, 다른 사람의 정서 인식, 그리고 관계 관리 등이 포함된다. 골먼(Goleman, 1998)은 유아와 그들의 양육자 사이에 이루어지는 모든 상호작용은 정서적인 메시지를 전달하며, 이런 메시지는 정서 지능에 영향을 미칠 수 있다고 생각한다. 만약 메시지가 긍정적이고 반응적이라면, 유아는 세상이 따뜻하고 친절한 곳이라는 것을 배우게 된다. 만약 유아가 무뚝뚝하고 무감각한 반응이나 또는 설상가상으로 일방적이거나 차가운 반응을 받게 된다면, 이런 정서적 접촉은 관계에 대한 유아의 관점 형성에 부정적인 영향을 미칠 것이다. 이런 경험은 유아의 이후 삶의 모든 영역에서 영향을 미칠 것이다.

가드너 이론의 또 다른 메시지는 모든 아동은 독특하다는 것이다. 이러한 생각은 개별 유아를 더 잘 이해할 수 있도록 돕고, 유아에게 환경에 맞추라고 요구하기보다는 환경이 개별 유아에게 적합하도록 변화되어야 함을 강조한다. 그리고 유아의 서로 다른 지적 능력은 동등하게 인정되어야 하며 개별 유아의 서로 다른 발달적 잠재력이 충분히 발현될 수 있도록 다양한 교육환경이 구성되어야 함을 강조한다. 더 나아가 다중지능 이론은 유아들을 다른 유아들과 비교하기보다는 개별 유아의 독특한 능력을 볼 수 있도록 도움을 준다.

3) 지능검사

지능검사에는 여러 종류가 있다. 유아기의 검사는 대부분 동작형 검사로 유아에게 직접 사물을 다루게 하여 측정하거나 혹은 유아의 운동능력을 검사한다. 5세 이후에 실시한 검사 결과는 그 이전 검사보다 일관성이 있으며 개별보다 집단으로 검사하는 경우에는 검사 결과의 타당성과 신뢰성이 재평가되어 있어 유아의 능력을 일반화하는 문제점을 고려해야 한다(김미영, 2011). 일반적으로 많이 활용되고 있는 발달선별검사 및 지능검사를 정리하여 소개하면 〈표 10-2〉와 같다.

표 10-2 영유아 대상 발달선별검사 및 지능검사

검사종류	검사명	대상	평가 영역
발달적 선별검사: 정상에서 이탈된 위험성이 높은 아동들을 판별하고 추가적인 진단평가를 추천하는 과정	덴버(Denver) 발달선별 검사	출생부터 6세	개인적 - 사회적 기능, 소근육 - 적응기능, 언어기능, 대근육 운동
	취학 전 아동발달 척도	만 3~6세	일반적인 발달, 증상, 행동들
	베일리(Bayley) 영아 발달 검사	1~42개월	영아의 대근육, 소근육 운동, 개인/사회적 능력, 언어능력, 인지/적응 능력
	게젤(Gesell) 발달 검사	만 2~10세	적응행동, 대/소근육, 언어, 개인 - 사회적 행동
	유아선별검사	만 2½~6½세	인지, 동작, 적응행동
	Milani-Comparetti 운동발달 선별 검사	신생아~ 생후 2년	
	McCarthy 선별검사	만 4~6½세	좌우인식, 언어기억, 도안 그리기, 수기억, 개념분류, 다리 통합
	밀러(Miller) 유아용 평가검사	만 2~5.8세	감각/동작능력, 인지능력
	유아/1학년용 선별검사	유아, 초등학교 1학년	운동, 청각, 시각의 14개 영역
지능검사: 학교에서의 학업적 수행을 예언하는 인지능력의 평가	한국 유아용 웩슬러 지능검사(K-WIPPI)	만 3~7세	지각 - 운동 소검사, 언어성 소검사, 전체 점수
	한국 웩슬러 아동용 지능검사(K-WISC-III)	만 6~16세 11개월	언어성, 동작성, 전체 IQ 검사
	카우프만 지능검사 (K-ABC)	만 2½~ 12 ½세	인지처리 능력과 습득도
	스탠퍼드 - 비네검사 (S-B IV)	만 2~23세	언어적 추리, 양적 추리, 추상적/시각적 추리, 단기 기억
	그림 지능 검사(PTI)	만 3~8세	어휘력, 수계산 능력, 지각적 조직 능력, 기억력, 추리력
	유아지능검사	만 4~7½세	언어의미, 지각속도, 양화 능력, 운동조절, 공간 능력 검사

검사종류	검사명	대상	평가 영역
학업 및 성취검사	개정판 피바디(Peabody) 개인용 학업성취도 검사 수준 I	유아와 1학년생 대상	이름 쓰기, 문자와 단어 따라 쓰기, 문자와 단어 받아쓰기
	한국판 종합학습능력진단검사 (유아용)	유아	지각능력, 주의집중능력, 기억능력, 언어능력, 수리능력, 추리능력, 사회성숙도, 정서성 - 정서 안정성, 학습 긴장도 지각된 양육태도
	한국판 기초학습능력 검사	유아~초등학교 6학년	정보처리, 셈하기, 읽기 I·II, 쓰기
	교육진단검사 (PEP)	만 1~12세	모방, 지각, 대/소근육 운동, 눈 - 손협응, 언어이해 능력과 언어표현능력

출처: 박찬옥 외(2013). pp.283-285에서 부분발췌.

5. 창의성 발달

창의·인성교육이 미래사회에서 가장 중요한 능력으로 중시되고 이를 위한 교육적 실천이 강조되고 있는 현시점에서 창의성 함양은 유아에게 요구되는 교육의 목표가 되었다. 과거에는 지능지수만을 성공의 척도로 삼아 높은 지능을 가진 영재아가 성인이 되어서도 특정 분야에서 탁월한 전문가가 될 것으로 기대했지만 실제로 결과는 그렇지 못했다. 현재에는 한 분야에서 탁월한 전문가가 된 사람들은 높은 지능지수보다는 창의적 능력을 갖추었다는 사실에 주목하게 되었다(문혁준 외, 2009).

유아기는 이러한 창의성을 발달시킬 수 있는 최적기이며, 특히 만 3~5세의 유아기는 사고와 언어를 관장하는 전두엽이 집중적으로 발달되는 특징이 있다. 따라서 이 시기에 유아는 다양한 사물이나 상황에 대하여 보고, 느끼고, 생각하는 경험을 통해 창의적 사고가 발달하게 된다. 이러한 점에서 유아기는 창의성 사고의 시작 시점이자 효율적인 적용 시기로 유아 단계에서의 창의성 발달을 지원하는 것이 필요하다(교육과학기술부, 2011).

이에 본 장에서는 창의성의 개념 및 구성요소를 알아보고 창의성 발달과정과 창의성 측정방법에 대하여 자세히 살펴보고자 한다.

1) 창의성의 개념 및 구성요소

창의성의 개념은 창의성을 연구하는 학자 수만큼이나 다양하나, 일반적인 기본 개념으로 '새로운 생각이나 산물을 만들어 내는 것'이라는 점에서 큰 이의가 없을 것이다(김은미, 1997). 그동안 창의성은 전문적이고 예술적인 사람들의 전유물이고, 창의성 계발이란 특정 분야의 탁월한 전문성을 양성해 내는 일로 여겨왔다. 그러나 최근 들어 인간은 누구나 창의적인 능력이 잠재되어 있고, 창의성 계발은 탁월한 특정인만이 가지고 있는 능력이 아닌 누구에게나 잠재되어 있는 보편적인 능력의 계발이라는 주장이 대두되기 시작했다(백영숙, 2006). 따라서 창의성은 평범한 것 이상의 놀랄만한 새로운 발명이나 생산적 사고와 착상 및 독창적인 사고 등을 포함하는 고차원적인 사고능력만을 의미하는 것이 아니라, 일상생활에서 당면하는 여러 사태나 문제를 새롭고 독특한 방식으로 해결해 나가는 자기표현의 과정을 의미한다고 할 수 있다(김은미, 1997).

한편, 길포드(Guilford, 1967)는 창의성을 확산적 사고의 요소를 포함하는 인지적 요소의 일부로 정의하고 있다. 수렴적 사고는 문제에 대한 하나의 정답을 생각을 낼 것을 요구하는 사고이며, 발산적 사고는 정답이 없는 문제에 대해 다양한 아이디어나 해결책을 생각해 내는 사고력으로, 아래의 '창의적 문제해결'하기 활동에 관련된 Tip자료가 이에 해당된다.

그리고 길포드는 창의성의 구성요소로 유창성(fluency), 융통성(flexibility), 독창성(originality), 정교성(elaboration)을 들고 있다. 유창성은 특정한 문제 상황에서 가능한 한 많은 양의 아이디어를 산출하는 것을 의미하며, 융통성은 고정적인 사고방식이나 시각 자체를 변환시켜서 다양한 해결책을 찾아내는 것을 의미한다. 독창성은 기존의 것에서 탈피하여 참신하고 독특한 아이디어를 산출하는 것을 의미하며 정교성은 다듬어지지 않은 기존의 아이디어를 보다 정교한 것으로 발전시키는 것을 의미한다. 이러한 창의성 구성요소를 바탕으로 유아의 창의적 사고를 평가하고 구체적으로 지원할 수 있을 것이다.

TIP 유아의 창의성 발달을 돕는 '창의적인 문제해결하기' 활동 소개

- 활동개요: 「또또와 사과나무」 동화책을 읽고, 내가 만약 또또라면 어떻게 나무 꼭대기에 달린 사과를 따서 먹을 수 있을지 그림으로 표상해보았다.
- 대상: 만 4세 유아
- 활동자료: 「또또와 사과나무」 동화책, 사과 모양 도화지, 필기도구
- 활동결과:

  유형1 - 도구 이용형: 사다리 타고 올라가요. 긴 나뭇가지를 가지고 와요.

  유형2 - 무작정형: 나무를 흔들어요. 깡충 뛰어요.

  유형3 - 도움 요청형: 아빠에게 따 달라고 해요. 치타에게 따 달라고 해요.

  유형4 - 독특형: 너무 나무에 오래 있던 사과라서 색깔이 여러 가지 색으로 바뀌었어요. 먹어보아도 맛이 없을 것 같아 따 먹지 않을래요.

유형 1

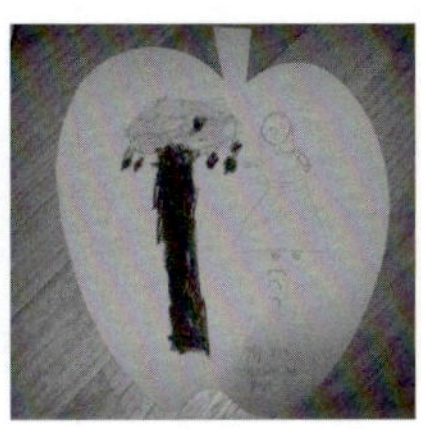
유형 2

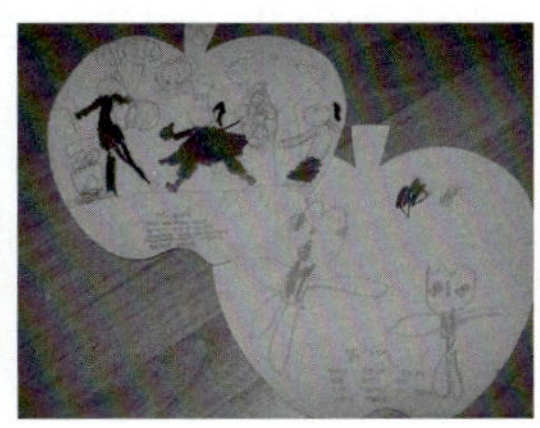
유형 3

유형 4

2) 창의성 발달

창의성은 인간 모두가 날 때부터 가지고 태어나며, 유아는 본질적으로 창의적 존재이며 성인에 비해 사고 양식이 유연하고 개방적이며 상상력이 풍부하다(이경화, 유승희, 2010; Torrance, 1979). 또한 유아의 삶은 창의적 특성의 근원이 되며, 유아는 그러한 일상생활 속에서 문제해결을 위해 끊임없이 탐구하고 그 과정 자체를 즐긴다. 특히 피아제(Piaget)가 제시한 전조작기의 특징 중 하나인 자기중심적인 사고는 유아가 창의성을 발달시키는 데 큰 역할을 한다. 유아는 타인의 생각이나 감정을 충분히 고려하지 못하기 때문에 그들의 시선이나 의식으로부터 자유롭다. 따라서 유아는 자신의 독특한 생각과 느낌을 자유롭게 표출할 수 있다. 그리고 현실과 환상을 명확히 구분 짓지 못하는 특징도 자유롭게 상상의 나래를 펼칠 수 있게 하는

데 큰 역할을 한다. 이처럼 발달이 덜 된 인지능력 때문에 유아의 사고가 조작기에 비해 제한적이지만 역설적으로 이러한 특징이 유아의 창의성 발달에 크게 기여한다는 것은 어떤 시기보다 전조작기의 유아들이 창의적 잠재력이 뛰어나다는 것을 의미하기도 한다.

토랜스(Torrance, 1979)에 의하면 유아기는 창의성 발달이 가장 민감하게 이루어지는 시기로 그 절정은 만 4~5세에 이루어지며 그 이후로는 점차 감소한다고 하였다. 학교 교육은 정답과 틀에 박힌 사고를 강조하는 교과 활동으로 이루어지기 때문에 창의성 발달을 저해시킨다는 것이다. 이러한 토랜스의 연구결과는 많은 국내외 연구에서 지지되었다(이경화, 2002; 최인수, 2011; Torrance, 1979). 따라서 창의성 발달에 있어서 유아기는 매우 중요한 의미를 갖는다고 할 수 있다.

그러나 모두가 창의성을 가지고 태어난다 하더라도 후천적 환경이나 교육훈련이 적절하게 제공되지 못한다면 제대로 발달하지 못할 수 있다. 그리고 창의성은 짧은 시간에 길러질 수 있는 것이 아니라 오랜 시간 동안 적절한 경험과 환경적 지원에 의해 쌓여 길러진다. 만약 유아기에 창의성 교육을 받지 못하면 성인이 되어서도 창의성을 발달시키기 어려우며(이하영, 2016; Torrance, 1979), 특히 유창성 등은 유아기에 성인 못지않은 능력이 발휘되기 때문에 늦은 시기나 단편적인 교육으로는 효과를 거두기 어렵다.

따라서 유아기에 상상력을 포함하는 창의성 계발과 교육이 필요하며 유아에게 즐거움과 감동을 줄 수 있는 내용과 방법으로 지속적인 창의성 교육이 이루어져야 한다(교육인적자원부, 2011). 그리고 유아기의 창의성 교육은 유아가 내면에 가지고 있는 잠재적인 창의성을 최대한 손상시키지 않고 발현할 수 있도록 성인의 개입을 최소화하고, 유아의 자발적이고 자율적인 표현을 보장해 주는 것이 최선이라 할 수 있다(이하영, 2016).

3) 창의성 측정방법

정신적 영역인 창의성은 측정하기 쉽지 않고, 또 검사 시 외부 환경에 영향을 많이 받는 유아기 발달 특성상 유아의 창의성을 측정하는 검사 도구는 많지 않다(노소영, 2002). 외국의 경우 토랜스(1966)가 언어, 동작, 도형, 소리 등으로 표현되는 창의성 검사(Torrance Tests of Creative Thinking: TTCT)를 하였는데, 그중에서 유아들에게 적용 가능한 검사는 도형 검사와 동작성 검사이다. 우리나라의 경우는 전경원(1995)에 의해 개발된 유아용 종합 창의성 검사(Korean Comprehensive Creative Test for Young Children: K-CCTYC)가 있다(노소영, 2002). K-CCTYC는 토랜스의 TTCT 검사를 토대로 우리나라 유아들의 실정에 맞게 제작한 검사로 토랜스와 검사와 달리 만 4~6세 유아들만을 대상으로 하는 창의성 검사이다. 여기에서는 국내에서 사용하는 유아 창의성 검사 도구 중 가장 널리 알려지고 사용빈도가 높은 전경원의 유아용 종합 창의성 검사 도구(2005)를 간략히 소개하고자 한다.

유아용 종합 창의성 검사는 척도별 창의성과 영역별 창의성으로 구성되어 있으며, 척도별 창의성은 유창성, 융통성, 독창성, 상상력으로 나누어져 있고 영역별 창의성은 언어, 도형, 신체영역별로 측정할 수 있도록 4개 활동으로 구성되어 있다. 〈표 10-3〉과 같이 언어영역은 빨간색 연상하기, 도형 영역은 도형 완성하기로 구성되어 있으며, 신체 영역은 동물 상상하기와 색다른 나무 치기로 구성되어 있다.

표 10-3 유아용 종합 창의성 검사의 소검사 내용

검사명	영역	검사내용 및 방법	측정요소
검사 1 빨간색 연상하기	언어	빨간색을 보고 떠오르는 물건이나 느낌, 생각 등을 적는다. - 3분	유창성 융통성 독창성
검사 2 도형 완성하기	도형	S를 이용하여 그릴 수 있는 물건을 상상해 본 후 각각 다른 모양으로 그린다. - 3분	유창성 융통성 독창성
검사3 동물 상상하기	신체	다섯 가지 동물을 제시하여, 이를 상상하고 신체로 표현해 보는 정도에 따라 창의성을 측정한다. - 3분	상상력
검사 4 색다른 나무 치기		비석 치기와 같이 나무를 세워두고 신체의 여러 부분을 이용하여 색다른 방법으로 다른 나무를 옮겨가 쓰러뜨린다. - 7분	유창성 융통성 독창성

모든 검사는 개별적으로, 다른 유아들이 없는 독립된 공간에서 실시하며, 각 검사는 다음의 방법으로 실시된다. 첫 번째 검사의 '빨간색 연상하기'는 검사 시작 전 '빨간색을 좋아하니?'라는 질문을 통해 유아가 검사에 자연스럽게 참여할 수 있도록 한다. 검사시간 3분 동안 유아가 충분히 생각할 수 있도록 옆에서 격려하며 유아가 '잘 모르겠어요.', '생각이 안 나요.' 등의 의사를 밝혔을 때는 한 번 더 생각해 볼 수 있도록 격려하고 이후에도 같은 대답을 하는 경우에는 다음 검사로 넘어간다. 검사실에는 빨간색 종이 외에 빨간 물건이 없도록 한다. 두 번째 검사의 '도형 완성하기'는 검사를 진행하기 이전에 S자를 이용하여 무엇이든 그릴 수 있다고 알려주고 S자를 응용하여 그림을 그리되 S자 위가 아닌 그 옆이나 아래에 그리는 경우 S자를 응용하여 위에 그릴 수 있도록 격려한다. 검사시간 3분을 엄수하고 모든 도형을 완성하지 않아도 됨을 알려준다. 세 번째 검사의 '동물 상상하기'는 유아가 최대한 상황을 상상하여 표현할 수 있도록 어떻게 표현하든 괜찮다고 말하며 소극적인 유아의 경우 최대한 표현할 수 있도록 격려한다. 유아가 표현하고 난 후 '그렇게 표현할 수 있겠다', '네가 생각하는 동물은 그렇구나'라고 격려하여 다음 동물도 최대한 상상력을 발휘하여 표현할 수 있도록 한다. 마지막 검사의 '색다른 나무치기'는 검사 시작 전 '몸의 어떤 부분이든 모두 사용할 수 있다.'라고 미리 이야기하며 검사 도중에는 힌트를 주지 않는다. 검사자는 유아가 보이는 반응을 관찰하여 채점 기준표에 해당 번호를 찾아 체크한다. 모든 검사를 실시한 후 네 가지 검사 중 빠진 것 없이 진행되었는지 검사지를 확인하고 검토하고 각각의 유아 검사 반응에 따라 '유아 종합 창의성 검사 기록표'를 작성한다.

네 가지 검사는 유창성, 융통성, 독창성, 상상력의 4가지 척도에 따라 채점하여 유아 종합 창의성 검사 기록표에 기록한다. 유창성은 적절한 반응과 부적절한 반응을 검토한 후 각 응답별로 1점을 부여한다. 융통성도 각 범주에 따라 1점을 부여한다. 독창성은 피검사자들이 응답한 독창적인 반응은 1점 처리하고, 그 외에 흔한 반응은 0점 처리한다. 상상력은 유아가 반응한 정도에 따라 0~3점으로 채점한다. 상상력 점수는 검사 3 '동물 상상하기' 검사만을 통하여 얻을 수 있다.

1. 빨간색 연상하기

◆ 빨간색을 보고 떠오르는 물건이나 느낌 등을 적어보세요.

1.	16.
2.	17.
3.	18.
4.	19.
5.	20.
6.	21.
7.	22.
8.	23.
9.	24.
10.	25.
11.	26.
12.	27.
13.	28.
14.	29.
15.	30.

2. 도형 완성하기

◆ 어떤 친구가 S를 이용하여 눈사람을 그렸어요. 여러분은 무엇을 그릴 수 있을까요? 단, 보기와 다른 모양으로 그려보세요.

S	S	S
1. 제목: ________	2. 제목: ________	3. 제목: ________
S	S	S
4. 제목: ________	5. 제목: ________	6. 제목: ________
S	S	S
7. 제목: ________	8. 제목: ________	9. 제목: ________

3. 동물 상상하기

◆ 다섯 가지 동물에 대한 유아의 반응 정도를 보고 점수에 체크해 주세요.

무반응형	부적절한 반응형	기본 음성이나 몸짓 반응형	정교한 반응형
0점	1점	2점	3점

동물	상상하기	점수
1. 강아지	강아지가 푸른 들판에서 놀고 있는 모습을 상상해 보세요. 진짜 강아지가 된 것처럼 모습을 흉내 내 보세요.	⓪ ① ② ③
2. 개구리	개구리가 연못에서 놀고 있는 모습을 상상해 보세요. 진짜 개구리가 된 것처럼 모습을 흉내 내 보세요.	⓪ ① ② ③
3. 원숭이	원숭이가 나무에서 놀고 있는 모습을 상상해 보세요. 진짜 원숭이가 된 것처럼 모습을 흉내 내 보세요.	⓪ ① ② ③
4. 토끼	토끼가 숲속에서 놀고 있는 모습을 상상해 보세요. 진짜 토끼가 된 것처럼 모습을 흉내 내 보세요.	⓪ ① ② ③
5. 호랑이	호랑이가 산속에서 놀고 있는 모습을 상상해 보세요. 진짜 호랑이가 된 것처럼 모습을 흉내 내 보세요.	⓪ ① ② ③

4. 색다른 나무 치기

◆ 7분 동안 유아가 나무를 쓰러뜨리는 방법을 관찰하고, 〈채점기준표〉에서 해당하는 반응번호를 찾아 아래 칸에 차례대로 적어주세요.

〈보기〉

유아의 반응: 이마에 올려놓고 가서 던진다.

번호	반응번호
1	*13*

번호	반응번호	번호	반응번호
1		16	
2		17	
3		18	
4		19	
5		20	
6		21	
7		22	
8		23	
9		24	
10		25	
11		26	
12		27	
13		28	
14		29	
15		30	

그림 10-8 유아용 종합 창의성 검사

4) 유아기 지능 및 창의성 발달을 도모하기 위한 양육자의 역할

- 탐구, 실험, 관찰 등의 교수 방법을 활용하도록 한다.
  유아들은 자신에게 필요한 지식을 스스로 만들어 가는 능동적인 존재이므로 성인의 일방적인 설명이나 시범보다는 유아들이 직접 탐구, 실험, 관찰 등의 교수방법으로 인지과제를 수행할 수 있도록 활동을 계획한다.

- 성인과 다른 유아의 사고 특징을 충분히 이해하고 이에 적합한 과제를 제시한다.
  전조작기 유아의 사고 특징에 대한 이해를 토대로 그들의 수준에 맞거나 조금 높은 과제를 제시함으로써 인지발달을 촉진할 수 있다. 피아제는 인지발달을 위해서는 인지적 갈등을 일으키는 과제가 도움이 된다고 하였는데, 유아들이 사실로 굳게 믿는 과제에 '정말 그럴까?'라는 질문을 던져봄으로써 자신의 인지구조를 변화시킬 수 있는 기회를 주는 것이 중요하다. 예를 들어, 가을에는 모든 나뭇잎 색이 다 변한다고 생각하는 유아들에게 '정말 가을에는 나뭇잎 색이 다 변할까? 변하지 않는 나뭇잎도 있지 않을까?'라고 질문을 던져봄으로써 인지적 갈등을 줄 수 있다.

- 협력적 소집단 활동을 계획하여 운영한다.
  비고츠키는 사회적 상호작용을 통해 구성되는 인지발달을 위해 혼합연령 집단 구성에 관심을 가졌다. 협력적 소집단 활동은 소집단을 구성하는 모든 유아가 주어진 학습 과제나 목표를 공동으로 노력해서 달성하는 것을 말하는데, 효과적인 협동학습을 위해서는 다양한 능력의 유아가 집단을 이룰 수 있는 집단구성도 중요하다. 효과적인 협력적 소집단 활동을 위해서는 과제 선정이 매우 중요한데, 특정 영역의 능력만이 요구되는 과제보다는 소집단의 유아가 자신이 가진 능력으로 공동의 목표달성에 공헌할 수 있는 주제를 선정하는 것이 바람직하다. 예를 들어, 주어진 시간에 수학 연산문제를 빨리 푸는 과제는 수학능력이 뛰어난 유아만이 목표달성에 기여할 수 있으며, 문제를 푼 몇몇 유아에게는 과도한 스트레스를 줄 수 있고, 문제를 풀지 못한 다른 유아들에게는 과제에 대한 흥미를 잃게 하여 협력적 소집단 활동의 의미를 퇴색시킬 수 있다.

- 유아의 지능발달을 위하여 긍정적인 경험들로 뇌를 재조직화할 수 있도록 돕는다.
  태아기에는 풍부한 영양 공급과 태교를 통해, 0~2세에는 자유로운 탐색 기회 제공, 숙면할 수 있는 환경구성, 애정 어린 스킨십하기, 오감활용교육, 화목한 가정운영하기, 영아의 언어에 따뜻하고 적극적인 반응 보이기를 통해 뇌발달에 적절하고 풍요로운 환경과 경험을 제공할 수 있다. 3~5세에는 충분하고 균형 잡힌 식단제공, 기본적 운동기술 습득 지원, 일관된 행동지도, 문장 사용 돕기, 종합적인 사고 촉진을 통해 유아의 지능발달을 도울 수 있다.

- 창의성 발달을 지원하는 자율적인 분위기와 풍부한 환경을 구성한다.
  창의성은 성인의 지도 아래 기존의 지식을 학습하도록 강조하는 교육으로는 발달하지 않는다. 창의성은 탐구학습을 통해 발달하므로 유아가 자신의 호기심과 탐구심을 자발적으로 표현할 수 있는 자율적인 교육환경을 기본으로 해야 한다. 그리고 유아를 자극할 수 있는 풍부한 물리적 환경과 창의성 신장을 위한 계획적이고 체계적인 활동이 제공되어야 할 것이다.

6. 언어발달

유아는 말과 글의 언어를 사용하여 세상에 대한 정보를 얻으며 타인과 소통하고 관계를 맺으면서 당면한 문제를 해결해 간다. 이러한 의미에서 유아의 언어발달은 전인적 발달을 돕는 힘이 된다. 또한 유아기에는 급격한 어휘력 증가로 4~5단어로 이루어진 문장을 사용할 줄 알고 접속사나 절을 포함한 복문 등 복잡한 수준의 문장을 구사할 수 있게 되며 읽기와 쓰기 능력도 발달한다.

한편 유아기는 기본적인 언어 사용 능력과 태도가 형성되는 언어발달의 결정적 시기로서 유아기에 습득된 언어 생활습관은 일생동안 지속된다. 따라서 유아가 다른 사람의 생각을 이해하고 자신의 생각과 느낌을 효과적으로 표현하는 기초적인 언어 사용 능력을 기름으로써 말과 글이 지닌 힘에 대한 인식을 바탕으로 바른 언어생활습관을 가질 수 있도록 돕는 것은 매우 중요한 일이라 할 수 있다.

1) 언어습득에 대한 관점

왜 전 세계 유아들은 비슷한 시기에 비슷한 언어발달 단계를 보일까? 왜 전 세계 유아들은 시간이 지나면 서로 다른 각자의 모국어로 말하게 될까? 언어습득 과정에서 유아 자신은 어떤 역할을 하며 또 주변의 사람들은 어떤 역할을 할까? 이처럼 유아가 어떻게 언어를 배우고 습득해 가는가에 대한 해답을 얻기 위해 많은 언어학자들이 다양한 방법으로 연구해 왔다. 그러나 언어는 어느 발달영역에서보다 발달 현상을 설명하기 어려워 하나의 이론으로 인간의 언어발달을 완벽하게 설명하기는 어렵다. 따라서 유아의 언어습득에 대한 다양한 관점이 존재한다.

대표적으로 언어발달은 외부 환경에 의해 일어난다는 행동주의 관점과 인간은 선천적인 언어능력을 가지고 태어난다는 생득주의 관점, 그리고 언어발달은 유전과 환경과의 상호작용에 의해 일어난다는 상호작용주의 관점이 있다.

(1) 행동주의 관점

행동주의 관점은 유아의 언어습득이 선천적인 능력에 의한 것이 아니고 반복적인 훈련과 강화, 모방에 의해서 후천적으로 이루어진다는 입장으로 1960년대에 지배적이었던 관점이다(김은심, 조정숙, 2015). 이 관점의 대표적인 학자로는 스키너(Skinner)가 있으며, 다른 행동과 마찬가지로 조작적 조건화를 통해 언어가 습득된다고 주장하였다.

영아가 옹알이할 때 성인이 모국어와 근접한 소리만 선택적으로 강화하면, 그 소리가 반복될 가능성이 높아져 영아가 모국어와 근접하게 말을 만들 수 있게 된다. 그리고 유아가 문법적으로 적절한 문장을 말할 때 강화를 주고 잘못된 문장으로 말할 때 주의(처벌)를 주면, 강화를 받은 언어적 표현은 증가할 것이고 무시나 처벌을 받은 언어적 표현은 감소하게 되어 언어를 학습하게 된다.

또한, 행동주의자들은 언어습득을 촉진하기 위해 모방이 강화와 함께 사용될 수 있음을 제안하였다. 부모가 "'과자 주세요'라고 말해봐"라고 이야기한 뒤, 영아가 "과자 주세요"라고 말하면 칭찬해 주고 과자를 주면 모방이 강화와 결합되어 언어습득을 도울 수 있다.

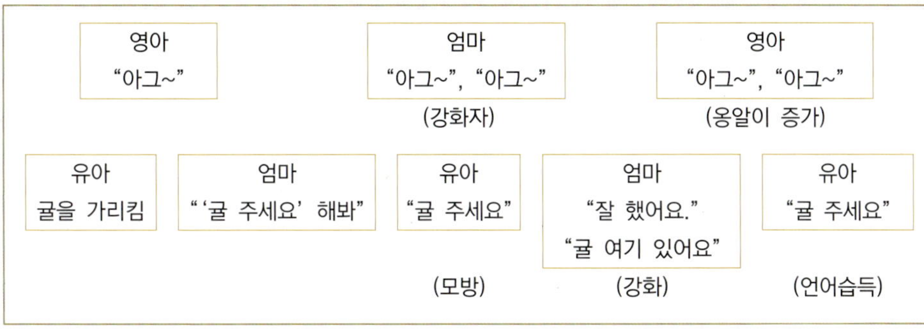

그림 10-9 언어습득과정에 대한 행동주의적 관점

행동주의적 관점은 부모를 포함한 성인과의 상호작용을 통해 직간접적으로 언어를 습득할 수 있다는 점에서 유아의 언어발달에 미치는 환경의 중요성을 인식시켰다는 점에서 의의가 있으나, 전 세계의 유아들이 거의 동일한 연령에서 동일한 발달단계를 경험한다는 유사성을 설명하지는 못하며 의미나 인지 문제를 직접적으로 관련짓지 못한다는 한계를 가지고 있다.

(2) 생득주의 관점

생득주의 관점은 유아는 언어를 습득하도록 생물학적으로 프로그램화되어 태어난다는 입장을 취한다. 이 관점의 대표적인 학자로는 촘스키(Chomsky)가 있다. 촘스키에 의하면 거의 모든 인간은 지능이나 동기나 정서적 상태 등에 구애됨이 없이 누구나 언어적 문화권에 노출되기만 하면 쉽게 언어를 습득할 수 있는데, 그것은 인간 유기체가 생득적으로 언어를 습득할 수 있도록 구조화되어 있기 때문이라고 주장하였다. 그러기에 인간은 그토록 짧은 시기에 무한히 많은 문장을 이해하고, 산출할 수 있으며, 또 결코 들어 본 적도, 말해 본 적도 없는 문장까지 이해하고 산출할 수 있는 것이다. 이처럼 생득적으로 가지고 태어난 언어 생성 기제를 촘스키는 언어습득장치(Language Acquisition Device : LAD)라고 명명하였다. 언어습득장치에 의해 언어를 습득하는 과정을 그림으로 나타내면 [그림 10-10]과 같다.

그림 10-10 촘스키의 언어습득과정

생득적 관점은 다음의 세 가지 이유에서 지지된다(노명완, 이차숙, 조정숙, 2002). 첫째, 인간은 단순히 언어에 노출되기만 하면 매우 복잡하고 추상적인 언어들을 변형문법을 사용하여 별 어려움 없이 습득해 나간다. 예를 들어 '나는 행복하다'라는 기본 문장을 사용하여 '나는 행복할까?', '나는 행복하지 않다' 등의 의문문, 부정문 등의 다양한 형태의 문장들로 쉽게 변형할 수 있다. 촘스키는 유아들이 기본 문장을 다양한 형태의 문장으로 바꾸는 변형규칙을 알고 있는 것이 변형규칙을 사용하도록 프로그램화되었다고 보았다. 둘째, 전 세계의 유아들이 대체적으로 비슷한 언어습득과정을 따르는 언어적 보편성이 있다는 점이다. 유아가 옹알이를 하고, 다음으로 첫 단어를 말하고, 두 단어를 말하고, 단순한 문장에서 복잡한 문장으로 말하게 되는 과정은 거의 모든 문화권에서 공통적으로 일어나는 현상이다. 셋째, 언어습득 또한 다른 발달과 마찬가지로 민감기(sensitive period)에 쉽게 빨리 이루어진다는 점이다.

촘스키의 생득주의 관점은 유아의 내적 언어 수행 과정을 고려함으로써 언어습득에 대한 설명의 영역을 확장시켰으며 인간을 심리적으로 능동적으로 언어적으로 창조적인 존재로 인식시키는데 기여하였다. 그러나 그가 주장하는 언어습득장치가 증명할 수 없는 가설적 개념이라는 점과 유아의 언어발달에서 환경적 영향을 배제한 점, 유아들이 획득하는 서로 다른 다양한 모국어 습득과정을 설명해 주지 못하는 점에서 한계가 있다.

(3) 상호작용주의 관점

상호작용주의 관점에서는 언어발달 과정을 설명하기 위하여 행동주의와 생득주의 관점을 모두 고려하며, 언어습득과정을 훨씬 더 복잡한 과정으로 보고 있다. 즉 사회적, 문화적, 생득적, 인지적 제 요인들이 유아의 언어발달에 영향을 주며, 이러한 타고난 능력과 환경적 요인들이 상호 의존적으로 상호작용하고 서로 수정되면서 언어가 발달한다고 본다(김은심, 조정숙, 2015; Albrecht & Miller, 2001). 유아의 생득적 능력은 다른 사람들과의 사회적 상호작용에 의해 자극을 받으며, 그렇게 만들어진 관계는 의사소통을 지속하기 위한 욕구와 언어를 학습하려는 욕구를 자극한다. 언어의 가장 중요한 기능이 다른 사람과 의사소통하는 것이라면, 유아의 언어발달은 타고난 유아의 능동적인 언어 처리 능력 외에 사회적인 상호작용의 영향을 배제하고 설명될 수 없을 것이다. 이는 언어습득에 영향을 주는 상호작용 요인에 따라 피아제의 인지적 상호작용주의 이론과 비고츠키의 사회문화적 상호작용 이론으로 나누어 설명될 수 있다.

피아제 이론에서는 언어발달이 인지발달에 의존한다고 보고 있다. 언어는 행동을 표상하고, 공간과 시간으로부터 사고를 행방 시키며, 행동을 조직함으로써 범위나 속도의 측면에서 사고의 힘을 증대시킬 수 있으나, 한 유아가 하는 말은 현재 그 유아의 인지발달 단계를 반영해 주는 것에 불과하며 인지발달 단계의 발전에는 영향을 미치지 못한다고 주장한다(Piaget & Inhelder, 1969, Elena & Deborah, 1999에서 재인용). 이에 반해, 비고츠키의 이론에서는 언어가 인지발달에 중대한 역할을 하며, 한 유아의 정신기능의 핵심을 이룬다고 보고 있다. 또한 비고츠키는 언어는 주의집중, 기억, 감정조절, 문제해결 등 여러 가지 정신기능을 위해 사용되는 기초도구이며, 인간만이 갖는 고등 정신기능을 발달시키는 정신의 도구라며 언어발달의 중요성을 강조하고 있다. 그리고 그는 이러한 언어가 사회문화적 환경 내에 있는 다른 사람과의 상호작용을 통해 습득되고 발달된다고 믿었다. 특히 유아기는 유아의 애착 네트워크의 부분이 되는 성인들이 유아에게 자발적으로 말하고 언어의 획득의 위한 상황을 만들고 격려하는 것이 유아들의 언어학습을 도우며, 언어능력은 유아와 성인이 빈번하게 상호작용 할 때 길러지고 발달한다고 보았다. 이러한 상호작용으로부터 유아들은 서로에게 집중하고, 차례로 대화하고, 단어를 배우고, 또래나 의미 있는 성인과 말하는 것에 대한 흥미를 기르며 성장해나간다(Katz & Snow, 2000).

상호작용주의 관점은 언어 자체에 직접적인 강화를 하는 행동주의적 관점과 달리 사회적 상황의 고려에 대한 필요성을 인식하고 유아를 역동적인 상호작용의 과정에서 능동적인 참여자로 보았다는 점과 언어의 의사소통 기능과 성인의 촉진적 행동의 역할에 대한 이해를 갖도록 하는 데 기여하였다(김은심, 조정숙, 2015).

2) 음성언어 발달

유아기는 언어의 형태보다는 언어의 의미에 대한 이해가 먼저 발달하는 시기로 음성언어 발달에 있어 양적·질적 변화가 급격하게 이루어지는 시기이다. 3세 즈음에는 문장을 통해 대화를 나눌 수 있게 되며 4~5세에는 대부분의 기본적인 문법 규칙을 터득하여 점차 자신의 생각과 경험, 감정을 상대방에게 보다 정확하고 구체적으로 표현할 수 있게 된다.

(1) 듣기

듣기는 유아들에게 있어서 말하기, 읽기, 쓰기의 기본이 된다. 유아들이 다른 사람의 말을 듣고 이해하기 위해서는 약 8,000~9,000개의 단어가 필요한데(고은영, 2009), 5세경이 되면 유아들은 거의 5,000개의 단어를 이해한다. 또한 다른 사람의 말을 듣고 이해하는 수용언어는 표현언어보다 빨리 발달하여 표현언어의 2배가 된다. 그러나 유아기는 다른 사람의 말을 이해하고 적절하게 반응하는 데 성인의 도움이 필요한 경우가 많으며, 듣기발달은 모국어의 말소리 체계가 완성된 10세 이후까지 이어진다.

(2) 말하기

① 어휘수의 증가

유아기는 단어 의미의 이해와 새로운 단어의 사용이 폭발적으로 증가하는 시기로, 만 5세경이면 2,500개 이상의 단어를 사용한다. 그리고 '개'는 '강아지'와 '개'라는 두 가지 명칭이 있으며, '예쁘고 부드러운 강아지'처럼 두 가지 이상의 형용사를 한 명사에 같이 사용할 수도 있다는 것을 인지하게 된다. 단어 사용의 폭발적 증가는 유아의 주변 환경과 상황에서 단어의 의미를 아는 단서를 효율적으로 활용하는 인지능력과 연관을 맺으면서 발달하며 이를 통해 언어의 확장이 가속화된다.

그리고 유아는 단어 사용에 있어 새로운 용어, 즉 신어를 창조하기도 하는데, 이는 유아와 매우 친밀한 관계에 있는 사람만이 그 뜻을 이해할 수 있는 용어다(조형숙 외, 2015). 예를 들어, 유아가 새를 보고 '새'가 아니라 '하니비'이라고 일컫는 것이다.

② 문법에 대한 이해력 발달

언어를 바르게 말하고 사용한다는 것은 올바른 문법을 사용하는 구문론적 규칙을 학습했다는 것을 의미한다(이선경, 하승연, 2010). 만 3세 말경까지는 의도적으로 문법을 배우지 않아도 문장의 기본구조를 자연스럽게 습득하여 문법에 맞게 표현할 수 있다. 만 4세 경 이후에는 6~8개의 단어로 결합된 문장을 사용할 수 있으며, 접속사나 절을 포함한 복문 등 복잡한 수준의 문장을 구사할 줄 알게 된다.

부정문의 사용은 2세부터 나타나며, '동생 아니야'를 '안 동생이야'라고 쓰는 것처럼 '안 부정문'을 사용한다. 3세에는 주로 '싫어', '아니' 등의 부정문을 사용한다. 4세경에 육하원칙에 해당되는 의문사를 사용하는 의문문이 나타나며, 동사의 시제도 '어제 했어', '지금 하고 있어', '내일 할 거야'와 같이 일치하여 사용하게 된다(조형숙 외, 2015). 그러나 '선생님이가 가요'처럼 '가'를 주격조사로 붙이는 과잉일반화 현상이 나타나는 문법적인 오류를 보이기도 한다. 5~6세에는 대부분의 기본적인 문법 규칙을 터득하며, 5~10세에는 성인이 사용하는 문법에 근접한다.

③ 혼잣말

말과 사고가 합쳐지면 특별한 종류의 언어가 나타나는데 비고츠키는 이것을 혼잣말이라고 불렀다. 혼잣말은 들을 수는 있지만 다른 사람이 아닌 자기 자신에게 향하는 말을 뜻한다.

> 퍼즐을 맞춰야 해. 이건 여기에 맞지 않아. 이것은 여기로 놓고, 저것은 여기에 놓고, 또 이것은 위에. 아니야, 여기엔 빨간색 퍼즐이 와야 해.

유아의 놀이를 관찰하다 보면 위와 예와 같은 혼잣말을 쉽게 관찰할 수 있다. 혼잣말은 유아기에 나타나는 정상적이고도 흔한 현상으로 만 4~10세의 유아와 아동 중 20~50%에서 나타난다(Berk, 1986, 조형숙 외, 2015에서 재인용). 유아들이 혼잣말을 할 때는 다른 사람이 이해하였는지에 대해 개의치 않기 때문에 자기중심적인 것처럼 들린다. 이에 피아제는 유아의 혼잣말을 자기중심적인 언어라고 부르며, 전조작기적 사고 수준이 반영되어 타인의 입장을 헤아리지 못하는 미성숙한 언어로 보았다.

그러나 비고츠키는 피아제의 주장에 반박하여 자기중심적 언어라는 용어 대신에 혼잣말이라는 용어를 사용하면서 인지발달에 중요한 기능을 하는 언어로 간주하였다. 즉, 혼잣말은 유아들이 자기지도를 위해 스스로에게 말하는 것으로, 문제해결이나 목표달성을 위해 자기 자신을 조절하는 기능을 가지고 있다고 보았다. 루리아(1969)는 일련의 실험을 통해 3세 유아에게 "두 번을 꽉 짜라"와 같은 일반적인 지시를 했을 때 유아들이 횟수에 상관없이 여러 번 짜는 것을 발견하였다. 그러나 유아에게 "꽉 짜기, 꽉 짜기"라고 두 번 말하도록 가르치고, 이 혼잣말로 자기지도를 하게 하였을 때 유아들은 자신의 행동을 통제하는 것이 가능하였다고 하였다며, 이러한 연구결과를 바탕으로 혼잣말이 유아로 하여금 자신의 행동을 더욱 신중하게 하는 데 도움을 주었다고 주장하였다(Elena, Deborah, 1999). 과제가 어렵거나 실수했을 때, 앞으로의 진행방향이 혼란스러울 때, 지도나 도움이 부재할 때 혼잣말을 많이 사용했다는 연구(조형숙 외, 2015) 또한 혼잣말의 자기조절 기능이 가지고 있음을 증명한다. 따라서 유아의 혼잣말을 미성숙한 언어로 보아서는 안 되며, 인지발달에 중요한 기능을 하는 자기조절적 언어로 이해해야 할 것이다.

④ 의사소통 능력의 발달

화용론(話用論)이란 의사소통적 맥락 내에서의 언어 사용과 관련된 사회언어학적 규칙, 즉 언어가 어떻게 사용되어야 하는지를 고려하는 문제이다(김은심, 조정숙, 2015). 유아기에는 이러한 화용론이 발달하면서 말을 하거나 해석을 할 때 맥락을 고려하면서 다른 사람과 효율적으로 대화할 수 있게 된다. 만 3세 유아는 아직까지 자기중심적 사고의 특성을 가지고 있어 자기가 하고 싶어 하는 말을 더 많이 하지만, 상대방의 이해를 돕기 위해 세부 상황을 묘사하기도 한다. 예를 들어, 처음 보는 사람에게 친구를 소개할 때 '철수는 내 친군데요, 철수가 반지 줬어요.'라고 이야기할 수 있다. 만 4세경에는 상대방을 고려하며 대화할 수 있게 되는데, 아기에게는 엄마가 말하는 것처럼 이야기해 주는 행동을 예로 들 수 있다. 만 5세경이 되면 대화에서 자신의 역할을 이해하기 때문에 특정 주제에 대해 지속적으로 대화를 이어나갈 수 있는 능력이 발달한다(문혁준 외, 2009).

그러나 유아들의 의사소통 능력에는 한계가 있다. 두 사람 이상과 의사소통할 때 자신이 언제 이야기를 해야 할지 판단하는 데에 어려움이 있으며, 상대방의 말을 듣고 잘 이해되지 않는 부분을 물어봄으로써 분명하게 상대의 말을 이해하는 능력이 부족하다. 특히 듣기는 지도하지 않아도 자연스럽게 발달한다는 잘못된 인식으로 인해 듣기 지도가 소홀하므로 다양한 말소리나 주변의 여러 가지 소리를 가능한 한 많이 들어보는 경험을 하도록 배려할 필요가 있다(김은심, 조정숙, 2015; 조형숙 외, 2015).

듣기, 말하기 활동을 즐기는 유아들

TIP 유아기 일시적인 말더듬 현상

유아가 대화를 하면서 '음~, 그런데~, 있잖아~, 내가~' 등의 말을 반복하며 말을 수저하는 경우가 있다. 이는 생각을 말로 표현하기 위한 시간을 벌기 위한 일종의 시간벌기 전략이라고 볼 수 있다. 이는 유아기에 흔히 발생하는 일반적이며 일시적인 현상이므로 크게 걱정할 필요는 없다. 다만 다음의 지도방법을 활용하여 유아가 자신의 생각을 잘 표현할 수 있도록 도울 수 있다.

- 유아가 말을 다 할 때까지 끝까지 기다려 준다. 빨리 말하라고 유아를 재촉하거나 유아의 말을 끊어서는 안 된다.
- '그랬구나!', '그래서?', '어떻게 됐는데' 등의 반응을 보이며 적극적으로 들어준다.
- 유아가 말을 다 마치면 유아의 말을 정리하여 다시 한번 들려준다.
- 유아의 발음이 틀린 경우, 지적하기보다는 정확한 발음을 들려주어 자기수정이 일어날 수 있도록 간접적인 교수법을 활용한다(반향적 방법). 이때 성인은 정확한 발음의 모델이 되어주어야 하며, 평소 유아의 말하기 행동을 관찰하여 문제가 되는 발음을 찾고, 청각적 지각능력의 발달을 도울 수 있는 활동을 제공함으로써 효과를 얻을 수 있다.

3) 문자언어 발달

문자언어는 글이나 매체, 즉 문자 기호를 통하여 의사소통하는 것을 의미한다. 유아기는 생활 속에서 읽기와 쓰기의 문자언어 경험을 통해 그 목적과 기능을 이해하고 영향력을 이해함으로써 읽기, 쓰기에 대한 강한 동기를 갖게 되는 시기이다. 그러므로 유아기 문자언어 교육은 유아 스스로 읽고 쓰고자 하는 동기를 가지고, 더 나아가 읽기와 쓰기를 즐기는 성향을 키워 가는 데 초점을 두어야 할 것이다(서동미 외, 2008).

또한 문자언어 발달은 유아기에 시작되어 아동기에 본격적으로 이루어진다(문혁준 외, 2009). 유아는 읽고 쓰는 목적과 기능, 즉 읽기, 쓰기를 통해 무엇을 얻을 수 있는지에 대해 이해하며 읽고 씀으로써 발휘되는 영향력을 인식할 수 있다. 이때 읽기, 쓰기에 대한 강한 동기를 가지게 되며 더 나아가 읽기와 쓰기를 즐기는 성향을 갖출 수 있게 된다. 따라서 유아기 문자언어 발달을 위해서는 의미 있는 맥락 속에서 실제적인 이유에 따라 읽기와 쓰기 활동을 경험해 보는 기회가 필요하다.

(1) 읽기

읽기는 독자가 글을 해독하고(decoding), 내용을 이해하고(understanding), 학습하고(leaning), 기억하는(remember) 고도로 복잡한 인지 과정이며, 모든 학습의 기초가 된다(노명완 외, 2002). 주영희(2001)는 국내외 학자들의 이론을 종합하여 유아의 읽기 발달단계를 읽기 이전 단계, 과도적 단계, 혼자 읽기 단계의 3단계로 나누었다. 그리고 각 발달단계에서 나타나는 유아의 읽기 행동 특징을 〈표 10-4〉와 같이 제시하였다. 이와 같이 큰 단위로 묶어서 제시한 것은 유아의 읽기 발달에서 나타나는 개인차를 고려하여 읽기 행동을 하나의 발달적 경향으로 보고자 함이라고 설명하고 있다.

한편, 유아가 학습할 수 있는, 읽기를 위해 반드시 알아야 할 읽기 규칙을 정리하면 아래와 같다.

- 글자(문자언어)와 말(음성언어)은 다르다.
- 글자와 말은 연결된다.
- 책에 있는 그림이나 글자는 의미를 전달하는 상징이다.
- 책은 앞장에서 뒷장으로, 왼쪽에서 오른쪽으로, 위에서 아래로 읽는다.

표 10-4 유아의 읽기 발달단계와 읽기 행동의 특징

단계	읽기 행동의 특징
1단계: 읽기 이전 단계	• 주위의 글자에 관심을 가진다. • 책 다루기에 흥미를 보인다. • 책과 글자는 읽는 것임을 안다. • 글자에 대해 마술적이거나 외향적이며 타인이 부여한 대로 의미를 구성한다. • 글자나 단어로 놀이한다. • 주변 맥락 또는 상황(표지판이나 상표)의 글자에 주목하기 시작한다. • 책 속의 그림을 보고 '사자', '토끼' 등으로 명칭 붙이기를 좋아한다. • 새로운 글자에 대해 마술적인 의미를 부여하려고 한다.
2단계: 과도적 단계	• 책을 볼 때 그림이 아니라 글자를 읽는 것임을 안다. • 읽기의 목적을 물으면 '책을 읽기 위해서', '학교에 가려고', '공부 잘 하려고' 등으로 반응한다. • 스스로를 독자로 받아들여서 읽기 관련 활동에 참여한다. • 책을 읽는 방법, 읽는 방향, 페이지 제목을 안다. • 소리와 글자 간에 1대1 대응을 할 수 있다. • 주위에서 아는 글자를 읽어 보려고 한다. • 친구들의 이름에 있는 글자를 안다. • 자신의 이름을 알아보고 환경적 요소가 강한 맥락(표지판, 상표)에서 몇 글자를 인식한다. • 그림에서 단서를 얻어서 이야기 내용을 구성할 수 있다. • 인쇄 자료에서 단어를 일관성 있게 골라내지 못한다. • 음성적으로 공백을 메우며 읽기에서 바르게 반응하여 메울 수 있다. • 단어의 운을 맞춘다. • 비지각적 단서 체계의 조절력이 향상된다. • 같은 발음으로 시작하는 단어를 음성적으로 제시한다. • 책 다루는 지식이 향상된다. • 핵심 단어를 회상할 수 있다. • 이야기 문법을 내면화하기 시작해서 "옛날에…"라든가 "그들은 행복하게 잘 살았대요."라고 말한다. • 맥락이 달라지면 읽었던 단어도 읽지 못한다.
3단계: 혼자 읽기 단계	• 아는 글자가 다른 상황에서 제시되어도 읽을 수 있다. • 주변에서 자주 볼 수 있는 글자를 읽는다. • 가족과 친구들의 이름을 읽는다. • 자신이 쓴 것은 읽을 수 있다. • 단어와 글자를 골라낼 수 있다. • 그림 단서를 활용하여 읽기를 보충한다. • 읽기에 대해 흥분한다. • 가끔 읽어주고 싶어 한다. • 글자가 의미 구성의 기초임을 인식한다. • 환경 내 많은 글자(표지판, 상표 등)를 인식하고 소리 내서 읽는다. • 맥락 내의 글자를 다른 맥락에서 보존할 수 있다. • 소리 내어 읽기가 의미 중심이 아니고 단어 중심으로 이룩된다.

출처: 주영희(2001). pp.191-192.

(2) 쓰기

쓰기는 인쇄된 형태의 언어적 표상으로 특별한 글자를 쓰는 기술뿐만 아니라 필자의 상상과 감정 및 경험을 일정한 형태의 의미 단위들로 표상하여 조직하는 고도의 복잡한 사고과정이다(노명완 외, 2002). 따라서 진정한 의미의 쓰기는 자신의 목적을 위해 새로운 의미를 만들어 내는 역동적인 과정이다. 이러한 의미에서 유아의 쓰기는 우리 모두가 쉽게 알아보고 인정할 수 있는 표준적 글자 쓰기뿐만 아니라 그림, 끼적이기, 창의적 글자까지 포함한다.

유아들은 아주 어린 시기부터 자신의 요구와 흥미에 맞는 다양한 형태의 쓰기를 실험해 보기 시작한다. 유아들은 선이나 글자 모양을 써보기도 하고 책에 있는 글자와 단어를 베껴 보기도 하며, 성인에게 글자를 어떻게 쓰는지 보여 달라고 요청하기도 한다. 그리고 가족의 이름이나 주변에서 자주 접할 수 있는 사물의 이름을 써보기도 한다. 그리고 유아기에는 창안적 글자(invented spelling)가 나타나는데, 창안적 글자 쓰기는 유아들이 표준적 글자 쓰기를 습득하기 이전에 유아 나름의 음운 규칙을 구성해 내고 이에 따라 음소와 글자소를 대응시켜 만들어 낸 글자 쓰기로, 유아의 읽기 성취도를 예측할 수 있는 중요한 변인이 된다(정상임, 2005). 이러한 창안적 글자 쓰기가 점차 표준화된 쓰기로 발달해 나간다.

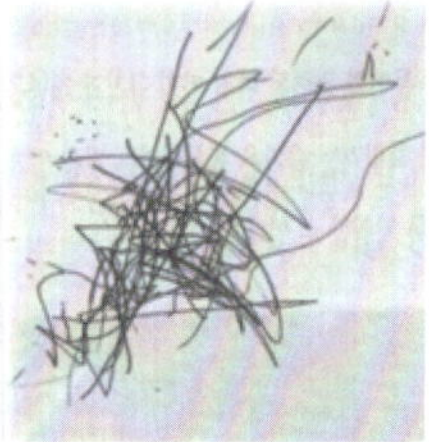

끼적이기 단계

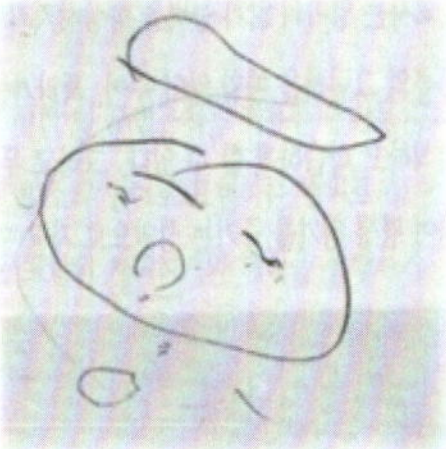

독립된 원이 나타나는 단계

글자 줄 단계

창의적인 글자 단계

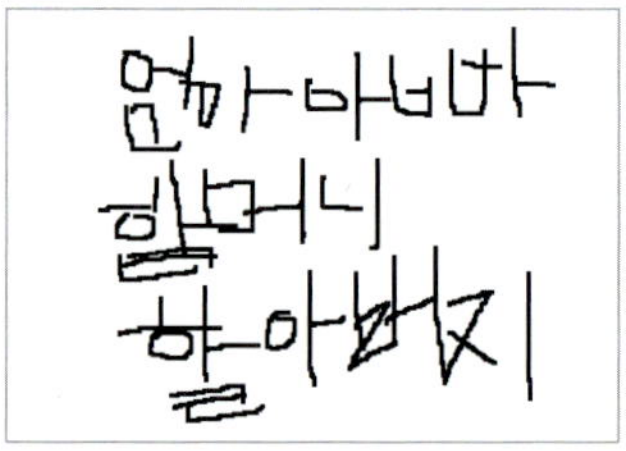

표준적 글자 쓰기

그림 10-11 쓰기발달 단계에 나타나는 영유아들의 쓰기 형태

한편, 김은심, 조정숙(2015)은 유아의 쓰기 발달단계에 관련된 국내외 연구들을 종합하여 〈표 10-5〉와 같이 유아기 쓰기 형태의 출현 시기를 정리하였다. 그리고 쓰기는 한순간에 갑자기 출현하는 것이 아니라 영아기부터 자신이 속한 생활환경 속에서 자연스러운 탐색과정을 통해 글자에 관심을 가지며 글자의 기능과 형태, 사용 규칙 등을 이해하며 표준적인 글자 쓰기로 발달해간다고 강조하였다.

표 10-5 유아의 쓰기 발달단계

연구자	연령	특징
Hildreth	3세	• 선 긋기에 규칙적인 수직적 움직임과 수평적인 일직선의 방향이 나타남
Clay	3~5세	• 종이에 목적을 가지고 표시한다는 것을 인식 • 쓰기를 모방하며, 끼적이기 단계의 글씨와 유사한 글자가 나타남
Lavine	3~6.6세	• 유아의 끼적이기와 글자 변별 능력 및 활자의 특수 형태 변별 능력이 단계적으로 진전됨
Alkins	3~5세	• 쓰기 패턴이 모방에서 창작 형태로 변화 • 실제 글자, 유사 글자, 창안적 상징 글자가 혼합되어 나타남
이영자와 이종숙	2~5세	• 2세: 끼적이기 단계의 쓰기 행동이 나타남 • 3세: 끼적이기 단계화 획의 출현 단계 • 4, 5세: 의도적 자형 출현 단계. 완전한 글자 형태 출현 단계. 단어 쓰기 단계

TIP 유아들에게 글자를 써주는 방법

유아를 돌보는 성인들은 유아들이 요구할 때 혹은 써 주어야겠다고 판단했을 때 아래와 같은 방법으로 유아들에게 글자 쓰는 모습을 보여주며 쓰기의 규칙을 지도할 수 있다.

- 글자 쓰는 모습을 잘 볼 수 있도록 교사의 왼쪽에 유아를 위치시킨다.
- 말이 글자로 옮겨질 수 있다는 것(말과 글과의 관계)을 보여주기 위해 한 글자씩 소리를 내며 써준다.
- 글자를 쓸 때에는 획순을 지켜 정자체로 깨끗하게 써준다.

(3) 언어발달을 도모하기 위한 양육자의 역할

유아기에 습득한 언어생활습관은 일생동안 큰 영향을 미침으로 유아를 지도하는 교사는 유아기의 언어발달에 대한 이해를 토대로 유아가 바른 언어 습관을 습득할 수 있도록 도와주어야 한다. 유아의 언어발달을 도모하기 위한 양육자의 역할을 정리하면 다음과 같다.

• 유아 언어교육은 일상생활에 필요한 언어 사용 능력의 향상을 도와야 한다.

유아 언어교육은 유아로 하여금 의미 있는 맥락 속에서 실제적으로 언어를 배우고 사용함으로써 언어 사용을 즐기는 성향 및 바른 언어 사용 태도를 가질 수 있도록 돕는 데 중점을 두어야 할 것이다. 특히 유아기의 문자 언어교육은 글자 해독 및 낱자 베껴 쓰기 연습이 아니라, 읽고 쓰고자 하는 동기와 더 나아가 이를 즐기는 성향을 가질 수 있도록 하는 것이어야 한다. 따라서 언어교육은 유아가 일상생활 속에서 실제로 경험하게 되는 언어의 의미를 이해하고 맥락에 맞게 언어를 사용해볼 수 있도록 다양한 활동들을 통해서 이루어져야 할 것이다. 예를 들어, 주말 지낸 이야기, 이야기 나누기, 토의·토론하기, 동시·동화 짓기, 편지 쓰기, 초대장 만들기, 책 만들기 등의 다양한 언어활동을 제공할 수 있다.

• 유아 언어교육은 듣기, 말하기의 구어 능력을 강조하되, 읽기, 쓰기로 자연스럽게 연계되는 과정으로 나아가야 한다.

유아기에는 타인과 언어적 상호작용을 즐기는 성향이 강해지고, 구어능력 발달의 급격한 변화가 이루어진다. 또한 아직까지는 읽기, 쓰기보다 듣기와 말하기의 구어 능력이 의사소통에 미치는 영향력이 큰 시기로, 듣기와 말하기의 태도가 형성된다. 그러므로 언어교육 시 듣기와 말하기의 내용을 더 강화할 필요가 있다. 요컨대, 유아 언어교육은 듣기, 말하기 활동을 통해 이해와 표현의 언어 사용 능력을 공고히 하고 읽기, 쓰기에 대한 흥미를 갖게 하는 방향으로 이루어지는 것이 바람직하다.

• 유아 문자언어교육은 처음부터 상징적 체계를 경험할 수 있도록 지도한다.

언어는 그 사회가 정해놓은 약속, 즉 상징적 체계이므로 이를 바르게 가르쳐 주는 교육이 필요하다. 이에 대해서는 찬반의 여러 가지 주장이 있어 왔지만 최근에는 문자를 배우는 초기부터 상징적 체계를 바르게 지도해야 한다는 균형적 언어접근법이 대두되었다(서동미 외, 2008). 균형적 언어접근법에서는 유아가 읽기와 쓰기 활동을 할 때 규칙과 개념을 학습하도록 상호작용한다. 예를 들어, 책을 읽을 때는 앞장에서 뒷장으로, 왼쪽에서 오른쪽으로, 위에서 아래로 읽는 것을 알려주고, 쓰기활동 시에는 획순에 맞추어 바르게 쓰는 모델링을 보여줄 수 있다. 그러나 유아에게 의미 있는 언어교육을 제공하기 위해서는 총체적 언어접근법 등의 유아중심의 교수방법도 병행되어야 한다.

TIP 총체적 언어접근법

총체적 언어접근법(Whole language approach)은 유아의 흥미와 직접적인 경험을 강조하고 다른 영역과의 통합 활동을 통한 언어교육 및 언어교육활동 안에서의 사회적 상호작용을 매우 중요하게 여긴다. 총체적 언어접근법의 기본개념과 교수방법은 다음과 같다.

기본개념
• 언어활동은 유의미한 맥락 속에서 총체적으로 이루어져야 한다. • 말하기, 듣기, 읽기와 쓰기는 통합적으로 상호작용하면서 발달한다. • 문자언어활동의 결과보다는 글의 의미를 이해하며 의사소통하는 것이 더 중요하다. • 문자언어학습의 방향은 '전체 이야기 → 문장 → 단어 → 낱자'의 순으로 나아간다. • 유아는 일상에서의 자연스러운 문자 경험을 통해 능력을 습득해간다. • 유아는 언어발달 과정에서 능동적이며 자발적인 학습자이다.

교수방법
• 실제 사용을 통한 언어학습(예: 편지쓰기, 책으로부터 정보 알아보기) • 개별화 교수(개별 유아의 경험이나 흥미에 따른 다양한 선택활동) • 유아가 주도하는 언어학습 • 언어의 형태나 결과보다는 의미와 과정 및 동기에 대한 강조(예 : 책 만들기 활동) • 일과(일상, 다양한 흥미영역 등)를 통한 듣기, 말하기, 읽기, 쓰기가 통합된 언어 경험 • 또래와의 상호작용 및 협력을 격려하는 활동 • 인쇄문자가 풍부한 교실 환경 • 실수가 허용되는 자유롭고 허용적인 분위기(꾸며 읽기나 창안적 쓰기를 격려하고 수용함) • 교사는 유아들이 언어를 사용하고 실험해볼 수 있는 환경을 제공 및 모델링의 역할

출처: 서동미 외(2008). p.39.

연습문제

- 전조작기 인지발달 특성에 대해 설명하시오.
- 인지작용을 컴퓨터의 작동방식인 정보처리이론으로 설명하시오.
- 기억을 저장하는 책략으로 주의집중 사례를 들어 설명하시오.
- 표준화된 검사도구로 영유아의 지능을 검사할 때 유의해야 할 점을 설명하시오.
- 창의성을 계발하는 교육이 유아기에 꼭 필요한 이유를 설명하시오.
- 영유아의 언어습득 과정을 상호작용적 관점으로 설명하시오.

CHAPTER 11 유아기 사회 · 정서발달

유아기에는 영아기에 형성된 기본적인 정서를 기초로 더욱 다양하고 풍부한 정서발달을 이루게 된다. 자신의 정서를 좀 더 세련되게 표현할 줄도 알게 되며 자기중심성을 벗어나는 과정을 통해 다른 사람의 마음을 이해하는 능력도 발달된다. 이를 기초로 하여 자아개념과 자아존중감을 발달시키게 되며 이를 위해 양육자는 유아의 선택을 존중하고, 자신의 선택에 책임을 지도록 하며, 실수하더라도 비판하는 대신 공감적이고 따뜻한 상호작용을 통해 유아의 긍정적인 자아존중감이 발달하도록 도와주는 것이 필요하다. 또한 유아는 성장하면서 성에 대한 인식도 발달하게 되는데 성정체성, 성고정관념, 성안정성, 성항상성 등을 확립하게 된다. 유아기는 도덕성 발달에 있어서도 중요한 시기이다. 무엇이 옳고 그른가, 무엇이 바른 것인가에 대한 도덕성과 가치관의 발달도 영아기의 권위지향적인 단계에서 벗어나 여러 상황을 고려하여 판단할 수 있는 능력이 생기게 된다.

본 장에서는 유아기의 정시이해, 정서표현, 정서조절 등의 정서발달, 자아존중감의 발달, 성역할 발달, 도덕성 발달에 대해 살펴보고자 한다.

학습목표

1. 유아기 정서발달의 특징을 이해하고 교육과 보육에 적용할 수 있다.
2. 유아기 자아존중감 발달을 위해 양육자와 교사의 역할을 안다.
3. 도덕성 발달단계를 알고 유아의 도덕성 발달을 이해한다.
4. 유아기 바람직한 성역할 발달을 알고 실제에 적용할 수 있다.

주요용어

정서이해, 정서표현, 정서조절, 자아존중감, 도덕성발달, 콜버그, 성정체성, 성고정관념, 성안정성, 성항상성, 양성성

11 유아기 사회·정서발달

1. 정서발달

유아기에는 영아기에 형성된 기본적인 정서를 기초로 더욱 다양하고 풍부한 정서발달을 이루게 된다. 유아기는 영아기보다 언어와 인지발달이 일어나면서 자신의 정서를 더욱 세련되게 표현하고 타인의 정서도 쉽게 이해할 수 있게 된다. 또한 자신의 정서를 상황에 맞게 조절할 수 있게 되고 타인의 감정을 고려해 자신의 기분을 숨길 수도 있게 되는 자신의 정서를 조절하거나 활용하는 능력도 발달하게 된다. 따라서 유아기 정서발달은 정서표현, 정서이해, 정서조절의 측면에서 살펴보고자 한다.

1) 정서표현

유아는 자신의 기분 또는 정서를 얼굴표정이나 행동으로 표현한다. 이러한 정서의 표현은 유아가 사회관계를 형성하는 데 중요한 역할을 하게 된다. 즉 기쁨, 호기심 등의 긍정적인 정서 표현을 자주 하는 유아는 친구 사귀기가 쉬운 반면, 부정적인 정서를 자주 표현하는 유아는 사회적 상호작용에서 문제가 나타날 수 있다. 따라서 유아가 자신을 솔직하고 긍정적으로 표현하도록 지도하는 것은 정서발달뿐만 아니라 유아기 사회성 발달에도 영향을 미치므로 중요하다고 할 수 있다.

김지현과 이순형(2004)은 표정, 억양, 비언어적 행동 등에서 나타나는 기쁨과 슬픔, 화남의 정서표현을 〈표 11-1〉과 같이 제시하였다.

일반적으로 유아들이 가장 많이 표현하는 정서는 '흥미', 또는 '기쁨'과 같은 긍정적 정서이며 이런 정서는 유아의 놀이상황을 관찰했을 때 많이 발견되었다(김희연, 2001). 반면 유아는 욕구가 좌절되거나 불쾌한 상황에 처했을 때 분노를 표현하고 좌절감과 실망감을 느낄 때 슬픔을 표현한다. 또한 주로 자신에게 해를 끼칠지도 모른다고 생각하거나 모습이 무섭게 생긴 대상에 두려움을 많이 나타내는 경향이 있다(문혁준 외, 2015).

일반적으로 유아는 연령이 증가하면서 사회적으로 바람직한 방향으로 정서를 표현하는 것이 가능해지면서 부정적 정서의 표현은 감소하고 긍정적 정서는 증가하게 된다(김지현, 이순형, 2004). 유아의 정서표현은 성인의 영향을 받기도 하는데 부모나 교사가 부정적인 정서표현을 많이 하면 유아도 부정적 정서표현을 많이 하고, 부모나 교사가 정서표현을 거의 하지 않는 경우 유아도 자신의 정서를 자신의 정서를 표현하는 데 서툰 경향이 있다(최미경, 우수경, 2001).

표 11-1 정서표현 행동

하위 범주	기쁨	슬픔	화남
얼굴 표정	미소짓기, 웃기	입이나 눈을 아래로 향하기, 입술 다물기	울기, 얼굴 찡그리기, 입술 깨물기, 눈동자 굴리기, 뺨 부풀리기
억양	올라가는 억양, 환호성 지르기	저음의 떨어지는 억양, 칭얼거리기	소리 지르기, 으르렁거리는 목소리, 투덜대기
몸짓	손뼉치기, 춤추기, 노래 부르기, 아래위로 점프하기, 몸을 크게 휘두르기	한숨짓기, 자리에 무너지듯 앉기, 뒤로 물러나 앉기, 어깨 늘어뜨리기, 고개 돌리기, 고개 숙이기, 머리 긁적이기, 위를 올려다보기	뺏기, 발 구르기, 물건 던지기, 엉덩이를 들었다 놓기, 몸을 격렬하게 흔들기, 지기몸 치기, 어깨 들썩거리기
신체 접촉	안기, 뽀뽀하기, 손잡기, 만지기, 쓰다듬기	울먹이며 안기기, 울먹이며 상대 유아의 옷 끌어당기기	밀기, 치기, 때리기, 찌르기, 주먹질하기, 누르기, 잡아당기기

유아기 정서표현을 돕기 위해서는 부모나 교사가 유아의 정서표현을 무시하고 제한하기보다는 인정하고 이해해 주는 태도를 보이는 것이 바람직하다. 예를 들어, 울고 있는 유아에게 "울지마."라고 이야기하는 것보다 "슬퍼 보이는구나.", "많이 놀랐겠구나."라는 정서적 반영을 해준다. 정서적 반영(emotional reflection)이란 성인이 유아의 정서를 파악하여 그 정서가 어떤 정서인지 말해 주는 것으로, 유아는 성인의 정서적 반영을 통해 자신의 정서가 성인에 의해 존중받았다고 느끼며 또한 자신이 지금 느끼는 기분이 무엇인지 정확하게 이해하고 표현할 수 있게 된다.

2) 정서이해

정서의 이해는 연령이 증가하면서 발달하게 되는데, 영아기 동안 표정이나 목소리의 변화로 다른 사람의 정서를 인식할 수 있었다면, 유아기에는 다른 사람이 표현하는 정서가 어떤 의미가 있는지 이전보다 더욱더 잘 파악하게 된다(문혁준 외, 2015). 즉 눈물을 흘리는 친구의 얼굴을 보면 친구가 슬프기 때문이라고 판단하게 된다.

쉬어가기

마음이론

영유아는 다른 사람의 마음을 이해할 수 있을까? 다른 사람이 자신이 아는 것과 다른 생각을 할 수도 있다는 것을 이해할까?

언니는 책을 보다가 화장실이 가고 싶어 읽던 책을 나무 바구니에 놓고 나갔습니다.

언니가 없는 사이에 동생이 "내가 읽어야지" 하면서 책을 초록색 바구니에 넣었습니다.

화장실에 다녀온 언니는 책을 어디에서 찾을까요?

출처: EBS 다큐프라임. 아이의 사생활 2부 도덕성.

3세 이전	타인의 욕구나 정서를 추론하는 것은 가능하나 타인의 생각이나 신념을 정확하게 표상하는 능력은 갖추지 못함(Wellman, 1990)	
3~4세	타인의 행동을 예언하는 데에는 한계가 있음(Perner, 1991)	화장실에서 다녀온 언니는 책을 어디에서 찾을까요? 3세 유아: 초록색 바구니
4~5세	초보적인 '마음의 이론' 발달이 완성되는 시기. 자신의 욕구와 타인의 신념을 구분할 수 있음	화장실에서 다녀온 언니는 책을 어디에서 찾을까요? 5세 유아: 나무 바구니

송명자(1995). 발달심리학. 학지사. pp.241-242 발췌

3~4세경이 되면 기쁨, 슬픔, 분노, 놀람 등의 정서와 이들 정서를 야기하는 원인을 알 수 있게 된다. 또한 이야기에 나오는 주인공이 경험하는 정서적인 상태도 이해하고 예측할 수 있게 된다(이기숙 외, 2015). 4세 이후에는 자신이나 타인의 정서를 인식하고 구체적으로 표현할 수 있게 되며 4~5세가 되면 타인의 정서를 이해할 뿐 아니라 정서적인 경험의 결과로 그 사람이 어떤 행동을 하게 될지 예측도 할 수 있다(Russell, 1990).

유아기에 이와 같이 정서이해가 발달하기는 하지만 아직은 두 가지 이상의 정서가 복합적으로 나타나는 것을 이해하기 어렵다. 즉 울고 있는 것은 당연히 슬픈 것이고, 화를 내는 것은 속이 상한 것이라고 생각하기 때문에 화를 내면서 사랑하는 마음이 동시에 존재하는 것을 이해하지는 못한다(Friend & Davis, 1993).

3) 정서조절

정서조절은 자신의 감정을 정확히 인식하고 다른 사람에게 미칠 영향을 고려하여 사회가 기대하는 정서 상태로 조절하는 능력이다(Salovey, M. Mayer, 1990). 유아는 처음부터 정서조절을 할 수는 없으며 주로 양육자에 의해 이루어지다가 점차 내면화하여 유아 스스로 정서조절을 할 수 있게 된다. 즉 연령이 증가하면서 정서에 대한 인식이 정교해지고, 정서 표현 능력과 다른 사람의 정서를 이해하는 능력이 향상되면서, 자신의 정서를 더욱 잘 조절할 수 있게 된다(문혁준 외, 2015).

다른 사람 앞에서 부정적인 정서표현을 자제하는 능력은 3세경에 나타난다(Cole, 1986). 유아는 나이가 들수록 실망스러운 선물을 받은 후에 부정적 정서표현을 덜 하며, 자신의 진짜 감정을 숨기는 것이 왜 바람직한지 그 이유도 설명할 수 있다(정옥분, 2002). 남아보다 여아가 자신의 정서를 더 잘 숨기는 것으로 보이는데 기대에 못 미치는 선물을 받았을 때 여아가 남아보다 과장된 미소를 더 많이 지었다(Gnepp & Hess, 1986; Zeman, G. Garber, 1996).

자신의 정서를 적절하게 조절할 수 있는 유아는 다른 사람에게 친근감을 주고 사회적으로 유능하여 또래관계에서도 긍정적인 사회관계를 형성한다(이지희, 문혁준,

2008). 반면 정서조절능력이 부족한 유아는 낯선 장소와 새로운 환경에 적응하는 데 어려움을 겪고 쉽게 화를 내며 비협력적인 태도를 보여 대인관계 기술도 부족하다(채영문, 2012). 따라서 부모나 교사는 유아에게 정서조절모델이 되어 주기도 하고, 유아의 정서표현을 선택적으로 강화해줌으로써 유아의 정서조절능력 발달을 도와주어야 한다(이기숙 외, 2015).

실망스럽고 시시한 선물

"받으니까 어때?" "좋아요."

"집에 가서 엄마한테 자랑하고 싶어요."

그림 11-1 실망스러운 선물을 받은 후 5세 유아의 반응

출처: EBS다큐프라임. 아이의 사생활 2부. 도덕성.

4) 유아기 정서발달을 위한 지도

유아기 정서발달이 원활히 이루어지게 하기 위한 지도방법은 다음과 같다.

첫째, 부모가 애정적이고 민주적인 일관된 양육태도를 가진다. 부모의 민주적인 양육태도는 유아로 하여금 존중받고 있으며 자신이 중요하고 가치 있는 사람이라고 생각하게 한다. 일관된 양육태도는 유아가 성인의 반응을 예측할 수 있기 때문에 정서적으로 안정감을 가질 수 있다.

둘째, 부모나 교사가 정서를 표현하는 바람직한 모델을 보여준다. 유아는 자신을 돌보아 주는 성인의 정서표현방식을 모방하면서 정서를 발달시키게 된다. 만일

부모가 자신의 분노를 적절하게 조절하지 못하고 체벌이나 언어적 폭력을 사용하여 표현하는 것을 자주 목격한 유아는 정서조절능력에 어려움을 겪게 될 것이다. 반면 주변의 성인이 자신의 감정을 적절하고 솔직하게 표현하는 것을 본 유아는 자신의 감정을 거짓되거나 과장되지 않게 적절히 표현할 수 있을 것이다.

셋째, 영유아가 느끼는 감정에 공감해준다. 만약 자신이 만든 놀잇감을 친구가 망가뜨려서 울고 있는 유아에게 "네가 통로에 만들어놓으니까 그렇지!"라고 핀잔을 주기보다는 "열심히 만들었는데 부서져서 속상하구나!"라고 속상한 유아의 감정을 공감해 준 다음 "다음부터는 친구들이 다니지 않는 쌓기놀이 영역에서 만들자."라고 말하는 것이 적절하다. 또한 영유아의 경우 자신의 감정을 언어로 표현하기에는 한계가 있다. 예를 들어, 현장학습 후 피곤해서 짜증을 내고 있는 유아에게 "오늘 많이 걸어서 피곤하구나. 네가 얼마나 지쳤는지 알 수 있을 거 같아."라고 공감해준다.

2. 기질과 발달

기질이란 개인의 행동을 결정짓는 기본적인 양식으로 정의되고 있다(Chess, Thomas, & Brish, 1965). 기질은 부분적으로 유전의 영향을 받아서 생애 초기부터 나타나는 안정적이고 정서적인 반응이라고 할 수 있다. 기질은 성인이 되었을 때 성격과 비슷한 개념으로 다른 사람과의 상호작용에 영향을 주기 때문에 사회정서발달을 예측하는 중요한 변인이 된다.

일반적으로 기질은 순한 아이, 까다로운 아이, 더딘 아이로 구분되며 이에 대한 설명은 영아기 발달 부분에서 다루었다. 유아기에도 기질은 지속적으로 유아의 사회정서발달, 성인과의 관계, 또래와의 관계, 낯선 상황에서의 대응 방법 등에 영향을 미치게 된다. 이 절에서는 각각의 유아의 기질에 적합한 양육방법에 초점을 맞추어 알아보도록 한다.

어떤 기질이 좋고 다른 기질이 나쁜 것이 아니다. 모든 기질은 각각의 장단점이 있기 때문에 부모나 교사는 각각의 유아가 가진 기질의 특성에 적합하게 지도해 줘야 한다. 유아의 기질이 환경과 적절하게 조화되어야 하는데 이러한 점을 기질의 조화 적합성이라고 한다. 조화 적합성이란 아이의 기질과 환경적 요구 사이의 조화로 유아가 상대방에 따라 차별화된 반응을 하고 이러한 경험이 이후 발달에 영향을 미친다는 것이다(Thomas & Chess, 1977).

따라서 유아의 기질은 선천적인 것이므로 유아의 기질과 부모의 기질이 조화롭게 긍정적인 방향으로 나아갈 수 있도록 양육자가 노력해야 한다. 예를 들어, 까다로운 기질의 유아의 경우 반항적인 모습을 보일 때 부모가 화를 내고 행동을 제지하거나 강압적인 처벌을 할 경우 유아는 더욱 예민한 반응을 보일 수 있다. 까다로운 기질의 유아의 경우 아이의 요구에 더욱 민감하게 반응해 줌으로써 까다로운 유아의 기질이 나타날 수 있는 기회를 줄일 수 있다. 또한 유아가 반항적인 모습을 보일 때 그 행동 자체에 집중하기보다는 “여기 칙칙폭폭 기차가 있네.” 등의 관심을 다른 곳으로 돌리는 식으로 상호작용 하는 것이 필요하다.

유아의 기질적 특성을 고려하여 지도하기를 위한 몇 가지 방법은 다음과 같다.

첫째, 유아의 기질을 잘 관찰하여 적합한 지도방법으로 양육한다. 좋은 기질과 나쁜 기질이 따로 있는 것은 아니다. 기질은 각각의 인간이 가지는 성격적 특징으로 유전적인 영향을 받고 쉽게 변화되지 않는 개인적인 특성이라고 이해한다. 따라서 부모나 교사는 유아가 어떤 기질을 가지고 있는지 잘 파악하여 이에 적합하게 지도해야 한다.

둘째, 순한 기질의 유아가 소외되지 않도록 한다. 순한 기질의 유아는 행동이 긍정적이고 규칙적이며 새로운 자극에 대하여 쉽게 받아들인다. 다른 사람에게 긍정적인 상호작용을 함으로써 친사회적 성향이 높아 또래들과 잘 어울린다. 또한 갈등상황이 발생했을 때 까다로운 기질의 유아에 비해 자기 욕구를 강하게 표현하기보다는 친사회적 성향이 높아 양보하는 편이다. 이러한 긍정적인 순한 기질의 유아는 어디서든 잘 어울리고 적응을 잘하는 특성상 교사나 양육자의 관심을 받지 못하게 될 수가 있다. 따라서 순한 기질의 유아에게도 자신의 생각과 요구를 충분히 표현할 수 있도록 기회를 제공하는 것이 바람직하다.

셋째, 까다로운 기질의 유아의 장점을 활용하여 지도한다. 까다로운 유아의 경우 새로운 자극에 예민하게 반응하거나 자신의 요구를 격렬하게 요구하는 특성을 보인다. 자신이 좋아하는 것과 싫어하는 것이 명확하므로 까다로운 기질의 유아는 자신이 좋아하는 것에 몰입하여 깊은 관심을 나타낼 수 있는 호기심을 보일 수 있다. 자신의 요구를 격렬하게 요구할 때 양육자가 무조건 들어주기보다는 유아의 감정과 요구에 공감하면서 현실에 대한 인식을 할 수 있도록 하는 것이 바람직하다.

넷째, 더딘 기질의 유아는 충분히 기다려 주는 여유가 필요하다. 더딘 기질의 유아는 새로운 환경에 적응하거나 어떤 과제를 수행하는 데 시간이 걸리는 특성이 있다. 더딘 기질의 유아가 적응하기까지는 시간이 걸리나 일단 적응을 하고 나면 집중하여 활동을 수행하기 때문에 크게 문제가 되지는 않는다. 다만 적응하는 과정에서 교사나 부모가 빨리하라고 다그치거나 아직까지 이것도 못 하느냐 하는 식의 채근은 유아의 자아존중감을 떨어뜨릴 수 있으므로 주의하여야 한다. 환경이 바뀔 때 미리 이야기해 주어 예측 가능하게 하여 준비할 수 있도록 하며 과제를 제시할 때 한 번에 한 가지씩 주어 천천히 자신의 속도에 맞추어 수행할 수 있도록 충분한 시간을 주어 양육하는 것이 바람직하다.

3. 자아발달

유아기는 영아기에 비하여 인지와 언어가 발달하면서 자신에 대한 인식이 발달하게 된다. 영유아가 자기 스스로에 대해 갖는 신념, 감정, 인식 등을 자아개념이라고 하며 이것은 영유아의 행동특성을 결정하게 되고 향후 성장하면서 지속적인 영향을 미치게 된다. 긍정적인 자아발달이 이루어질 경우 주변 사람들과 원만한 대인관계를 유지하며 매사에 자신감을 가지게 되나 부정적인 자아발달이 이루어질 경우 자신감의 부족으로 다른 일의 성취뿐만 아니라 타인과의 사회관계에도 부정적인 영향을 미칠 수 있다. 따라서 유아기에 긍정적인 자아개념을 이룰 수 있도록 지도해야 한다.

1) 자아개념

자아개념의 발달은 영아기에 자신이 주변 사람들과 독립적으로 존재하는 것을 이해하는 자아인식에서부터 시작된다. 유아는 나이가 들면서 자신의 신체적 특징이나 나이와 같은 외적 특징에 의해 자신을 인식하다가 점차로 성격이나 심리적 상태, 즉 사회적으로 자신을 인식하기 시작한다.

3세부터 언어능력이 급격히 발달함에 따라 유아들은 자신의 여러 특성을 언어로 표현하기 시작한다. 3~5세 유아의 자기인식은 신체적 특징, 소유, 기호 등 외현적 특성에 대해 자주 언급한다(송명자, 1995). '나는 얼굴이 까매요.', '나는 동생과 싸워요.', '나는 세발자전거가 있어요.', '나는 아이스크림을 좋아해요.', '나는 혼자 놀아요.' 등의 내용이다. 이 시기의 유아는 아래 셀만의 자아인식 발달단계에서 보듯이 내재적 특성을 고려하지 못하는 특징이 있다.

표 11-2 셀만(Selman)의 자아인식 발달단계

발달수준	특성
0수준	신체적으로는 자신과 타인을 구별하지만, 물리적 사건과 주관적 감정을 혼동함. 예를 들어, 우는 것과 같은 물리적 행동과 이를 수반하는 슬픔과 같은 감정을 구분하지 못함
1수준	물리적 사건과 심리적 사건, 의도적 행동과 비의도적 행동을 구분하며, 타인의 생각이나 감정이 다를 수도 있음을 인식함. 그러나 내재적인 생각과 감정이 외적 행동으로 직접 표출된다고 생각하므로 웃는 사람은 행복하다고 믿음
2수준	감정과 행동이 다를 수 있다는 것을 이해하며, 타인의 자아를 포착하기 어렵다는 것을 인정함. 타인의 관점으로부터 자신의 감정과 생각을 비춰볼 수 있게 됨
3수준	사람들은 자신의 내적 자아를 관찰하고 평가할 수 있다고 생각함. 타인의 태도와 가치를 이해하게 되고, 자기중심적 관점에서 벗어나 자신과 타인의 관점을 동시에 고려할 수 있게 됨
4수준	이 시기에 비로소 성격이라는 개념이 나타남. 성격의 많은 부분이 무의식적인 수준에 머물러 있으므로 자아는 완전히 이해될 수 없음을 인정함

출처: 곽노의 외(2011). 영유아발달. 양서원.

유아의 자아개념은 주변 사람들과의 상호작용에서 영향을 받기도 한다. 예를 들어 '넌 참 착하구나.', '키가 크다.' 등의 서술적·평가적 언어에 영향을 받을 수 있다. 따라서 무조건적인 외모나 성격에 대한 칭찬보다는 유아가 노력으로 얻어진

성취(네 방을 깨끗이 정리했구나. 엄마를 도와줘서 참 기쁘다 등)에 대하여 격려하여 자신의 존재를 긍정적으로 인식하도록 하는 것이 바람직하다.

2) 자아존중감

자기 자신을 긍정적으로 평가하여 가치 있는 존재로 여기는 사람은 자신감을 가지고 자신에게 일어나는 일들을 효율적으로 처리하고 그럼으로써 행복한 삶을 살게 된다. 자기 자신을 긍정적으로 평가하는 사람은 타인에 대해서도 타인의 가치를 인정하고 존중하며 너그러운 마음을 가지게 되어 원만한 인간관계를 이루게 된다. 이와 같이 자신을 가치 있는 사람이라고 스스로 평가하는 것을 자아존중감(self-esteem)이라고 한다.

자아존중감은 유아가 스스로 자신이 지녔다고 생각하는 특성에 대한 느낌 또는 평가를 뜻하는 것으로 자아존중감이 높은 유아는 자신의 모든 특성에 대해 긍정적으로 평가하는 반면 자아존중감이 낮은 유아는 여러 측면에서 자신이 바람직하지 못하다고 지각하는 경향이 높다(송명자, 1995). 따라서 자아존중감은 유아의 다른 발달 영역, 성취감 등의 자기평가 발달에 있어서 영향을 주는 중요한 요인이 된다고 할 수 있다.

유아기에는 일반적으로 자아존중감이 매우 높게 나타난다. 그러다가 점차 나이가 들어감에 따라 자신을 객관적으로 평가하게 됨에 따라 터무니없이 높던 자아존중감은 현실적인 수준으로 조정되는 경향이 있다(Stipek & MacIver, 1989). 이렇게 형성된 전반적 자아존중감은 학업적 자아존중감(읽기, 셈하기, 기타 과목), 사회적 자아존중감(또래관계, 부모와의 관계), 신체적 자아존중감(신체적 능력, 외모)으로 세분화하여 발달하게 된다.

자아존중감은 '영혼의 생존'이라고 할 만큼 인간의 존재에 존엄성을 부여하는 중요한 요인이다(정옥분, 2002). 이러한 자아존중감의 발달은 성공의 경험이 많을수록, 성공의 원인이 자신의 능력이나 노력에 의한 것이라고 생각할수록, 또래, 가족, 교사로부터 사회적 지지를 많이 받는다고 지각할수록 높게 나타난다고 보고되었다(김연희, 박경자, 2001).

쿠퍼스미스는 자아존중감을 구성하는 네 가지 요소를 중요도와 능력, 미덕, 그리고 영향력으로 제시하였다(Coopersmith, 1967). 중요도는 자신이 중요하게 생각하는 사람으로부터 사랑받고 인정받고 있다고 느끼는 정도이다. 능력이란 자신이 중요하게 생각하는 일을 성공적으로 수행함으로써 성취의욕을 느낄 수 있는 정도이다. 미덕이란 도덕과 윤리적 규범의 달성 정도를 의미한다. 영향력이란 다른 사람에게 영향을 미치거나 통제할 수 있는 정도를 의미한다.

자아존중감이 높은 유아는 자신의 신체나 외모, 성격에 긍정적인 인식을 하고 있으며 다른 사람에게 우호적이고 다른 사람의 감정에 더 잘 공감한다. 현재의 자신의 모습에 만족하고 자신의 강점과 약점을 잘 알고 주어진 과제에 자신감을 가지고 도전한다. 따라서 다른 사람을 존중하면서 원만한 인간관계를 맺을 수 있으며 리더십을 발휘한다. 반면 자아존중감이 낮은 유아는 자신의 단점에 집중하여 자신감을 갖지 못하고 일이나 다른 사람을 대하므로 원만한 성격발달을 저해하게 된다.

유아기는 자아존중감이 형성되기 시작하는 중요한 단계이므로 유아가 자율성과 주도성을 가지고 작은 일이라도 스스로 선택하게 하여 스스로의 힘으로 성취하는 성공의 경험을 자주 경험하도록 하는 것이 중요하다. 예를 들어 스스로 무언가를 시도하고 있는 유아에게 "혼자서 단추를 채웠구나.", "무너지지 않게 탑을 높이 쌓았네." 등으로 격려해주는 것이 필요하다.

유아기 자아존중감을 발달시키기 위한 방안은 다음과 같다.

첫째, 활동의 결과보다는 노력하는 과정을 인정해준다. 유아는 발달하는 연속선상에 있다. 따라서 완성된 모습을 보이기보다는 발달하고 있는 과정임을 이해하여 다소 미숙하더라도 예전보다 나아지고 있음을 인정해주는 것이 좋다. 따라서 유아들 간의 비교를 하기보다는 유아의 발달 내에서 변화되고 있음을 인정해주는 것이 좋다.

둘째, 유아가 주도적으로 결정하도록 기회를 준다. 모든 것을 부모가 결정해 주기보다는 유아에게 간단한 것부터 선택권을 주어 결정할 수 있도록 한다. 더불어 유아가 자신이 선택한 것에 대하여 책임을 질 수 있도록 하는 것이 바람직하다.

셋째, 유아가 스스로 성취하여 성공의 경험을 가지도록 도와준다. 영유아기는 자율성과 주도성이 발달하는 시기로 스스로 선택한 것을 성공적으로 수행하였을 때 자아존중감이 발달하게 된다. 이때 영유아가 다양한 경험을 할 수 있도록 교사나 부모가 함께하는 것이 바람직한데 예를 들어, 동물·식물 키우기 등을 성인과 함께하며 유아에게 자신에게 맞는 역할을 부여하고 성공적으로 수행할 수 있도록 지원한다.

넷째, 긍정적으로 따뜻한 상호작용을 한다. 쿠퍼스미스(Coopersmith, 1967)는 자아존중감이 높은 유아의 부모는 자녀를 수용하고, 애정을 표현하며, 자녀의 문제에 관심을 가지는 것을 확인하였다. 유아가 실수하거나 잘못했을 때 면박을 주거나 네가 하는 일이 다 그렇지 등의 비꼬는 투의 말은 유아의 마음에 상처를 주어 자아존중감에 상처를 주게 된다. "열심히 하려고 했는데 잘 안되어 속상했구나.", "지퍼를 혼자서 잠그는 것은 쉬운 일이 아니야.", "선생님께 꾸중을 들어서 기분이 안 좋았겠다." 등의 긍정적이고 공감하는 따뜻한 상호작용을 하도록 한다.

자아존중감 비디오 감상 EBS 다큐프라임 아이의 사생활 '자아존중감'

1. 자아존중감이란 무엇일까요?

2. 자아존중감은 영유아의 발달의 어떤 부분에 영향을 미치나요?

3. 자아존중감을 길러주기 위해서 무엇을 어떻게 해주어야 할까요?

4. 한 번 형성된 자아존중감은 평생 지속될까요?
   그렇다(　　)　아니다(　　)

3) 자기통제

유아기의 자기통제능력의 발달에 있어서 언어는 중요한 역할을 한다. 유아들은 성인의 지시, 금지 또는 규율을 내면화하는 과정에서 성인의 언어를 자신에게 혼잣말로 말함으로써 자기통제력을 기르는 수단으로 삼게 된다(송명자, 1995).

자기통제력 발달에 관해 루리아(Luria,1982)는 18개월에서 6세 사이의 유아의 대상으로 어른의 언어적 지시가 어떻게 영향을 미치는가를 관찰하였다. 유아들 앞에 단추를 누르는 장치를 두고 '눌러라'라는 소리가 들리면 누르고, '누르지 마라'라는 소리가 들리면 누르지 않도록 지시하였다. 또한 '눌러라', '누르지 마라' 지시의 음색은 조용한 음성과 크고 강한 명령적 음성으로 구분하여 들려주었다. 실험 결과 3세 이전의 영아는 어른의 소리가 들리면 무조건 단추를 눌러 언어적 내용을 구분하여 반응하는 능력이 없음을 보여주었다. 흥미로운 것은 유아의 반응인데 3~5세 유아는 조용한 음성으로 말할 때는 어른이 지시하는 내용을 이해하고 구분하여 반응하였으나 크고 강한 음성일 때는 구분하지 못하고 충동적으로 단추를 누르는 반응을 보였다. 즉 유아의 유아통제 발달에 있어 어른의 과격하고 명령적인 통제방식은 5세 이전의 유아에게 긍정적인 효과가 없다는 사실을 보여준다고 할 수 있다.

자기통제 능력은 유혹에 저항하는 능력, 만족을 지연하는 능력, 충동을 억제하는 능력으로 구분된다. 유혹에 저항하는 능력은 유아가 바람직한 과업을 위해 일시적인 즐거움을 가져다주는 대상의 유혹을 뿌리칠 수 있는 능력을 뜻한다. 예를 들어, 숙제를 하고 있는데 TV를 보고 싶은 유혹을 뿌리치는 것 등이다. 유아의 유혹저항 능력은 일반적으로 3~4세경에 시작하여 유아기 동안에 발달한다(Golden, et al., 1977).

두 번째 만족지연 능력은 이후의 더 큰 만족과 보상을 얻기 위해서 즉각적인 만족을 지연시키거나 억제할 수 있는 능력을 말하는 데 이후 성공적인 인지·사회발달을 예측한다고 한다. 만족지연 능력을 측정하기 위해 널리 알려진 4세 유아 대상의 마시멜로 실험은 다음과 같다. 실험자는 마시멜로 하나가 담긴 접시를 유아에게 주고, 실험자가 잠깐 방에서 나가 있는 동안 마시멜로를 먹지 않고 있으면 돌아와서 마시멜로를 하나 더(두 개) 주겠다고 말하고 나간다. 4세 유아들 중 일부는 마시멜로 한 개를 먹었고, 일부는 두 개의 마시멜로를 얻기 위해 먹지 않고 기다렸다. 즉 자아통제가 잘 발달한 유아는 현재의 만족을 지연시킬 수 있었으며 향후 청소년기에 인지적, 사회적으로 더 유능하였으며, 학업 성적도 우수하고, 좌절이나 스트레스에 더 잘 대처하는 것으로 나타났다(Michel, Shoda, & Rodriguez, 1989).

세 번째 충동을 억제하는 능력은 성급한 감정, 정서, 행동, 판단, 선택 등을 자제하고 통제하는 능력을 뜻한다. 충동억제능력은 유아기부터 발달하기 시작하여 아동기 동안 크게 발달하여 획득된다. 그러나 성인들에 있어서도 충동억제능력이 완벽하게 발달했다고 말하기는 어렵다(송명자, 1995).

쉬어가기

마시멜로 이야기

이임숙(2015). 엄마가 놓쳐서는 안 될 결정적 시기. 더난출판. 발췌

첫 번째 마시멜로 실험 이야기

스탠퍼드대학의 심리학자 미셸(W. Mischel) 박사는 1966년 653명이 네 살 유아들을 대상으로 마시멜로 실험을 했다. 네 살 아이에게 마시멜로를 하나 준다. "네가 원한다며 지금 마시멜로 하나를 먹을 수 있어. 그런데 15분 동안 먹지 않고 기다리면 상으로 한 개를 더 받을 수 있단다." 이렇게 말한 후 실험자는 방에서 나간다.

어떤 아이들은 기다리지 못하고 마시멜로를 먹어 버렸고, 어떤 아이들은 15분을 잘 참고 기다려 한 개를 더 받았다. 그런데 이런 사소한 행동이 아이의 미래에 엄청난 차이를 가져왔다. 15년 후 실험에 참가했던 653명의 아이들을 추적 조사한 결과 눈앞의 마시멜로를 먹지 않고 참은 아이들이 비교적 나중에 성공적인 삶을 살았다는 것이다.

우리 아이는 어느 쪽일까? 이 실험 이야기가 알려지자 부모들은 초콜릿이나 사탕으로 실험을 따라 했다. 어떤 아이는 졸지에 될성부른 나무의 떡잎으로, 어떤 아이는 떡잎이 노란 아이로 취급 받는 상황이 벌어졌다. 아이들이 이렇게 다른 행동을 하도록 만드는 것 무엇일까?

두 번째 마시멜로 실험 이야기

1989년 미셸 박사 팀은 만족지연 능력이 낮아 실망했던 부모들에게 새 희망을 주는 후속 실험 결과를 발표했다. 이 실험은 첫 번째 실험과 몇 가지 다른 점이 있었는

데 그중 첫 번째 차이점은 마시멜로 그릇에 뚜껑을 덮었다는 점이다. 첫 번째 실험에서 오래 기다릴 수 있었던 아이들은 손으로 눈을 가리거나 천장을 쳐다보는 등 마시멜로를 쳐다보지 않는 환경을 스스로 만들어내는 자신만의 비결이 있었다. 두 번째 실험에서 아이가 마시멜로를 보지 않도록 미리 환경을 만들어 주자 신기하게도 아이들은 더 많이 기다릴 수 있었다.

단지 마시멜로를 뚜껑으로 덮어 놓는 것만으로 아이들이 기다리는 시간은 거의 두 배나 길어졌다.

▌세 번째 마시멜로 실험 이야기

2012년 심리학 잡지 〈코그니션(Cognition)〉에 록펠러대학의 키드 교수(C. Kidd) 팀이 발표한 실험은 마시멜로를 눈앞에 두고 기다릴 수 있는 아이와 기다릴 수 없는 아이를 만드는 원인에 대해 보여준다.

세 살에서 다섯 살 사이의 아이들 28명에게 컵을 꾸미는 미술 작업을 할 거라고 설명하고 크레용이 있는 책상에 앉게 한다. 그러고는 조금 있다가 다른 재료를 더 줄 테니 기다리라고 한다. 몇 분 후 열네 명의 아이들에게는 새로운 미술 재료를 준다. '신뢰'를 경험하게 하는 것이다. 다른 열네 명의 아이들에게는 재료가 있는 줄 알았는데 없다고 사과하며 약속했던 새로운 재료를 주지 않는 '비신뢰'를 경험하게 하는 것이다.

선생님의 신뢰와 비신뢰를 경험한 각각의 아이들에게 첫 번째 마시멜로 실험과 똑같은 실험을 했다. 신뢰를 경험한 아이들은 마시멜로를 먹지 않고 평균 12분을 기다렸다. 열네 명의 아이들 중 아홉 명은 15분 동안 마시멜로를 먹지 않았다. 반면 비신뢰를 경험한 아이들은 평균 3분밖에 기다리지 못했고, 15분까지 기다린 아이는 단 한 명뿐이었다. 선생님을 신뢰할 수 있는 경험을 한 아이들이 선생님의 비신뢰 경험을 한 아이들보다 네 배 이상의 시간을 참고 기다릴 수 있었다.

▌이 세 가지 실험에서 알게 된 것을 적어보세요.

실험1

만족지연 능력이 있는 아이는 ____________________________________.

실험2

아이들은 뚜껑을 덮어 놓은 것만으로도 두 배 이상 견딜 수 있다. 즉__________ 에 따라 만족지연 능력은 달라진다.

실험3

어른이 ______________을 경험하면 네 배 이상의 시간을 참아 낼 수 있다.

정답 실험1: 스스로 그 시간을 견뎌 낼 수 있는 능력이 있다.
실험2: 제공된 환경
실험3: 약속을 지킨다는 것

4. 도덕성 발달

영유아의 도덕성 발달은 사회정서발달의 핵심적인 부분으로 이타성, 혹은 친사회적 행동과 비슷한 용어로 사용되고 있다. 도덕성 발달은 사회가 급속하게 발전하면서 현대사회에 살아가는 인간이 가져야 하는 궁극적인 가치로 새롭게 조명되고 있다. 도덕성(morality)이란 선과 악을 구별하고, 옳고 그름을 판단하며, 인간관계에서 지켜야 할 규범을 준수하는 능력으로 단순히 착하거나 종교적이거나 친사회적인 것과는 구별되는 개념이다.

도덕성의 개념은 세 가지 구성요소로 이루어져 있다. 도덕성의 구성요소는 정서적, 인지적, 행동적으로 설명된다. 정서적 측면은 옳은 행동과 옳지 않은 행동에 대해 유발되는 정서를 의미한다. 예를 들면 곤경에 처한 사람을 보며 불쌍한 마음이 드는 것은 정서적 측면이 유발된 것이라고 할 수 있다. 인지적 측면은 옳고 그른 것을 판단하고 어떻게 행동하는 것이 옳은 것인지를 결정하는 부분이다. 위의 예에서 곤경에 처한 사람을 도와주는 것이 옳은 것이고 도와주기 위해서는 어떻게 해야 하는지 결정하는 것이다. 마지막으로 행동적 측면이 중요한데 이것은 정서적 측면과 인지적 측면에서 결정된 것을 행동으로 옮기는 과정이다. 곤경에 처한 사람을 보고 경찰에 연락한다거나 도와주는 행동을 하는 것이다. 그러나 불쌍한 마음도 들고 어떻게 도와줘야 하는지도 알고 있으나 시간이 없어서 또는 다른 사람이 도와주겠지라는 생각으로 행동으로 옮기지 않는다면 도덕성의 세 가지 측면 중 행동적 측면이 결여된 것으로 진정으로 도덕적이라고 할 수 없다. 즉 도덕적인 개념에서 정서적, 인지적 측면뿐만 아니라 행동으로 옮길 수 있을 때 진정한 도덕적인 사람이라고 할 수 있다.

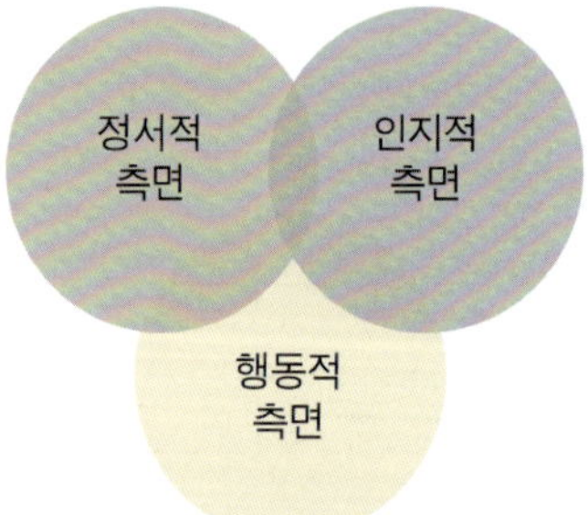

그림 11-2 도덕성의 세 가지 구성요소

1) 피아제의 도덕성 발달이론

피아제(Piaget)는 도덕성 발달 역시 인지발달의 영향을 받는 것으로 5~10세는 타율적 도덕성, 10세 이후에는 자율적 도덕성 단계로 구분하였다.

타율적 도덕성 단계의 영유아는 규칙이란 권위자가 일방적으로 부과하며 매우 신성하고 변경이 불가능하다고 생각한다. 따라서 이 단계의 아이들은 규칙을 변경할 수 없는 강력한 것으로 절대적인 것으로 생각한다. 즉 상황에 따라 규칙이 융통적으로 적용될 수 있다는 것을 이해하지 못한다. 또한 행위의 결과를 판단할 때도 의도와는 관계없이 단지 행위의 결과에 의해 옳고 그름을 판단한다. 예를 들어, 어머니를 도와 식탁을 차리다가 접시 10개를 깨트린 것이 몰래 사탕을 꺼내먹다 접시 1개를 깨트린 것보다 더 나쁘다고 생각한다.

자율적 도덕성은 반대로 행위의 결과가 아닌 의도에 의해 옳고 그름에 대한 판단을 한다. 위의 예의 반대의 경우로 몰래 사탕을 꺼내 먹다 접시 1개를 깨트린 것이 어머니를 돕다가 접시 10개를 깨트린 것보다 더 나쁘다고 생각하게 된다. 그리고 규칙은 사람이 만든 것이고 규칙을 지켜야 하지만 상황에 따라 융통성 있게 그 규칙을 변경할 수 있다고 생각하다. 따라서 도덕적 판단에서 상황적 요인을 고려하는 융통성을 보인다.

4세 "실수로 6개 깬 것이 더 나빠요."

4세 "위급한 상황에서 신호위반 한 것이 더 나빠요."

그림 11-3 타율적 도덕성

출처: EBS다큐프라임. 아이의 사생활 2부. 도덕성.

2) 콜버그의 도덕성 발달이론

콜버그(Kohlberg)는 하인츠 이야기라는 도덕적 갈등상황을 제시하고 각 갈등상황에 반응하는 사람들의 반응을 관찰하여 3수준 6단계의 도덕성 발달이론을 제시하였다.

표 11-3 하인츠 이야기

이야기 내용	희소 암으로 죽어가고 있는 부인이 있었다. 그 부인을 살릴 수 있을지도 모르는 약이 한 가지 있다고 의사는 생각했다. 같은 마을에 사는 약사가 개발한 그 약은 라튬의 일종이었다. 재료비도 비싼 그 약을, 약사는 원가의 10배가 더 비싸게 팔았는데, 아주 소량의 약을 2,000달러나 받았다. 부인의 남편인 하인츠는 그 약을 사기 위해 주위 사람들에게서 돈을 빌렸지만, 약값의 절반인 1,000달러밖에 구하지 못했다. 하인츠는 약사에게 자신의 아내가 죽어가고 있으니, 그 약을 조금 싸게 팔거나, 아니면 모자라는 약값은 나중에 갚겠다고 부탁하였다. 그러나 약사는 그 약으로 돈을 벌 생각이라면서 하인츠의 부탁을 거절하였다. 하인츠는 어쩔 수 없이 약을 훔치기 위해 약국의 문을 부수고 들어갔다.
질문 내용	• 하인츠는 약을 훔쳐야만 했는가? • 약을 훔치는 것은 옳은 일인가? 나쁜 일인가? 왜 그런가? • 만약 다른 방법이 없다면 아내를 위해 약을 훔치는 것이 남편의 의무라고 생각하는가? • 좋은 남편이라면 이 경우 약을 훔쳐야 하는가? • 약사는 약값을 그렇게 많이 받을 권리가 있는 것인가? 있다면 그 이유는 무엇인가?

콜버그의 도덕성 수준은 1수준 '전인습적 수준(preconventional level)', 2수준 '인습적 수준(conventional level)', 3수준 '후인습적 수준(postconventional level)'으로 나누어지고 다시 전인습적 수준은 1단계 '처벌과 복종 지향' 단계, 2단계 '쾌락주의 지향 단계로 인습적 수준은 3단계 '착한 아이 지향 도덕성' 단계, 4단계 '법과 질서 지향 도덕성' 단계로 후인습적 수준은 5단계 '사회계약 지향 도덕성' 단계, 6단계 '보편적 원리 지향 도덕성' 단계로 구분하였다.

표 11-4 콜버그의 도덕성 발달 수준과 단계

수준	단계	특징
전인습적 수준 (preconventional level) : 행위의 결과의 보상이나 처벌에 의한 옳고 그름을 판단. 규칙을 정하는 사람의 물리적인 권위에 따라 도덕성을 고려하여 판단	1단계: 처벌과 복종 지향	행위의 물리적 결과에 의해 옳고 그름을 결정. 처벌은 피하는 것이고 힘이 있는 사람에게 복종하여야 함
	2단계: 쾌락주의 지향	자신이나 타인의 욕구를 도구적으로 충족시키는 것이 옳은 것임. 자신에게 돌아오는 이익을 생각하여 판단
인습적 수준 (conventional level) : 적극적으로 사회질서를 유지하고, 집단이나 구성원들에게 동일시하고 충성하는 것	3단계: 착한 아이 지향	타인을 기쁘게 하고 타인에게 인정받는 것이 옳은 행동임. 대다수의 고정관념에 동조하고 타인의 심리적인 인정 여부가 중요
	4단계: 법과 질서 지향	권위, 고정된 규칙, 사회적 질서를 지향함. 자신의 의무를 다하고 사회적 질서를 유지하는 것이 옳은 행동
후인습적 수준 (postconventional level) : 집단의 권위나 권리를 초월하여 도덕적 가치와 원리를 추구함	5단계: 사회계약 지향	개인의 권리를 존중하고 사회 전체가 인정하는 기준을 준수하는 것이 옳음. 사회적 약속은 구성원의 나은 이익을 위해 바뀔 수 있음
	6단계: 보편적 원리 지향	자신의 윤리적 원리와 일치하는 양심에 일치하는 행동이 옳은 행동임. 구체적인 규율보다는 인간의 존엄성, 정의, 사랑, 공정성의 가치를 추구

출처: Kohlberg(1984).

1수준인 전인습적 수준은 사회 규범이나 관습에 적절하게 순응하지 못하는 사람으로 이 수준에 해당하는 영유아는 자기중심성이 강해 타인의 입장을 고려하지 못하고, 자신의 욕구 충족에만 관심을 보인다. 1단계 '처벌과 복종 지향 도덕성' 단계 아동은 처벌을 피하기 위해 권위에 복종하며 행위의 동기보다는 결과만 고려하여 옳고 그름을 판단한다. 예를 들면, 경찰에게 걸리지 않기 위해 교통법규를 지키거나 엄마에게 혼나지 않기 위해 횡단보도에서 뛰지 않는 것 등이다. 2단계 '쾌락주의 지향 도덕성' 단계는 '목적과 상호교환 지향'이라고도 하는데 아동은 자신의 흥미와 욕구를 만족시키기 위해 규범을 준수하는 모습을 보인다. 다른 사람의 입장을 고려하기도 하지만 이것은 자신이 원하는 것을 얻기 위해서라고 할 수 있다. 예를 들어 선생님에게 상을 받기 위해 교실에서 뛰지 않는 것 등이다.

표 11-5 하인츠의 행동에 대한 구체적 반응 예

	괜찮다	나쁘다
1단계: 처벌과 복종 지향 도덕성	훔친 약값이 실제로는 200달러밖에 안 될지도 모른다.	남의 것을 함부로 훔칠 수 없다. 그것은 죄다. 약값이 비싸니까 비싼 것을 훔치면 그만큼 큰 죄가 된다.
2단계: 쾌락주의 지향	약국 주인에게 큰 해를 끼치는 것도 아니고, 또 언제나 갚을 수 있다. 아내를 살리려면 훔치는 길밖에 없다.	약사가 돈을 받고 약을 팔려는 것은 당연한 일이다. 그것은 영업이고, 이익을 내야 한다.
3단계: 착한 아이 지향 도덕성	훔치는 것은 나쁘지만, 이 상황에서 아내를 사랑하는 남편으로서는 당연한 행동이다. 아내를 살리려 하지 않는다면 비난받을 것이다.	아내가 죽는다 해도 자기가 비난받을 일은 아니다. 죄를 안 지었다고 해서 무정한 남편이라 할 수는 없다. 훔치지 않아도 하인츠는 자기가 할 일을 다한 것이다.
4단계: 법과 질서 지향 도덕성	사람이 죽어가는데 약사가 잘못하는 것이다. 아내를 살리는 것이 하인츠의 의무이다. 그러나 약값은 반드시 갚아야 하고, 훔친 데 대한 처벌도 받아야 한다.	아내를 살리는 것은 당연하지만, 그래도 훔치는 것은 역시 나쁘다. 자기 감정이나 상황에 관계없이 규칙은 항상 지켜야 한다.
5단계: 사회계약 지향 도덕성	훔치는 것이 나쁘다고 말하기 전에 전체적인 상황을 고려해야 한다. 이 경우 법은 분명히 훔치는 것이 나쁘다고 규정한다. 그러나 이 상황이라면 누구라도 약을 훔칠 수밖에 없을 것이다.	약을 훔쳐서 결과적으로 아내를 살릴 수는 있지만, 목적이 수단을 타당화하지 못한다. 하인츠가 전적으로 나쁘다고 말할 수는 없지만, 상황이 그렇다고 해서 그의 행동이 옳은 것이 될 수는 없다.
6단계: 보편적 원리 지향 도덕성	법을 준수하는 것과 생명을 구하는 것 사이에서 선택하라면 약을 훔치더라도 생명을 구해야 하는 것이 더 높은 수준의 원칙이다.	암은 많이 발생하고 약은 귀하니 필요한 모든 사람에게 약이 다 돌아갈 수 없다. 이 경우 모든 사람에게 보편적으로 옳다고 생각되는 행동을 해야 한다. 감정이나 법에 따라 행동할 것이 아니라 한 인간으로서 무엇이 이성적인가를 생각했어야 한다.

출처: Shaffer(1993), 송명자(1995) 재인용.

2수준인 인습적 수준은 전인습적 수준보다 타인의 입장을 더 잘 이해하며 사회적 관습에 부합되는 행동을 도덕적 행동으로 간주한다. 대부분의 성인이 2수준인 3단계와 4단계에 속한다. 3단계인 '착한 아이 지향 도덕성' 단계는 타인의 요구에 부응하고 사회적으로 인정받기 위해 착한 아이처럼 행동한다. 예를 들어 부모나 선생님으로부터 착한 아이라는 칭찬을 받기 위해 또는 자신이 착한 아이라는 자신에 대한 신뢰가 중요하기 때문에 넘어진 친구를 도와주는 친사회적인 행동을 하는 등이다. 4단계인 '법과 질서 지향 도덕성' 단계는 사회에서 정한 법과 질서 유지를 위한 행동이 도덕적 행동이라고 생각한다. 즉 사회질서를 위해 법과 규범을 준수해야 한다고 생각한다. 누가 보지 않아도 빨간불일 때 신호등에서 멈추는 것은 사회에서 정한 법과 질서를 지키기 위함이다.

3수준인 후인습적 수준은 높은 수준의 도덕성으로 사회에서 정한 법과 질서보다 개인의 가치와 인간의 존엄성에 더 높은 가치를 둔다. 즉 법과 사회적 규범을 이해하고 기본적으로 이것을 준수하지만 개인의 평등, 정의, 인간의 존엄성에 위배될 때 법과 질서보다는 더 높은 가치인 평등과 정의에 근거하여 행동하는 것을 의미한다. 5단계 '사회계약 지향 도덕성' 단계는 법과 질서는 지켜야 하고 법과 질서는 지키는 이유는 '최대 다수의 최대 행복'이라는 전제하에 인간의 복지와 권리를 보호하기 위해서라고 생각한다. 6단계 '보편적 원리 지향 도덕성' 단계는 법과 질서는 인간의 평등, 정의에 근거하므로 정당하며, 법과 질서가 보편적 원리에 근거하지 않을 때는 보편적 원리에 따라 행동해야 한다고 생각한다.

콜버그는 도덕성 발달단계는 1단계부터 6단계까지 순서대로 진행되며 모든 사람이 다 최고의 수준까지 도달하는 것이 아닌 소수의 사람만 6단계에 이르며, 대부분의 성인이 도달하는 도덕적 판단의 수준은 3, 4단계라고 하였다.

5. 성역할발달

1) 성역할, 성유형화, 성고정 관념

영유아는 자신의 성을 인식하고 그에 적합한 성역할을 발달시키며 성장하게 된다. 영유아의 성역할 발달은 타고난 생물학적인 성에 영향을 받기도 하지만 사회화 과정에서 자신에게 적합한 남성 또는 여성으로서의 성역할을 내면화하기도 한다. 영유아가 바람직한 성역할을 형성하는 것은 향후 사회적으로 적합한 행동을 하게 하기도 하며 사회에 대한 관점을 변화시킬 수 있으므로 중요하게 다루어져야 한다.

영유아는 만 2세경부터 시작하여 3세 정도가 되면 자신이 남자인지, 여자인지 인식할 수 있게 되는 성정체성(gender identity)을 가지게 된다. 그러나 이 시기의 영아들은 자신이 남자인지 여자인지 인식할 수 있기는 하나 외모나 활동이 바뀌면 성이 바뀔 수 있다고 생각한다. 만 5~6세가 되면 이처럼 외모가 바뀌어도 성이 바뀌지 않는다는 것을 알게 되는 성항상성(gender consistency)을 획득하게 된다.

표 11-6 성 항상성 발달단계

개념	내용
성 정체감	자신이 남자 또는 여자라고 인식
성 안정성	시간이 지나도 자신의 성이 변하지 않는다는 인식 "너는 커서 엄마가 될래, 아빠가 될래?"
성 항상성	성이란 개인이 원한다 하더라도 바뀌지 않는다는 신념 "만약 네가 정말로 원하면 남자(여자)가 될 수 있니?"
성 일관성	성이란 놀이, 복장, 외모의 변화에도 불구하고 변하지 않는다는 인식 "만약 네가 인형을 갖고 논다면 너는 여자가 될 수 있니?", "만약 너의 머리를 여자아이같이 길게 기르면 너는 여자가 될 수 있니?"

출처: Slaby & Frey(1975).

영유아는 이와 같이 성정체성과 성 항상성을 습득하게 되면서 성역할을 발달시키게 된다. 성역할(gender role)이란 남성 또는 여성에게 생물학적으로 사회적으로 적절하다고 여겨지는 특성, 태도, 가치 등을 의미한다. 예를 들어 남성에게는 독립적이고 활동적인 것을 여성에게는 다정하고 조용하기를 기대하게 된다. 이와 같이 자신의 성을 인식하고 사회에서 기대하는 성역할을 수행하는 사회화 과정을 통해서 자신의 성에 더 적합하다고 생각되는 성역할을 획득해 나가는 것을 성유형화(gender typing)라고 한다.

영유아가 바람직한 성역할을 형성하고 사회적으로 적절한 행동을 하기 위해서 어느 정도의 성유형화 되는 것은 필요하지만 극단적인 성유형화가 이루어지면 성고정관념(gender stereotype)을 가지게 될 수 있다. 예를 들어 여자아이가 큰 소리를 내고 뛰어다니며 축구를 하는 것이나 남자아이가 인형을 좋아하고 요리와 뜨개질을 하는 것에 대해 이상하게 생각하는 것을 말한다. 영유아의 경우 만 2~3세에 성고정관념이 나타나기 시작하여 6~7세 정도에 가장 강하고 엄격하게 성고정관념을 가지게 된다. 향후 나이가 들고 다양한 성역할을 접하게 되면서 성역할에 대해 융통성을 가지는 것으로 나타났다.

4세 - "여자요" 6세 - "남자 같아요"

그림 11-4 여장한 남자를 본 4세와 6세의 반응

출처: EBS 다큐프라임. 아이의 사생활 1부 남과 여.

2) 양성성

전통적으로 남자는 남성적인 것이, 여자는 여성적인 것이 심리적으로 건강한 것이라고 오랫동안 생각되어 왔다. 그러나 이러한 전통적인 성역할은 개인의 잠재력을 최대한 개발하지 못하게 하므로 현대 사회에서 더 이상 적합하지 않은 것으로 생각되고 있다. 벰(Bem, 1974)은 남성이든 여성이든지 간에 한 사람이 남성적인 특성, 여성적인 특성을 모두 나타낼 수 있으며 이것을 양성성(androgyny)이라고 하였다. 〈표 11-7〉은 남성성 척도와 여성성 척도를 나타낸 것이다. 남성성과 여성성을 각각 독립된 것으로 보고 남성성과 여성성을 따로 측정하여 남성성이 높고 여성성이 낮은 경우 남성적, 여성성이 높고 남성성이 낮은 경우 여성적이라고 할 수 있다. 이중에서 남성성과 여성성 모두 높은 경우를 양성성이라고 하였다.

표 11-7 한국 성역할 검사의 남성성 척도와 여성성 척도

남성성 문항		여성성 문항	
• 믿음직스럽다	• 털털하다	• 섬세하다	• 상냥하다
• 근엄하다	• 의리가 있다	• 다정다감하다	• 순종적이다
• 과묵하다	• 박력이 있다	• 어질다	• 감정이 풍부하다
• 의욕적이다	• 지도력이 있다	• 차분하다	• 꼼꼼하다
• 남성적이다	• 독립적이다	• 친절하다	• 깔끔하다
• 의지력이 강하다	• 결단력이 있다	• 알뜰하다	• 얌전하다
• 강하다	• 씩씩하다	• 온화하다	• 따듯하다
• 대범하다	• 모험적이다	• 유순하다	• 여성적이다
• 자신감이 있다	• 야심적이다	• 부드럽다	• 인정이 많다
• 집념이 강하다	• 자신의 신념을 주장한다	• 민감하다	• 싹싹하다
• 강하다			

출처: 정진경(1990). 한국 성역할 검사(KSRI). 한국심리학회지:사회, 5(1), 82-92.

남성성 척도와 여성성 척도의 중앙치 점수를 계산하여 남성성과 여성성 점수가 모두 중앙치 이상이면 양성성, 남성성 점수가 중앙치 이상이고 여성성 점수가 중앙치 이하이면 남성성이로, 이 반대의 경우는 여성성으로, 남성성과 여성성 점수가 모두 중앙치 이하면 미분화로 분류한다.

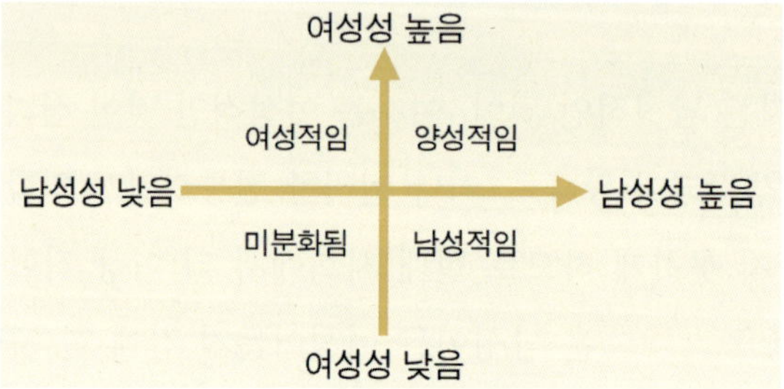

그림 11-5 **양성성**

벰(Bem)은 현대 사회에서는 양성성을 가지고 남성성, 여성성을 융통성 있게 발휘하는 것이 더 효율적이라고 하였다. 따라서 영유아 성역할 교육에서 성고정관념을 가지지 않고 다양한 상황에서 유연하게 양성성을 가지도록 하는 것이 바람직하다고 하겠다.

유아기의 바람직한 사회·정서 발달을 위한 양육자의 역할은 다음과 같다.

- 유아가 긍정적인 자아존중감을 가질 수 있도록 돕는다. 유아는 현재 발달하고 있는 과정임을 이해하여 다소 미숙하더라도 예전보다 나아지고 있음을 인정해 주는 것이 좋다. 부모가 결정해 주기보다는 유아에게 간단한 것부터 선택권을 주어 결정할 수 있도록 하며 자신이 선택한 것을 스스로 성취하여 성공의 경험을 가지도록 도와준다. 혹여 실수하거나 잘못하더라도 상처를 주는 대신 긍정적이고 공감하는 상호작용을 하도록 한다.
- 영유아의 도덕적으로 올바르지 않은 행동에 대해 논리적으로 설명하여 도덕성 발달을 촉진할 수 있도록 한다. 무조건 잘못된 행동에 대하여 체벌을 가하거나 애정을 보이지 않는 것보다 '왜 잘못된 행동인지', '앞으로 이러한 행동을 하지 않으려면 어떻게 해야 하는지' 차근차근 이해할 수 있도록 설명해준다. 또한 영유아 시기는 부모를 통해 동일시하는 경향이 있으므로 부모가 말로만 '착해라'라고 하는 것보다 도덕적인 실제 모습과 행동을 보이는 것이 중요하다.
- 성고정관념을 가지지 않고 현대 사회에 적합한 성역할 발달을 할 수 있도록 돕는다. 성역할 발달은 환경적 요인이 매우 중요하게 작용한다. 즉 양육자가 성역할 발달에 있어서 강력한 모델이 되므로 양육자는 성역할에 대한 고정관념을 전해주는 모델이 되지 않도록 주의한다. 부모가 역할 분담을 하여 다양한 일을 서로 번갈아 가며 할 수 있다. 또한 영유아의 성에 따라 다른 놀잇감이나 환경을 주지 않는다. 영유아의 개별적인 특성을 고려하여 양성평등교육을 통해 바람직한 성역할 정체감을 도울 수 있도록 한다.

연습문제

- 유아기 정서발달의 특징을 설명하시오.
- 긍정적인 자아존중감 발달을 위해 교사의 역할을 설명하시오.
- 유아기 도덕성 발달을 위해 양육자나 성인의 모델링의 중요성에 대해 설명하시오.
- 바람직한 성역할 발달을 위한 양성성의 개념에 대해 설명하시오.

PART V

영유아발달과 생태학적 맥락

현대사회에서 영유아의 발달을 이해하기 위해 생태학적 맥락을 살펴보는 일은 매우 적절하며 많은 유용한 정보를 제공할 수 있다. 생태학의 목적은 가족원 개인의 성장발달과 가족의 행복을 증진시키고 이를 위하여 가정 및 사회환경의 개선을 통한 삶의 질을 향상시키는 데 있다. 특히, 급변하는 사회에서 방치 또는 학대되는 영유아, 저출산과 고령화, 소자녀화 등 현대사회 문제에 대해 개인이나 개별 가족 차원에서의 문제해결은 이제 더 이상 불가능하다. 이러한 유기체의 문제는 이와 관련되는 환경의 영향력을 맥락적으로 파악함으로써 사회적 차원에서 개입하고, 검토해야 할 필요성이 점차 부각되고 있다(문혁준 외, 2015).

이에 V부에서는 영유아의 발달과 성장에 영향을 주는 환경적 요인을 생태학적 맥락에서 자세히 살펴보고자 한다. 이를 위해 가족을 기준으로 영유아의 발달과 성장을 주는 환경을 가족 내적 환경과 가족 외적 환경으로 분류하고자 한다. 가족 내적 환경에는 부모, 형제, 조부모와의 관계 및 다양한 가족 유형, 아동학대가 포함될 것이고, 가족 외적 환경에는 또래, 보육기관, 대중매체, 지역사회가 포함될 것이나.

V부의 학습을 통해 다양한 생태학적 맥락 내에서 영유아의 발달을 미시적 · 거시적으로 이해할 수 있는 시각을 기를 수 있을 것이다.

CHAPTER 12 가족 내적 환경

현대사회의 급격한 변화로 인해 사회 전반에 걸쳐 많은 변화가 일어나고 있으나 가족은 시대를 떠나 영유아의 발달과 성장에 필수적인 환경으로 계속해서 주목을 받고 있다. 가족은 영유아에게 사회를 경험하게 하는 일차적 집단이며, 가족 내에서의 상호작용을 통해 영유아의 사회적 경험은 시작된다. 그리고 가족 구성원들은 하나의 사회적 체계로서 직접 또는 간접적으로 서로 영향을 주고받게 되며, 가족의 구조와 가족 내 관계는 영유아의 건강한 성장과 발달에 있어 기초가 된다. 제12장에서는 영유아의 전인적 성장과 발달에 영향을 주는 가족 내적 환경으로써 부모, 형제자매, 조부모와의 관계에 대해 자세하게 알아보고자 한다. 급격하게 변화하는 현대사회에서, 과거에 비해, 부모, 형제자매, 조부모 등의 영향력이 낮아지고 있다 하더라도 영유아의 성장과 발달에 영향을 주는 미시체계로서 부모, 형제자매, 조부모의 중요성은 낮다고 보기 어렵다. 제12장의 학습을 통해 가족 내적 환경으로써 부모, 형제자매, 조부모와 영유아의 관계가 영유아의 발달에 영향을 주게 되는 상호 밀접한 관계를 이해하게 될 것이다.

학습목표

1. 부모의 양육 행동이 영유아의 발달에 미치는 영향을 이해한다.
2. 형제 관계가 영유아의 발달에 미치는 영향을 이해한다.
3. 조부모 관계가 영유아의 발달에 미치는 영향을 이해한다.
4. 다양한 가족 유형에 따른 영유아의 발달을 이해한다.
5. 아동학대의 원인과 유형 및 예방방법 등 아동학대에 대해 알아본다.

주요용어

부모 양육, 바움린드의 부모양육태도, 형제자매, 조부모, 핵가족, 맞벌이가족, 한부모가족, 조손가족, 다문화가족, 아동학대

12 가족 내적 환경

1. 부모 양육행동

가족은 인간이 사회의 한 구성원으로 성장과 발달을 시작하는 최초의 생활환경이다. 가족 중에서도 부모는 영유아가 만나는 최초의 환경일 뿐만 아니라 자녀 양육에도 중요한 역할을 담당하게 된다. 부모는 영유아가 한 문화에서 반드시 습득해야 할 보편적인 습관, 기술, 행동, 가치관을 발달시키는 데 도움을 주고, 심신이 건강한 인간으로 성장하는 데 결정적인 역할을 담당한다. 따라서 부모의 양육 행동이나 참여 정도, 부모의 제 특성은 영유아의 성장 및 발달에 많은 영향을 미친다.

여기에서는 영유아발달에 대한 부모양육의 영향을 알아보기 위해 영아기와 유아기의 발달을 지원하기 위한 부모 양육행동을 먼저 알아보고 부모의 양육태도에 따른 영유아의 발달 특성을 살펴보기로 한다.

1) 영유아발달과 부모 양육행동

부모의 어려움은 부모의 양육행동이 영유아의 발달과정에 맞추어 변화해야 한다는 데 있다. 발달 시기별로 부모의 역할과 양육행동은 조금씩 변화가 필요하다. 이러한 변화에 적응하고 수용하기 위해서는 부모에게 가장 필요한 지식은 자신의 자녀가 전 생애의 성장 과정 중에 어느 단계에 서 있는지 파악하는 것이다. 가장 우선시 되는 부모의 역할은 자녀의 단계별 특성을 이해하는 것이다. 영아기와 유아기의 발달단계별 특성과 부모의 양육행동을 살펴보면 다음과 같다.

(1) 영아기 발달과 부모의 양육행동

영아기 부모-자녀 관계는 이후 발달의 초석이 된다는 점에서 부모 양육행동의 중요성에 대한 인식과 적절한 역할수행이 필요하다. 프로이트는 출생 초기의 영아는 만족의 근원이 구강이며, 이러한 구강적인 욕구를 충족시켜주는 사람과 애착을 형성한다고 하였다. 또한 에릭슨은 영아기를 기본적인 신뢰감을 형성하는 시기라고 하였다. 자녀가 영아기에 있는 부모는 영아의 발달적 특징을 알고 기본적 신뢰감을 형성하는 것이 무엇보다 중요하다.

또한 영아기 자녀를 둔 부모는 양육적 보살핌과 물질적 보살핌, 사회적 보살핌, 교육적 보살핌을 제공해야 한다. 양육적 보살핌은 의식주를 제공함으로써 생존을 가능하게 하는 것이며, 물질적 보살핌은 기본적인 생존 욕구를 넘어 부모가 제공하는 자극의 수준을 말한다. 사회적 보살핌은 접촉 등 대인관계 측면에 해당하며, 교육적 보살핌은 영아기 말경에 특히 중요해지며 환경과 상호작용할 수 있도록 하는 것이다.

특히 햄너와 터너(Hamner & Turner, 2001)는 자율성이 출현하는 1~2세 영아를 둔 부모를 위한 지침으로 여러 가지 실제적인 제안을 하였다. 첫째, 자율성이 발달하는 시기인 만큼 자녀가 식사나 옷 입기 등을 혼자 힘으로 하도록 함으로써 자립심을 갖게 해준다. 둘째, 간단한 것을 선택할 수 있는 기회를 준다. 셋째, 자녀가 준비가 되었다고 여겨질 때 배변훈련을 시키도록 하며, 실수를 하더라도 혼내지 말고 잘했을 때 격려해 준다. 넷째, 본격적인 걸음마가 이루어지는 시기이므로 놀이와 탐색을 위한 안전한 공간과 놀잇감을 제공해 준다. 다섯째, 호기심을 억누르기보다는 격려한다. 여섯째, 반복, 확대, 모델 제시 등의 방법을 통해서 언어발달을 도와준다. 일곱째, 자녀와의 힘겨루기를 가급적 피한다.

이상의 내용을 토대로 영아기 자녀의 발달에 영향을 주는 부모의 바람직한 양육 행동과 바람직하지 않은 양육 행동을 정리하면 〈표 12-1〉과 같다.

표 12-1 영아기 자녀의 발달에 영향을 주는 부모의 양육행동

연령	바람직한 양육 행동	바람직하지 않은 양육행동
0~6 개월	• 발달적 과제를 수행하려는 영아의 시도를 도와줌 • 사랑을 주고, 끊임없이 돌봄 • 영아의 행동 단서에 적절히 반응함 • 영아 대신 생각하여 영아의 욕구를 예상함 • 수유 시 사랑스럽게 안고 눈을 맞춤 • 쓰다듬고 보고 말하고 노래하면서 애정적인 행동을 보임 • 무엇을 해야 할지 모를 때, 도와주고 정보를 줌 • 영아에게 신뢰를 주는 행동을 함	• 영아의 행동 단서에 반응하지 않음 • 영아를 안아주거나 접촉하지 않음 • 영아에게 엄격하고 화를 내거나 흥분하면서 반응함 • 배고파하지 않는데도 먹이는 행동을 함 • 영아의 행동에 벌을 줌 • 건강에 좋은 물리적 환경을 제공하지 않음 • 해롭거나 위험한 것으로부터 영아를 보호하지 못함 • 영아가 한 행동을 비난함 • 영아의 요구를 무시함

연령	바람직한 양육 행동	바람직하지 않은 양육행동
6~12 개월	• 발달적 과제를 수행하려는 영아의 시도를 도와줌 • 애정, 안전, 보호에 신경을 씀 • 영아에게 안전한 환경을 제공함 • 해로운 것과 위험에서 영아를 보호함 • 음식을 주고 애정적인 접촉 및 격려를 함 • '안 돼'라는 말을 하는 만큼 '그래'라는 말을 함 • 다양한 경험을 제공함 • 영아의 행동에 대해 피드백을 줌 • 영아의 말이나 행동을 방해하지 않음 • 영아가 놀자고 할 때 놀아줌	• 해로운 것이나 위험으로부터 영아를 보호하지 못함 • 제 마음대로 움직이지 못하게 함 • 자율성과 환경을 탐색하는 행동에 대해 비난이나 벌, 수치심을 줌 • 영아가 무엇이든 만지지 않기를 바람 • 대소변 훈련이 빨리 되기를 바람 • 영아의 기본적 발달과업이나 욕구를 방해하는 행동을 함
12~36 개월	• 발달적 과제를 수행하려는 영아의 노력을 도와줌 • 끊임없이 사랑을 주고 안전하게 보호해 줌 • 사고력을 격려함 • 정보를 기초로 결론에 이르도록 격려함 • 해야 하는 것과 하면 안 되는 일에 대한 규칙과 이유를 설명함 • 긍정적 또는 부정적인 정서표현을 받아들임 • 적절한 감정표현 방법을 가르침 • 가능한 한 미리 의논하여 합리적인 제한을 설정하고 지켜감 • 영아의 격한 정서적 표현에 대해 침착하게 대응함 • 영아에게 간단하고 분명한 지시를 함: 성과에 대해 격려하고 칭찬함 • 자신이나 다른 사람의 감정에 대해서 생각하도록 함 • 영아를 '못된 두 살'로 보는 태도를 갖지 않음	• 영아의 행동에 대해서 '하지 말 것'을 너무 많이 말함 • 영아와 힘겨루기를 함 • 훌륭한 부모로 보이도록 무조건 순응하는 영아로 만들려고 함 • 영아에게나 다른 사람에게 '못된 두 살'이라는 말을 함 • 영아의 행동에 대해서 제한설정을 하지 않음 • 영아에게 더 큰 아이나 할 수 있는 행동을 기대함 • 영아가 다른 영아들과 잘 놀 것을 기대함 • 간단한 선택일지라도 어떻게 해야 하는지 가르치지 않음 • 어떤 것에 대해 수치심을 느끼게 함 • 영아를 무시하는 행동을 함

출처: Clarke & Dawson(1989), 문혁준 외(2012)에서 재인용.

(2) 유아기 발달과 부모의 양육행동

유아기는 신장과 체중이 꾸준히 증가하고 운동기술, 언어 및 인지발달이 현저하게 발달함에 따라 부모와 상호 협조적으로 행동할 수 있으며 독립적으로 기능할 수 있다는 특징을 가진다. 그리고 프로이트에 의하면 유아기는 남근기로 동성 부모에 대한 동일시가 강하게 일어나며, 에릭슨에 의하면 유아는 주도성의 발달과업을 성취하기 위하여 부모에 대한 전적인 애착에서 분리되어 주변 환경을 자유롭게 탐색한다. 또한 영아기와 마찬가지로 유아기도 부모의 애정 어린 보살핌과 관심이 필요한 시기이다.

따라서 유아기 자녀를 둔 부모는 안전한 환경을 제공하는 보호자로서의 역할뿐 아니라 초등학교 입학에 대비하여 자신의 신변처리와 관련된 문제들에 대한 훈련도 필요하며, 인지발달을 위한 충분한 지적 자극이나 학습기회 및 언어적 상호작용의 기초를 제공해주는 교육자의 역할도 필요하다. 특히 부모의 역할수행에 따라 발달적 과업 성취가 좌우되므로 긍정적 자아개념 형성 및 사회성 발달을 위한 환경을 마련해주고 유아 자신의 감정과 정서를 정확하게 표현하고 통제할 수 있는 능력을 길러주도록 노력하여야 한다.

햄너와 터너(Hamner & Turner, 2001)는 주도성이 발달하는 유아기 자녀를 둔 부모를 위한 지침으로 여러 가지 실제적인 제안을 하고 있다. 첫째, 자녀의 주도성을 침해하지 않으면서 한계를 설정해 준다. 둘째, 주도성의 발달을 위해 자발적인 행동과 환경을 탐색하는 행동을 격려해 준다. 셋째, 권위가 있는 양육방법을 사용한다. 넷째, 처벌보다는 자연적 · 논리적 결과의 방법을 사용한다. 다섯째, 언어발달을 촉진시키기 위해서 자녀와 끊임없는 질문에 귀를 기울이고 반응해 준다. 여섯째, 자녀에게 날마다 책을 읽어준다. 일곱째, 긍정적인 자아개념의 발달을 촉진 시킨다. 여덟째, 학습을 촉진 시켜 줄 수 있는 적절한 놀잇감을 제공한다. 아홉째, 또래와 놀고 상호작용할 수 있는 기회를 제공한다.

표 12-2 유아기 자녀의 발달에 영향을 주는 부모의 양육행동

바람직한 양육행동	바람직하지 않은 양육행동
• 유아의 발달적 과제 성취를 지지함 • 안전, 보호 및 사랑의 욕구를 지속적으로 충족시킴 • 사람 및 사물 환경 탐색을 지지함 • 성 정체성 수용을 격려함: 양성 수용에 대해 가르침 • 느낌에 대한 표현 격려 및 느낌과 행동을 연관시킴 • 최대한 정확한 정보를 제공함: 잘못된 정보 수정함 • 행동에 대한 적절한 긍정적·부정적 결과를 제공함 • 분명하고 정확한 지시를 제공함 • 환상과 현실 구분을 촉진함	• 유아를 놀림 • 비일관적 행동을 함 • 유아가 생각하고 독립적으로 선택하는 것을 허용하지 않음 • 질문에 대한 정보, 또는 직접적 해답을 제공하지 않음 • 빈정거림 및 조롱으로 대응함 • 혼합된 의미를 지닌 메시지를 사용함 • 유아를 무시함

출처: Clarke & Dawson(1989), 문혁준 외(2012)에서 재인용.

이상의 내용을 토대로 유아기 자녀의 발달에 영향을 주는 부모의 바람직한 양육 행동과 바람직하지 않은 양육 행동을 정리하면 〈표 12-2〉와 같다.

2) 부모의 양육태도와 영유아 발달 특성

부모의 어떠한 양육태도가 영유아의 성장과 발달에 가장 긍정적인 영향을 미치는가는 사회문화적 요인이나 가족의 특성에 따라 상이하다. 그러나 부모의 양육태도는 영유아의 성격 형성에 가장 큰 영향을 미치는 요인 가운데 하나라는 사실에는 여러 학자들이 공감한다.

부모의 양육태도에 따른 영유아의 행동특성을 연구한 대표적인 학자인 바움린드(Baumrind)의 부모 양육태도를 살펴보면 다음과 같다. 바움린드는 애정과 통제라는 차원으로 부모의 양육태도를 권위가 있는 부모, 권위적 부모, 허용적 부모, 무관심한 부모의 네 가지 유형으로 나누었다(문혁준 외, 2015; 정옥분 외, 2005).

(1) 권위가 있는 부모

권위가 있는 양육태도(authoritative style)는 애정과 통제 차원이 둘 다 높다. 자녀에게 온정적일 뿐만 아니라 자녀의 요구에 대한 수용도가 높고 민감하게 반응하며, 적정한 수준에서 통제하는 가장 바람직한 양육방식이다. 또한 합리적인 기대수준을 갖고 일관된 규칙을 명확하게 설명하고 의사 표현을 격려하는 등 자율성을 형성할 수 있도록 도와준다. 아울러, 부모와 자녀 간에 이견이 있을 경우에는 토론 등의 방법을 통해 함께 의사결정이 이루어지도록 노력한다. 이러한 부모 밑에서 성장한 자녀들은 책임감과 자신감이 있으며, 높은 자존감을 형성하여 사회적, 도덕적으로 성숙된 모습을 보이고 학업 성취도에 있어서도 우수하다는 특징을 가진다.

(2) 권위적 부모

권위적 양육태도(authoritarian style)는 애정 차원은 낮지만 통제 차원은 높다. 권위적 양육태도의 부모는 자녀의 행동과 의견을 통제하기 위하여 체벌 등을 사용하며, 민주적인 의사소통을 허용하지 않는 유형을 말한다. 자녀에게 부모가 정한 규칙이나 규율에 대한 부가적인 설명을 대부분 하지 않으며 그 규칙을 절대적으로 지킬 것을 강요하는 것이 특징이다. 이러한 부모 밑에서 자란 자녀는 자존감이 낮아 스스로를 존중하지 못하며 정서적인 문제를 가질 수 있어 또래나 교사 또는 대인관계가 비효율적이며 대부분 사회성이 부족하고 복종적이며 반항적 성격을 지니게 된다.

(3) 허용적 부모

허용적 양육태도(permissive style)는 애정 차원은 높은데 통제 차원은 낮다. 허용적 양육태도는 자녀의 요구에 무조건적으로 허용적인 부모 유형이다. 자녀들이 원하는 모든 것을 무조건적으로 허용하면서 그러한 행동이 자녀를 한 인격체로써 존중하며 대하는 것이라고 믿는다. 가정에서 자녀가 지켜야 할 규칙이나 규율이 대부분 지켜지지 않으며 제멋대로 행동하는 경우를 말한다. 이러한 부모는 자녀가 요구하는 것은 대부분 허용해 주는 것이 특징이다. 이런 부모 밑에서 자란 자녀는 정서적으로 미성숙하고 자기중심적이며 의존적이고 사회성이 결여된 성격을 가지게 된다.

(4) 무관심한 부모

무관심한 양육태도(uninvolved style)는 애정과 통제 차원 모두 낮다. 무관심한 양육태도는 자녀 양육에 대한 참여 의지도 희박하고 애정 및 자녀의 요구에 대한 수용 정도도 낮으며, 부모는 정서적으로 자녀와 분리되어 있거나 우울증에 빠져 있는 경우가 많다. 또한 아동의 기본적인 신체적 욕구와 정서적 욕구에 드물게 반응하는 등 가장 바람직하지 않은 양육방식이다. 따라서 개입과 조정, 지도와 보호가 필요한 경우에 그 상황을 회피하고 모면하려고 하며, 최악의 경우에는 아동학대의 유형 가운데 하나인 방임의 단계에 이르기도 한다. 이러한 부모 밑에서 성장한 자녀들은 애착관계, 인지발달, 놀이, 사회성 개발 등 거의 모든 발달영역에 부정적 영향을 주게 되며, 학업 수행능력이 떨어지고, 공격적, 적대적, 자기중심적 경향을 보인다. 특히 청소년기에 이르러서는 일탈 행동을 보이는 특징을 가진다.

한편, 최근 사회변화의 영향으로 부모 역할에서도 많은 변화가 일어났다. 가족 내에서 자녀 양육을 담당할 수 있는 성인이 제한되고, 여성의 사회참여로 인해 자녀 양육이 여성만의 역할이라는 인식에 변화가 나타났다. 아버지는 거칠고 엄격하고, 어머니는 부드럽고 양육적인 전통적인 부모 역할 구분이 이제 변화하고 있다. 양성적인 부모 역할이 점차 증가하여 자녀 양육에서 어머니와 아버지의 뚜렷한 역할 구분이 이루어지기보다는 담당하는 역할의 차이가 점차 줄어드는 추세이다. 따라서 영유아기 자녀의 발달을 돕고 긍정적인 부모-자녀 관계를 형성하기 위해서는 부모 모두가 자녀 양육에 책임을 지고 바람직한 양육태도를 지니고 자녀의 발달에 적합한 양육행동을 해야 할 것이다.

2. 형제자매 관계

부모와 더불어 형제자매도 영유아의 발달에 영향을 주는 중요한 사람이다. 형제자매 관계는 부모와 질적으로 다른 경험을 제공하는데, 부모와의 관계보다 지속적이며 부모가 책임을 다하지 못할 때 서로 필요한 도움을 주고받는 상호지지체계의 역할을 한다. 또한 영향력의 양에 관계없이 성숙한 인간으로 성장하는 데 매우 중요한 역할을 한다. 오늘날의 소자녀화 현상으로 인해 형제자매 관계를 경험하지 못하는 영유아가 있을 수 있으며, 형제자매들이 서로 간에 더 큰 영향력을 행사하고 또 영향을 받게 되었음을 의미하기도 한다(문혁준 외, 2012).

1) 형제자매 관계의 특징

일반적으로 형제자매는 성인이 되어 독립할 때까지 한 가정에서 생활하고 성장기를 보낸다. 따라서 형제자매 관계는 부모-자녀 관계와 같이 친밀한 관계를 형성하고 오래 지속되는 관계이나 다른 인간관계의 구성원들과는 차별화되는 몇 가지 특징이 있다(우은숙, 2003).

첫째, 형제자매 관계가 생물학적 유전을 공용하는 구성원들 사이에 형성된다는 것이다. 형제의 99% 이상이 33~99% 정도의 공통된 유전자를 가진다고 보고되어 있다

둘째, 형제자매 관계는 다른 어떤 관계 이상으로 형제자매 관계를 유지할 의무를 갖고 있으며, 이들 관계는 동생이 태어나면서부터 시작되어 인생 주기 전체를 걸쳐 지속되므로 대부분의 다른 인간관계보다 오랫동안 유지된다.

셋째, 형제자매 관계는 가족이 아닌 다른 집단관계와는 달리 같은 유전적, 사회적 유산을 공유하며, 공통된 문화적 환경을 갖기 때문에 오랫동안 공유하는 친밀한 경험의 역사를 가진다.

넷째, 형제자매 관계는 다른 가족관계와 구별되어 본질상 더 평등하다. 영유아 간의 상호작용은 상호 이익을 가져다주는 호혜성(reciprocity)을 특징으로 하며, 영유아 성인 간의 상호작용은 서로 부족한 부분을 보충해주는 상보성(complementarity)을 특징으로 하는데, 형제자매 관계는 동료 관계의 특징인 호혜성을 띠면서도 연령 차이 때문에 상보성도 함께 포함할 수 있다고 보고된다.

다섯째, 형제자매 관계는 고립되어 발생하지 않는다. 형제자매 관계가 형성되는 가족 안에서는 부부 관계, 부모자녀 관계, 형제자매 관계라는 세 가지 구조가 존재하므로 외부적 자극의 영향보다는 다른 하위 구조들과의 관계에 의해서 영향을 받는다. 따라서 형제자매의 지각, 감정, 그리고 행위들은 다른 하위 구조들과 관련 네트워크 안에서 고려되어야 한다.

여섯째, 형제자매 관계 안에서 특별한 관심들, 지리상의 근접성(성인기 이후), 연령, 성, 터울과 같은 형제구조 변인들에 의해서 형제자매의 하위 구조가 생성 존재하게 된다. 이들은 권력을 행사하기 위해서 둘 이상의 형제자매 연합을 구성하던가 동맹을 형성한다고 알려져 있다.

이처럼 형제자매 관계는 한 형제자매가 다른 형제자매를 지각함으로써 갖게 되는 지식, 태도, 신념, 감정뿐만 아니라 이들 간의 형성되는 상호작용이나 언어적, 비언어적 의사소통 등을 포함한다고 할 수 있다.

2) 형제자매의 기능 및 역할

형제자매 관계는 다른 어떤 인간관계보다 밀접하고 지속적이어서 일생 결정적인 단계에서 형제자매 모두에게 신체적·정서적 접촉의 기회를 제공해줌으로써 상당한 영향을 주게 된다.

유영주(1989)는 형제자매의 역할을 놀이 친구 및 공부 친구, 교사 및 학습자, 보호자 및 의존자 그리고 경쟁자의 역할로 구분하였다.

(1) 놀이 친구 및 공부 친구의 역할

형제는 많은 시간을 함께 지내고 다양한 방법으로 상호작용함으로써 놀이 및 공부 친구의 역할을 습득한다. 이는 외동아와 형제아의 또래와의 놀이에서 나타나는데, 외동아는 친구의 관심과 무관하게 자신이 좋아하는 놀이만 선택적으로 하지만 형제아는 여럿이 함께할 수 있는 놀이를 더 많이 하는 것으로 나타난다. 이는 형제가 있는 아동은 형제와의 상호작용을 통해 놀이 친구로서의 역할을 습득하기 때문에 또래와의 관계에서도 잘 적응할 수 있는 것으로 풀이된다.

(2) 교사 및 학습자로서의 역할

형제자매는 날마다 만남으로 많은 대화를 하고, 서로 가르치며 배우는 역할을 한다. 대개는 손위 형제가 교사로서의 역할을 하는데, 한 연구(Zajonc & Markus, 1975, 유영주, 1989에서 재인용)에 따르면 형제자매 교육은 가르침을 받는 형제자매의 지적발달에도 많은 도움을 줄 뿐만 아니라 가르치는 형제자매에게 있어서도 도움을 주게 되어 형제를 가르치는 경험이 영유아의 지적발달을 증가시키는 요인이 된다고 언급되기도 하였다. 또 다른 연구(Cicirell, 1972, 유영주, 1989에서 재인용)에 의하면 여아는 동생에 의해 좀 더 효과적인 교사로 지각되었으며 여형제로부터의 지도는 손아래 형제에 의해 기꺼이 받아들여지는 것으로 나타났으며 손위 형제의 활동에 관심을 갖고 주시하며 모방하려는 학습자의 태도를 나타내고 있다. 또한 동생의 빈번한 모방은 단순히 손위 형제가 모델적 역할을 하고 있음을 지적하는 것이 아니라 모방을 통해서 형제자매 간에 점차 우호적이고 호혜적인 상호교환이 형성된다는 것을 보여준다고 할 수 있다.

(3) 보호자와 의존자의 역할

형제자매는 부모의 부재를 보완하는 존재로서 손위 형제가 동생을 돌보는 행위를 말한다. 형제자매가 많거나 형제자매간 터울이 클 경우 형제자매에 의한 돌보기가 특히 많이 행해졌으며, 여아가 손위 형제일 경우 동생을 책임지는 현상이 두드러진 것으로 나타났다. 이러한 역할은 손위 형제의 성별에 따라서도 다르게 나타나는데 손위 형제가 형일 경우는 동생을 지배하려는 경향을 보이고, 손위 형제가 누나일 경우는 동생과 대화도 더 많이 하고 민감하고 기술적으로 상호작용한다고 연구되어 있다. 형제 돌보기는 돌보는 형제나 돌보아지는 형제 모두에게 있어서 풍부한 사회적 경험을 할 수 있게 하며, 사회적, 책임적, 양육적 행위에서 증진을 가져와 다른 아동과의 사회적 기술을 발달시키는 것으로 여겨진다.

(4) 경쟁자의 역할

형제자매간의 경쟁은 정신분석학의 출현과 함께 영유아발달에서 중요한 것으로 간주된다. 손위 형제의 경우 동생의 출현으로 인해 가족의 관심을 상실하면서 경쟁심을 경험하며, 첫째 영유아가 동생보다 광범위한 정도의 적대감을 더 잘 표현하여 대부분의 손위 형제가 더 많은 질투심을 보인다 할 수 있다. 혼성보다는 동성의 형제간에 이러한 현상이 더욱 뚜렷하다. 이외에도 영유아 형제간에서 적대적이고 반항적인 행위들을 보인다는 것이 알려져 형제자매에 대한 질투심이 존재함을 추론할 수 있다.

이렇듯 영유아는 형제자매와의 상호작용 속에서 자신이 수행하는 역할은 물론 상대방 형제자매의 역할도 학습하게 된다. 또한 자신과 상대방의 역할을 습득하는 과정에서 상대방의 역할에 대한 기대를 갖게 되는데 이러한 기대는 상대방의 행동을 예측하게 함은 물론, 타인이 자신에 대해 갖는 기대도 예측하게 한다. 따라서 형제자매는 서로 역할 관계를 이루면서 자신에 대해 알게 될 뿐만 아니라 상대방의 입장에서 이해하는 능력을 발달시키게 된다.

3) 형제자매 구성에 따른 영유아의 발달적 특성

형제자매는 혈연적 관계로 맺어져 있으며 가족 내에 적어도 2명 이상의 자녀가 있는 경우 설립되며, 성 구성 형태에 따라 오빠와 여동생, 누나와 남동생, 형과 남동생 또는 언니와 여동생의 형태를 이룬다. 형제자매는 각 개인이 차지하는 출생순서 혹은 지위, 성별에 의해 맏형, 큰언니, 오빠, 누나, 남동생, 여동생 등으로 분류된다. 이러한 형제자매의 구성 특징을 나타내주는 변인은 출생순서, 형제 수, 성 구성 형태 등을 들 수 있다(문혁준, 2012; 우은숙, 2003; 홍연림, 2000).

(1) 출생순위

영유아의 출생순서는 형제자매에게 중요한 영향을 미친다. 형제자매의 관계에서 순서에 따른 영유아의 특성을 보면 맏이들은 사회적 책임감이 강하고 사교적이며, 동생들에 비해 순종적이다. 이는 이들이 어릴 때 부모와 맺는 특별한 관계 때문일 것으로 추정된다. 일반적으로 손위 형제는 교사와 보호자의 역할을, 동생은 학습자와 추종자의 역할을 담당한다. 또한 반이기적이고 도와주려는 태도는 손위 형제에게서 나타나고, 적극적이고 호기심이 많은 태도는 동생에게서 나타난다. 이러한 출생순위에 따른 차이는 각자의 출생순서에 따른 역할이 분담되어 있어서 이에 따라 각자의 위치에서 기대되는 행동을 나타낸다고 할 수 있다.

(2) 형제 수

지금까지 진행된 형제 수에 관한 연구들을 살펴보면 주로 외동아와 형제아의 성격특성을 비교한 것이다. 그 결과에 있어서 일치하지는 않지만, 과거에 외동아에 대한 부정적인 시각이 많이 긍정적으로 변화되었음을 알 수 있다. 그 외의 연구에서 형제가 너무 많은 것도 좋지 않으나 적당한 형제 수는 상호협조와 경쟁하는 가운데 사회성과 안정성 발달에 도움이 된다고 하였다(홍연림, 2000). 아울러 형제 수가 많을수록 아동의 지능과 자존감이 떨어진다(Hoelter & Harper, 1987, 우은숙, 2003에서 재인용)는 연구결과가 있다. 이것은 형제 수가 많을수록 부모의 관심이 분산되어 한 아동에게 돌아가는 몫이 적어지기 때문에 형제 수가 많은 경우 영유아에게는 부정적인 영향이 많을 것이라고 생각해 볼 수 있다. 그러나 형제 수가 너무 많은 것도 좋지 않으나 적당한 형제 수는 상호협조와 경쟁하는 가운데 자아의 성장이 촉진되고 사회성이 발달해 가는 데 도움이 된다. 형제아의 경우 다른 사람에 대한 인식, 경쟁, 협조, 애호, 독립 등의 특성이 형성되어 정신적으로도 안정감이 생기고 집단에 대한 적응력, 욕구불만에 대한 인내성이 키워지고 정신적인 건강을 유지하는 데 도움이 된다. 외동아의 발달에 대한 전체적인 견해는 형제아보다 자기중심적이고 덜 협력적이며 환경에 더 적응을 못 하는 것으로 알려져 있다.

이상과 같이 외동아와 형제아를 비교해 볼 때 형제의 존재는 분배, 협동과 같은 긍정적인 면과 공격성과 경쟁심과 같은 부정적인 면을 모두 경험하게 되지만, 형제의 부재는 부정적인 성향을 가질 수 있다는 것을 보여주고 있다.

(3) 성 구성 형태

3세 이후에서 나타나는 성 항상성(sex-consistency) 개념의 발달은 성에 따른 형제자매간의 행동에 차이를 가져와 여아들은 역할이론에 따라 형제자매 관계를 긍정적으로 느끼고 우호감을 가지면서 긍정적인 사회행동이 많이 나타나는 반면, 남아들은 그들 형제자매에게 경쟁의식을 느끼므로 부정적인 행동이 더 빈번하게 나타난다고 알려져 있다.

형제간의 성에 따른 차별화된 행동은 특히, 그들 간의 성 구성 형태에 따라 크게 영향을 받게 된다. 즉 이성보다 동성과 더 긍정적인 상호작용이 빈번하게 나타나며 그중에서도 자매간에서 가장 친근감을 느끼고 빈도수가 높다고 보고되어 있다. 동성 형제는 성 유형화(sex-typing)에 좋은 효과를 가지므로 동성 형제간에는 점차 긍정적인 사회행동이 증가하고, 이성 형제간에는 부정적인 사회행동이 증가하는 반면, 모방행동의 빈도는 감소를 나타낸다고 보고되어 있다. 또한 이성 형제의 행동은 손위 형제의 행동을 모델로 발달되므로 오빠가 있는 여아는 더 남성적인 행동을, 누나가 있는 남아는 더 여성적인 행동을 나타내게 된다.

(4) 터울

형제자매간의 연령 터울은 형제관계를 복잡하게 만드는 요인 중의 하나이다. 형제간의 연령 터울이 적은 경우에는 친구와 같은 관계를 유지하면서 서로 잘 이해하고 대화할 수 있지만, 상대방에게 압력과 갈등을 불러일으킬 수 있으므로 형제간의 연령 터울은 서로에게 많은 영향을 미치게 된다. 연령 터울이 3년 이상이 될 때에는 손위 형제가 가정 밖에서 또래 집단이나 바깥 활동 등에 관심을 갖게 되어 동생이 생기는 것에 대한 스트레스를 적게 받으며 동생에 대한 자신의 감정도 조절할 수 있다는 장점이 있다.

지금까지 형제자매 구성에 따른 영유아의 발달적 특성을 형제 수, 출생순서, 성 구성, 터울로 나누어 살펴보았다. 출생순서에 있어서 손위 형제는 보호자, 교사로서 동생은 의존자, 학습자로서의 역할을 담당하며, 형제 수에 있어서는 너무 많은 것도 좋지 않으나 적당한 형제 수가 상호협조와 경쟁하는 가운데 자아개념 발달을 촉진 시키고, 사회성 발달에 도움이 되었다. 성 구성에서는 이성형제보다 동성형제에게서 긍정적 행동이 나타나는데, 특히 자매간에 친밀하고 우호적인 행동이 많이 나타났다. 형제자매간의 연령 터울은 적은 경우와 큰 경우 모두 장단점이 있다. 이처럼 형제자매 관계는 자아개념 발달과 사회성 발달, 인성 발달 등 많은 발달에서 중요한 역할을 담당한다고 볼 수 있는데, 대체로 긍정적으로 서로의 발달에 영향을 미치고 있다고 볼 수 있겠다.

3. 조부모 관계

최근의 가족 유형은 결혼과 함께 분가하는 핵가족의 형태로 바뀌고 있으며, 대부분의 결혼한 부부는 독립된 공간에서 그들의 신혼생활을 시작한다. 이와 같은 거주에서의 독립은 성인자녀와 노부모의 관계뿐만 아니라 조부모와 손자녀의 관계를 변화시키고 있다. 그러나 최근 들어 평균수명이 늘어나고 취업 여성이 증가함에 따라 육아의 상당 부분이 조부모들의 몫이 됨으로써 조부모와 손자녀 관계가 중요한 관계가 되고 있다.

1) 영유아와 조부모의 관계

조부모는 사랑과 관심을 필요로 하는 영유아와 깊은 유대관계를 갖고, 대리양육자로서뿐만 아니라 기본 생활습관지도 및 놀이지도의 교육적 역할까지 수행한다. 이밖에도 가족 역사를 알려주는 역사가의 역할, 생활의 지혜를 전수하고 성 역할 정체감을 형성하게 하는 훈육자의 역할, 노화 과정과 미래의 가족관계와 조부모 역할을 보이는 모델 역할, 재미있는 이야기를 제공하고 상상력을 제공하는 마술의 역할을 수행한다(문혁준 외, 2012). 조부모는 영유아기 손자녀의 언어발달 및 사회성, 정서, 지적발달에 도움을 주며 손자녀는 조부모와 자주 상호작용하면서 가족이라는 울타리에 대해 알게 된다.

또한 조부모와 손자녀 간의 친밀한 관계는 그들 간의 긍정적 관계 형성에 영향을 미친다. 조부모는 손자녀의 성장 과정을 보며 애착과 보람과 느끼는 동시에 삶의 의미를 찾게 되며 인생을 살아가며 얻은 경험과 지식을 손자녀에게 전해주게 된다. 또한 조부모는 손자녀를 돌보면서 가족에 대한 긍정적인 인식을 갖게 되는데 이는 가족 내에서 생산적 활동에 대한 만족감으로 해석할 수 있으며 삶의 만족도도 높아진다(원미주, 2017).

그러나 조부모의 손자녀 양육의 부정적인 측면도 있다. 조부모들은 신체적, 심리적, 사회적 기능이 저하되는 노년기에 자신들의 생애발달주기에서 벗어난 전일제 부모의 역할을 수행하게 되어 고도의 신체적 어려움을 경험하게 된다. 그리고 조부모 대리 양육에 감사할 줄 모르는 부모의 태도로 인한 갈등, 자녀 양육방식에 대한 불일치로 심리적 어려움도 경험한다. 또한 손자녀가 아프거나 다쳤을 때 잘 돌봐주지 못한 것으로 받아들여 죄책감을 느끼고 손자녀의 부모 눈치를 보는 등

심리적 부담감을 느낀다. 이러한 부정적인 측면 때문에 손자녀 양육을 포기하는 경우도 있다.

2) 영유아의 발달을 지원하는 조부모의 바람직한 양육행동

조부모들에게 손자녀는 소중한 존재여서 관대하기만 하다. 조부모들은 자녀를 양육할 때와 같이 엄격한 훈육을 손자녀에게 실시하지 못해 버릇없는 영유아로 양육하기 쉽다. 자녀와 협의하여 일관성 있는 양육태도를 유지하는 것이 중요하며 집안일과 양육을 병행하지 않는 것이 바람직하다.

또한 손자녀를 과잉보호하지 말아야 하며 육아에 대한 지식을 배워야 한다. 일반적으로 조부모가 손자녀를 기쁘게 해 주는 방법은 용돈 주기, 부모와 조부모의 어린 시절 이야기해 주기, 꾸중 들은 손자녀를 따뜻하게 위로해 주기, 잘한 일은 아낌없이 칭찬하기 등이다. 손자녀들이 싫어하는 조부모의 태도는 같은 말 반복하기, 부모와 갈등하기, 일방적으로 말하기, 손자녀의 잘못을 부모에게 이르기, 틀니를 빼놓거나 옷을 아무렇게 입는 행동 등이다(문혁준, 2012).

조부모는 훈계가 아닌 삶을 통해 가르쳐야 한다. 말보다 행동으로 보여주는 것이 효과적이다. 예를 들어 텔레비전을 시청하는 모습이 아니라 책을 읽는 모습을 보여주고 서로를 존중하며 살아가는 모습을 보여주는 것이 살아있는 교육이다.

TIP 조부모 양육에 관한 사회적 관심

1. 인구보건복지협회 부산지회, 손자녀 양육하는 조부모 대상 육아교실 개최 (브릿지경제, 2017. 11. 07., 김동기 기자)

인구보건복지협회 부산지회(본부장 허진근)는 손자녀를 양육하는 조부모를 대상으로 '2017년 하반기 조부모육아교실'을 20~21일 양일간 개최했다. 조부모들에게 최신 육아 정보를 제공하며 놀이를 통한 손자녀 마음 읽기, 아동의 바람직한 생활습관 기르기, 영유아 건강관리와 응급처치 등의 내용으로 쉽고 재미있는 육아 방법을 교육한다.

조부모육아교실은 선착순 30명으로 인구보건복지협회 부산지회에 전화로 신청하여 무료로 참여하게 했다.

2. 원유철, 조부모의 손자녀 양육부담 완화 '할마할빠법' 발의 (연합뉴스, 2017.12.11., 배연경 기자)

원유철 의원(자유한국당)은 손자녀를 돌보는 할아버지, 할머니의 부담을 완화함으로써 결과적으로 조부모에게 양육을 부탁하는 부모의 부담도 함께 줄이는 것을 목표로 한 아이돌봄지원법 개정안, 일명 '할마할빠법'을 발의했다.

이 개정안은 자녀 양육에 있어서는 '3040 부모세대'뿐만 아니라 '6070 조부모세대'까지 부담을 지고 있다는 점에 착안해 '할아버지·아빠(할빠)'와 '할머니·엄마(할마)'를 지원하는 정책을 마련하는 것을 골자로 한다.

개정안에는 맞벌이 등의 사유로 부모가 아이를 돌볼 수 없어 조부모가 손자녀를 보호·양육하는 경우 해당 가정에 대한 필요한 시책을 국가와 지방자치단체가 강구하도록 하는 조항이 신설됐다.

또 조부모가 손자녀를 동반해 박물관·과학관·동물원 등 여가 문화 시설이나 공공시설을 방문할 경우 이용료를 감면해 줄 수 있도록 하는 내용도 담고 있다.

"손자녀 돌보는 것을 조부모의 의무로만 여겨온 측면이 있는데, 이는 노년층에게 손자녀 양육 부담을 전가한 것이라는 비판도 있다"면서 법안 발의 취지를 밝혔다. 또한 법안이 통과되면 조부모에 대한 지원책 마련을 통해 가족 구성원의 행복은 물론 공동체의 경제까지 동시에 챙길 수 있을 것이라고 말했다.

4. 다양한 가족 유형

현대사회에서 가족의 형태는 과거 그 어느 때보다 다양화되고 있다. 지식·정보화 사회로 변해가면서 대가족보다는 핵가족형태나 일인 가족 형태로 나타나고 있으며, 여성들이 경제 활동에 참여하면서 가정과 일을 양립하는 맞벌이 가족 형태도 있다. 뿐만 아니라 최근 이혼율이 급증은 가족해체의 결과를 초래하여 한부모가족, 재혼 가족 등의 형태로 구성되기도 한다. 다양한 가족의 형태는 영유아의 발달에 많은 영향을 미치기 때문에 좀 더 자세히 살펴볼 필요성이 있다. 특히 지구촌이 세계화되어가는 시대에 우리나라도 더 이상 단일 민족이 아닌 다양한 외국인이 유입되어 다문화가족은 계속 증가하고 있다.

본 절에서는 맞벌이 가족, 한부모가족, 다문화가족을 중심으로 살펴보겠다.

1) 맞벌이가족

맞벌이가족은 부부가 모두 취업함에 따라 가족의 기능이나 역할에서 적절한 분담이 요구되는 가족형태를 말한다. 여성의 교육수준이 높아지고 직업을 갖고 자아실현을 하고자 하는 여성들이 경제활동을 하면서 맞벌이가족이 증가하고 있다.

통계청(2019)에 따르면 여성의 경제활동 참여율은 2009년 여성경제활동이 49.3%이었다면 2018년에는 52.9%로 약 10년 사이에 3.6%p가 상승한 것으로 나타났다.

(단위: 천 명, %)

	2009	2010	2011	2012	2013	2014	2015	2016	2017	2018
15세 이상 여성 인구	20,594	20,846	21,119	21,356	21,576	21,806	22,018	22,205	22,357	22,484
여성경제활동인구	10,153	10,335	10,520	10,704	10,862	11,229	11,426	11,583	11,773	11,893
여성경제활동 참가율	49.3	49.6	49.8	50.1	50.3	51.5	51.9	52.2	52.7	52.9

그림 12-1 여성경제활동인구 및 참가율

출처: 통계청(2019). 경제활동인구조사.

맞벌이가족의 취업 모는 가정 일과 직장 일을 양립하면서 갈등을 경험할 수 있다. 맞벌이 부부는 많은 시간을 자녀와 함께하지 못한다는 죄책감을 갖고 과잉보호로 이어질 수 있다. 이는 자율성, 주도성이 길러지는 시기에 부정적인 영향을 미칠 수 있다. 그러므로 맞벌이 부부는 자녀와 함께 보내는 시간을 갖고, 함께하는 시간동안 잘 놀아주고 대화하며 더 많은 사랑과 관심을 보여주는 것이 필요하다.

2) 한부모가족

한부모가족은 배우자와 사별 또는 이혼으로 부모 중 한쪽 부모와 자녀가 함께 생활하는 모자가족 혹은 부자가족을 말한다. 한부모가족은 부모가 수행하는 부모 역할을 부나 모가 혼자 감당해야 하기 때문에 부모역할 부재에 따른 문제나 과도한 역할수행에 부담으로 이어져 부정적인 영향을 미칠 수 있다.

특히 이혼가정의 경우 이혼한 가정의 자녀와 이혼하지 않은 가정의 자녀를 비교했을 때 교육기관에서의 적응을 보면 이혼가정의 자녀가 적응문제를 더 많이 보인다고 하였다(Kelly, 2000). 그러나 지속적으로 부부의 갈등이 내재된 가족의 자녀보다 안정적인 이혼가정의 자녀나 재혼가족의 자녀가 교육기관에서 더 잘 적응한다는 연구결과는 이혼을 통해 부부갈등이 해소된 경우 오히려 자녀의 발달에 긍정적인 영향을 미칠 수 있다(Hetherington, 1989).

한부모가족의 자녀에게는 영유아의 발달적 특성과 연령을 고려하여 유아 자신이 처한 정서적 불안감과 스트레스 상황을 이해하고 극복하도록 도움을 주는 것이 필요하다. 부모는 영유아의 감정에 민감하게 반응해 주어 자녀로 하여금 한쪽 부모의 부재에 따른 문제를 극복하도록 도와 친밀한 인간관계를 맺었을 때 전인적 성장을 도모할 수 있다.

3) 다문화가족

다문화가족이란 우리나라와 다른 국적, 인종이나 문화를 가진 사람들로 구성된 가정을 총칭하는 용어이다. 다문화가족에 대한 정의는 일반적으로 광의의 개념과 협의의 개념으로 구분해 볼 수 있다. 광의의 개념은 자국 내에 거주하는 모든 외국인 가족을 포함하는 반면, 협의의 개념은 단순히 거주하는 것이 아니라 가족 중 한 명이 우리나라 국적을 취득해 구성된 가족이다. 현재 지구촌이 세계화되어감에 따라 우리나라도 더 이상 단일 민족이 아닌 다양한 외국인의 유입으로 다문화가족은 계속 증가하고 있다.

다문화가정 역시 일반 가정과 마찬가지로 양육 책임이 엄마에게 집중돼 있지만,

가족 구성원들은 아이에게 엄마가 태어난 나라의 말을 쓰지 못하게 하는 경우가 대부분이다. 엄마가 말을 할 수 없으니 아이와 정서적 교감을 충분히 하지 못하고, 생업에 바쁜 아빠는 육아에 적극적으로 참여하지 않아 아이는 자연히 한국어 습득이 늦어지고 있다

이렇듯 부모의 언어능력이 유아의 언어능력에 주는 영향이 크다는 사실은 다문화가족의 부모들이 자신의 한국어능력 부족이 자녀들의 언어학습 부진 및 학업부진으로까지 이어질 수 있다는 걱정을 하게 했다.

다문화가족 아동들이 지적 능력이 일반 가정 아동과 동일할 경우에도 다문화가족 아동들의 학업 성적이 떨어진다는 것을 알 수 있다. 다문화가족 아동의 학업지체가 타고난 지능의 차이나 학교 등 학습 환경의 차이에 의한 것이 아니라 부모의 언어능력과 같은 가정의 양육환경 요인에 의한다는 사실을 밝힌 것이다 (Baldwin, 2000).

5. 아동학대

1) 아동학대 개념

아동학대는 '보호자를 포함한 성인에 의하여 아동의 건강·복지를 해치거나 정상적 발달을 저해할 수 있는 신체적·정신적·성적 폭력 또는 가혹행위 및 아동의 보호자에 의하여 이루어지는 유기와 방임을 말한다(아동복지법 제3조 제7호)'라고 규정되어 있어 적극적인 가해행위뿐만 아니라 소극적 의미의 방임행위까지 아동학대의 정의에 포함된다. 교육학 용어사전(1995)에서는 아동학대에 대해 정신적으로 아동의 권리를 박탈하는 행위로 규정지으며 아동을 사랑하지 않고, 위험한 노동에 종사하게 하여 착취하거나, 놀이나 교육의 기회를 박탈하고, 부단한 신체적 처벌을 가하는 것으로 개념화하고 있다.

2) 아동학대의 유형

아동학대는 일반적으로 신체적 학대, 정서적 학대, 성 학대, 방임의 네 가지 유형으로 분류해 볼 수 있으나 성 학대를 제외한 신체적 학대, 정서적 학대, 방임을 중심으로 살펴보고자 한다.

(1) 신체적 학대

신체적 학대(Physical Abuse)란 보호자를 포함한 성인이 사고가 아닌 다른 것으로 아동에게 신체적 손상을 입히거나 혹은 입히도록 허용한 것을 말한다. 신체학대의 유형을 구체적으로 살펴보면 다음과 같다.

- 직접적으로 신체에 가해하는 행위
  예 손과 발로 때리기, 꼬집고 물어뜯기, 조르고, 비틀기, 할퀴기 등
- 도구를 사용하여 신체를 가해하는 행위
  예 도구로 때리기, 물건 집어 던지기, 흉기나 뾰족한 도구로 찌르기 등
- 완력을 사용하여 신체를 위협하는 행위
  예 강하게 흔들기, 신체 부위 묶기, 벽에 밀어붙이기, 떠밀고 잡기, 아동을 집어 던지기, 거꾸로 매달기, 물에 빠뜨리기 등
- 신체에 유해한 물질로 가해하는 행위
  예 화학물질이나 약물 등으로 신체에 상해 입히기, 화상 입히기 등

(2) 정서적 학대

정서적 학대(Emotional Abuse)는 아동의 자아존중감과 정서를 손상시키는 행위로 직접적인 정서학대와 간접적인 정서학대로 구분해 볼 수 있다. 직접적인 정서학대는 아동에게 습관적으로 소리를 지르거나 무시하는 행동, 폭언이나 계속적으로 아동을 거부하는 행위를 말한다. 간접적 정서학대는 아동에게 직접적인 정신적 손상을 가하는 행위를 하지 않았지만, 정서에 부정적인 영향을 미치는 것을 말한다. 예

를 들어 부부간의 싸움으로 발생되는 구타나 폭언이 아동에게 불안요인으로 작용되는 것이 해당된다.

직접적인 정서학대의 구체적인 행위는 다음과 같다.

- 형제나 친구 등과 비교, 차별, 편애하는 행위
- 가족구성원 내에서 따돌리는 행위
- 잠을 안 재우고 괴롭히는 행위
- 벌거벗겨 내쫓는 행위
- 아동을 밖에 버리겠다고 위협하거나 짐을 싸서 쫓아내는 행위
- 아동이 가정폭력을 목격하도록 하는 행위
- 원망적, 거부적, 적대적, 경멸적인 언어폭력을 사용하는 행위
- 감금, 약취 및 유인, 노동력 착취 등 아동의 정서적 발달특성이나 연령을 고려했을 때 감당하기 어려운 것을 강요하는 행위

(3) 방임

중앙아동보호전문기관에서는 방임(Neglect)을 '보호자가 아동에게 위험한 환경에 처하게 하거나 아동에게 필요한 의식주, 의무교육, 의료적 조치 등을 제공하지 않는 행위'로 규정짓고 있다. 방임은 부모의 역할에 대한 소극적인 행위로 외부에 쉽게 드러나지 않아 즉각적인 발견이 어려우며 충분한 시간을 두고 지속적으로 관찰할 때에 발견될 수 있다.

방임에 대해 좀 더 세분화하면 물리적 방임, 교육적 방임, 의료적 방임, 유기 등으로 나누어 살펴볼 수 있는데 유형별로 각각의 내용을 살펴보면 다음과 같다(Marotz, 2001).

① 물리적 방임

- 기본적인 의식주를 제공하지 않는 경우
- 불결한 환경이나 위험한 상태에 아동을 방치하는 경우
- 보호자가 아동을 가정 내 두고 가출한 경우

② 교육적 방임

- 보호자가 아동을 특별한 사유 없이 어린이집(유치원)에 보내지 않은 경우
- 아동의 무단결석(정당한 사유 없이 계속하여 7일 이상 결석을 하는 경우)을 방치하는 경우
- 학습에 필요한 준비물 챙겨주지 않거나 관심을 두지 않는 경우

③ 의료적 방임

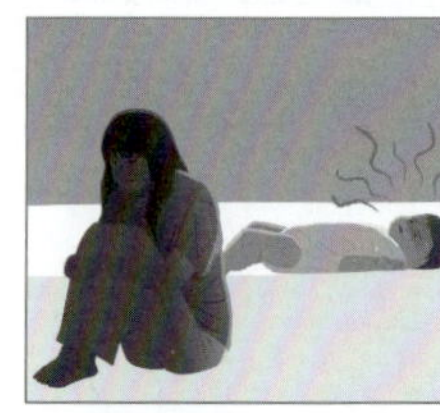

- 아동에게 필요한 의료적 처치(시력저하, 예방접종) 및 개입을 하지 않는 경우

④ 유기

- 아동을 보호하지 않고 버린 경우
- 아동을 병원에 입원시키고 사라진 경우
- 시설 근처에 버리고 가는 경우
- 친족에게 연락 없이 아동을 무작정 친족 집 근처에 두고 사라진 경우

3) 아동학대 원인

아동학대의 원인은 일반적으로 부모 요인, 아동 요인, 사회적 요인으로 세 가지 요인 간의 상호작용에 의해 유발되는 것으로 볼 수 있다.

(1) 부모 요인

부모가 어린 나이일수록 자녀의 발달에 대한 지식이나 이해, 기술이 부족한 것은 아동학대의 주요 원인이 된다. 또한 자녀의 욕구를 적절히 파악하지 못해 어떻게 대처해야 할지 몰라 불안하고 화가 나서 학대가 발생될 확률이 더 높아진다. 학대 가능성이 있는 부모의 일반적인 특성은 다음과 같다.

① 부모의 정신 병리적 특징

- 공격적 충동을 다루기 어려움
- 엄격하고 지배적인 성향
- 자기 이해 부족으로 낮은 자아존중감
- 스트레스에 대한 인내심 부족
- 약물, 알코올 중독
- 정신질환 문제
- 아동기 애착 결여
- 어릴 때 부모로부터의 학대 경험

② 가정 환경적 특징

- 빈곤
- 신뢰감의 결여
- 조기결혼과 임신
- 양육에 대한 지식 부족
- 문제해결능력의 부족
- 가정불화, 별거, 이혼 등 위기요인
- 자녀를 훈육하는 것과 체벌을 혼동하는 분위기

(2) 아동 요인

마로츠(Marotz, 2001)는 아동의 상태가 특별할 경우 가족과 환경에서 오는 스트레스에 의해 보호자가 아동을 학대하거나 무관심할 가능성을 가지고 있다고 하였다. 행동이나 상황이 특별하여 학대의 대상이 되는 아동은 다음과 같은 특성을 보인다.

- 발달적으로 지체장애가 있는 경우
- 지적능력이 부족한 경우

- 반항적이고 귀찮게 하는 경우
- 다루기 힘든 행동(과잉행동)을 하는 경우
- 자주 아프고 소심하고 약한 경우
- 원치 않았는데 임신한 경우
- 의붓자식이나 사생아인 경우

3) 사회적 요인

사회적 요인은 가족관계 및 가족구조의 문제, 사회 분위기 등이 복합적으로 상호작용하여 발생하게 된다. 아동학대의 사회적 요인은 다음과 같은 특성을 가진다.

- 가족 구성원 간의 갈등이나 가족관계의 문제
- 미성년가족, 한부모가족, 이혼가족, 재혼가족 등 가족구조 특성의 문제
- 양육에 대한 지식의 부족
- 가족의 스트레스
- 가족 간의 긴밀한 상호작용의 결여
- 사회적 고립 및 사회적 지지 체계의 결여
- 신체적인 체벌에 대한 허용적인 문화
- 아동을 존중하지 않는 문화적 특성
- 자녀에 대한 소유 의식
- 훈육의 의미가 포함된 체벌이 필요하다고 생각하여 정당화하려는 관념

4) 아동학대의 징후

아동학대는 학대의 유형에 따라 특별한 신체적, 행동적 증상들이 나타나는데 아동학대를 위한 안전교육을 위해서는 아동학대의 징후와 후유증을 면밀히 살펴볼 필요가 있다. 먼저 학대 유형별로 나타나는 신체적, 행동적 징후들을 살펴보면 다음과 같다.

표 12-3 아동학대 유형별 신체적·행동적 징후

구 분		내 용
신체적 학대	신체적 징후	• 사고로 보기 어려운 신체적 상흔 • 비슷한 크기의 반복적인 긁힌 상처 • 담뱃불 자국, 화상 자국 • 물린 자국에 의한 상처 • 단순 타박상 • 다치기 어려운 부위(겨드랑이, 팔뚝 안쪽, 허벅지 안쪽 등)의 상처 • 안구 손상 • 머리카락이 뜯겨나간 상처 • 귀 손상: 고막 천공이나 귓불이 찢긴 상처 등 • 시간 차가 있는 골절이나 상흔 • 여러 부위의 골절 • 복부, 흉부 손상
	행동적 징후	• 어른과의 접촉 회피 • 다른 아동이 울 때 공포스러워 함 • 부모에 대한 두려움 • 집에 가는 것에 대한 두려움 • 위험에 대한 지속적인 경계
정서적 학대	신체적 징후	• 발달장애 • 신체발달 저하
	행동직 징후	• 특정 물건을 계속 빨거나 물어뜯음 • 퇴행, 반사회적 행동 • 히스테리, 강박, 공포, 정신 신경성 반응 • 언어장애 • 수동적이면서도 도전적·공격적 행동 • 극단행동, 과잉행동, 자살시도 • 실수에 대한 과잉반응 • 부모와의 접촉에 대한 두려움 • 자아존중감의 상실 • 감정표현의 부족

구 분		내 용
방임	신체적 징후	• 발달지연 및 성장장애 • 비위생적인 신체상태 • 지속적인 악취 • 예방접종과 의학적 치료 불이행으로 인한 건강 상태 불량
	행동적 징후	• 계절에 맞지 않는 부적절한 옷차림 • 음식물 구걸 • 비행, 도벽, 신경증적이고 파괴적인 행동 • 가정 내 지적 자극의 부족으로 인한 학교생활의 부적응 • 지속적인 피로 • 타인과의 불안정한 애착 • 잦은 결석

출처: 황현주 외(2016).

표 12-4 아동학대의 특징

신체적 학대	• 정서, 행동상의 문제, 학습문제 야기 • 타인을 신뢰하지 못하고 버려질 것에 대한 불안 • 타인과의 관계에서 긴장하거나 공격성을 보임 • 자신의 자녀를 학대할 가능성이 높음 • 성인기에 나타난 특징: 분노와 공격성, 수면장애, 약물중독, 자살 충동, 부정적 자아 개념
정서적 학대	• 낮은 자아존중감, 의존성, 우울증 • 도벽, 거짓말 • 낮은 학업성취 • 타인에 대한 공격성 • 성인기의 문제: 가정폭력, 성인기 정신건강의 문제, 약물중독
방임	• 수동적이며, 사회적으로 위축된 모습 • 사회적 기능, 대인관계, 학업성취 등의 손상 • 영유아기 주양육자와 안정적인 애착관계를 형성하지 못해 이후 발달에 문제 발생 • 학습장애

(5) 아동학대 현황

우리나라의 아동학대 비율은 지난 2004년 이후 10년간 매년 증가하고 있는데 최근 10여 년간 아동학대의 유형별 사례를 살펴보면 신체적, 정신적 학대를 함께 가하는 중복학대의 비율이 급속히 증가하는 것으로 나타나고 있다. 특히 아동학대의 유형 중 중복학대를 제외하면 정서적 학대와 신체적 학대의 비율이 급속히 증가하고 있는 것으로 조사되고 있다(중앙아동보호전문기관).

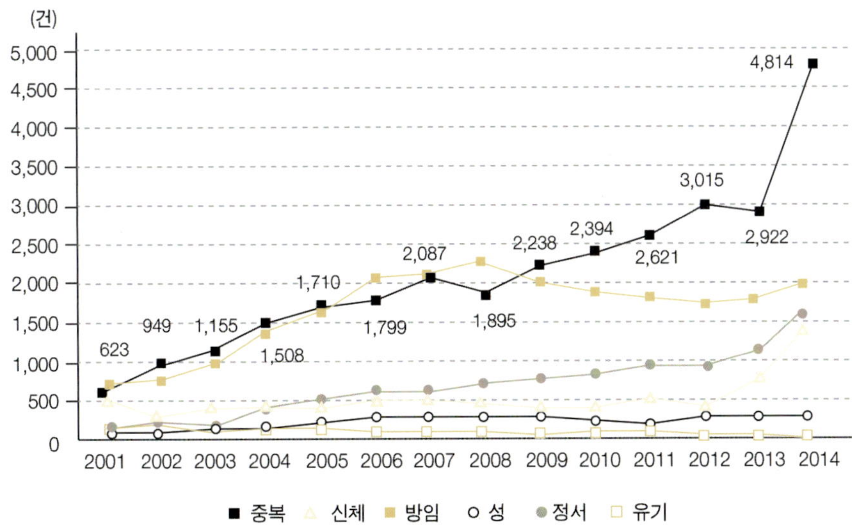

그림 12-2 아동학대의 유형

출처: 중앙아동보호전문기관(http://korea1391.org)

[그림 12−3]을 살펴보면 피해아동의 성별에 따른 특성은 여아가 근소한 차이로 조금 더 많았으며 학대아동을 연령별로 살펴보면 13~15세(23%), 10~12세(21%), 7~9세(18.6%)의 순으로 나타났다. 그러나 전적으로 성인에 의해 양육될 수밖에 없고, 자신을 보호할 수 있는 힘이 부족한 0~6세 영유아의 피해도 약 28% 정도로 나타나 영유아의 학대가 심각함을 알 수 있다.

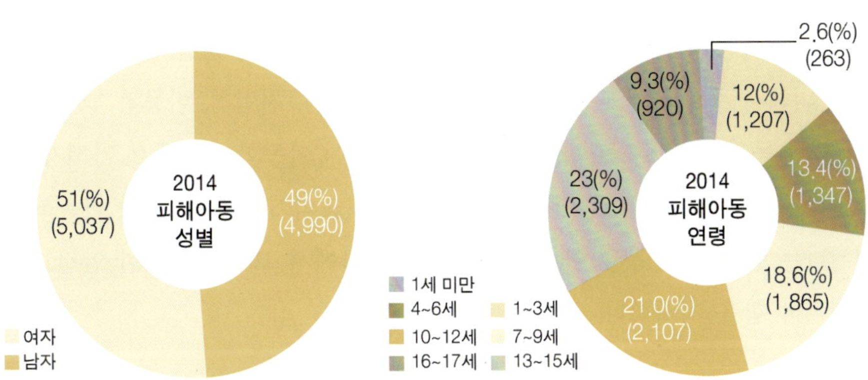

그림 12-3 피해아동의 특성

출처: 중앙아동보호전문기관(http://korea1391.org)

아동학대는 부모에 의한 학대가 82%로 월등히 높았으며, 대리양육자와 친인척에 의해 아동학대가 발생되는 것으로 나타났다. 따라서 아동학대에 대한 부모의 인식과 태도 변화를 위한 교육이 필요하며, 무엇보다 학대로부터 아동을 보호할 수 있도록 안전한 가정환경을 조성하는 것이 요구된다.

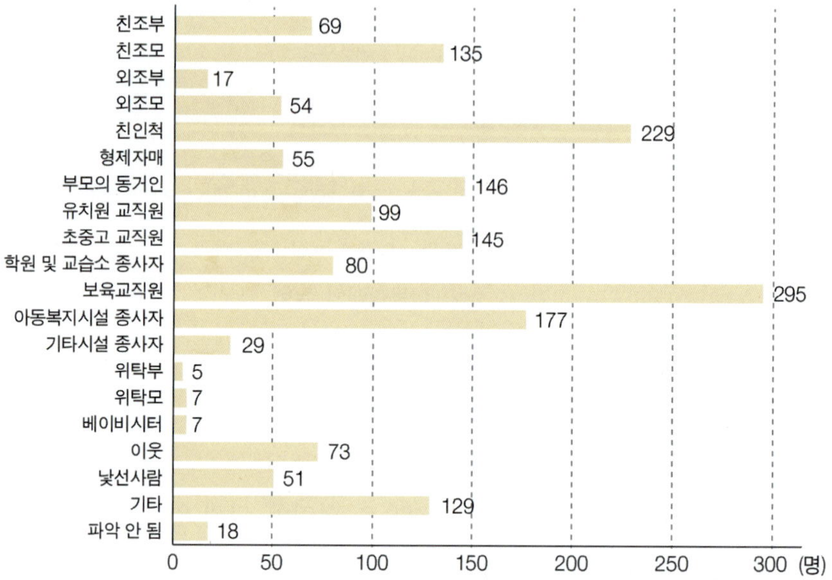

그림 12-4 부모 외 아동학대 가해자

출처: 중앙아동보호전문기관(http://korea1391.org)

부모 이외의 아동학대 가해자는 모르는 사람보다는 함께 생활하며 접촉하는 사람들에 의해서 주로 발생되고 있다. 특히 보육교직원, 친인척, 아동복지시설 종사자, 부모의 동거인 등 아동이 자주 접촉하는 대상이 아동학대의 주요 가해자가 되고 있다. 이는 가정 내, 어린이집(유치원), 학원, 학교의 교사에 의해서 아동학대가 발생된다는 점에서 부모 및 아동을 위한 교육기관에서 교직원에 대한 안전교육이 강화되어야 함을 시사한다.

연습문제

- 바움린드의 부모 양육태도를 애정과 통제의 차원으로 설명해보시오.
- 형제자매가 있는 것의 장단점과 외동의 장단점을 비교해보시오.
- 조부모와 함께했던 기억을 회상하고 조부모가 나에게 준 영향력을 발표해봅시다.
- 한부모가족 양육의 형태가 영유아 정서발달에 미치는 영향을 설명해보시오.
- 아동학대의 원인을 찾아보고 유형에 따른 예방법을 찾아 발표해봅시다.

CHAPTER 13 가족 외적 환경

영유아의 발달에 영향을 미치는 요인으로 가족 내에서의 영향도 중요하지만, 영유아가 성장하여 사회관계가 넓어지면서 접하게 되는 가족 외적 환경도 중요한 영향을 미친다. 영유아는 생의 초기에는 양육자와 직접적인 관계를 맺으면서 애착을 발달시키지만, 이후 또래와 관계를 맺기 시작하고 바람직한 또래관계는 이후의 사회성 발달에 중요한 작용을 하게 된다. 또한 현대사회가 다양화되고 여성의 사회참여가 늘어남으로써 어린 연령부터 보육시설을 이용하는 경우가 늘어나게 되었다. 영유아를 부모가 돌보는 것이 바람직한가, 보육시설에서의 돌봄이 바람직한가에 대한 이슈는 오랫동안 보육계의 논쟁이 되어 왔으나 근래에는 대체적으로 질적으로 우수한 보육시설에서의 보육은 영유아의 발달에 긍정적인 효과를 나타내는 것으로 보고되고 있다. 다음으로 영유아는 어린 시기부터 TV, 컴퓨터, 스마트폰 등의 대중매체를 접하게 되고 성인보다 익숙하게 사용하곤 한다. 영유아를 위한 바람직한 대중매체의 이용에 대해 살펴본다. 양육은 부모의 책임만이 아닌 사회와 국가가 미래사회의 인재를 양성하기 위한 사회의 공동책임이기도 하다. 따라서 영유아의 조화롭고 긍정적인 발달을 위한 지역사회 자원 활용에 대해서도 알아본다.

학습목표

1. 영유아의 사회성 발달에 중요한 영향이 되는 또래 관계의 중요성에 대해 설명할 수 있다.
2. 질적으로 우수한 보육의 필요성과 조건에 대해 설명할 수 있다.
3. 영유아의 올바른 대중매체 이용을 위한 방법을 알고 실천할 수 있다.
4. 영유아의 긍정적 발달을 위한 지역사회 자원을 검색하고 활용할 수 있다.

주요용어

또래관계, 사회도, 보육, 어린이집 평가인증, 대중매체, 지역사회의 육아지원

13 가족 외적 환경

1. 또래 관계와 영유아발달

또래는 서로 공통적인 흥미나 관심을 가지고 있으며, 함께 놀이를 하고 만남을 유지하게 되는 비슷한 연령대의 친구라고 정의하며, 이들이 함께 놀이나 활동을 하는 과정에서 맺는 관계를 또래관계라고 정의한다(이기숙 외, 2015). 따라서 또래 관계는 영유아의 사회성 발달에 부모와의 애착과 더불어 중요한 영향을 미치게 되는 요인이 된다고 할 수 있다.

또래관계는 부모-자녀 관계처럼 수직적인 관계가 아닌 상호 공평한 관계에서 이루어지는 만큼 또래 사이에서 긍정적으로 받아들여지고 또래와 좋은 관계를 유지하는 경험은 영유아기뿐만 아니라 이후의 사회성 발달에도 영향을 주게 되는 중요한 과제라고 할 수 있다.

즉 또래와의 관계에서는 자신의 요구만 주장하거나 일방적인 관심을 받는 것이 아닌 상대방의 요구를 이해하고, 이에 적절하게 반응해야 하는 양방적 관계에 놓이게 된다. 갈등상황 해결하는 과정에서도 상대방의 입장을 이해하는 조망수용능력, 갈등해결 기술, 대인관계 기술 등의 복합적인 능력이 요구된다.

영유아기에 맺는 또래관계는 이후의 동성친구 및 이성친구를 사귀는 것뿐만 아니라 성인이 되어서 인간관계 형성 및 사회성 발달에 영향을 미칠 수 있다는 점에서 영유아기에 바람직한 또래관계를 형성할 수 있도록 부모와 교사의 적절한 지도가 필요하다. 영유아의 또래친구를 사귀는 과정에서의 단계는 다음과 같다(양신희, 2005).

첫째, '친구를 찾는 단계'로 주위를 둘러보고, 함께 놀고 싶은 친구를 쫓아가거나 가까이 있고 싶어 하는 단계이다.

둘째, '친구관계를 맺는 단계'로 놀잇감을 함께 사용하거나 물건이나 음식 등을 나누어 가지는 등 상호교류가 일어나는 단계이다.

셋째, '단짝 친구관계를 맺는 단계'로 특정한 또래와 친밀하고 각별한 관계를 형성하고 많은 시간을 같이 보내는 단계이다.

영유아교육기관에서의 또래관계를 알아보기 위하여 사회성 측정법(sociometry)이 활용된다. 사회성 측정법이란 한 집단 내의 역학관계, 즉 어떤 집단구성원들의 상호작용양상이나 집단의 응집력을 알아보고자 할 때 이용되는 방법으로 한 영유아가 친구들에 의해 어떻게 지각되고 받아들여지는지 집단구성원들 간의 선택과 배척관계를 일목요연하게 평가하는 방법인 사회도(sociogram)와 대상의 선택과 피선택 반응을 이용한 이원표인 사회성 측정 행렬표가 있다(황해익 외, 2014).

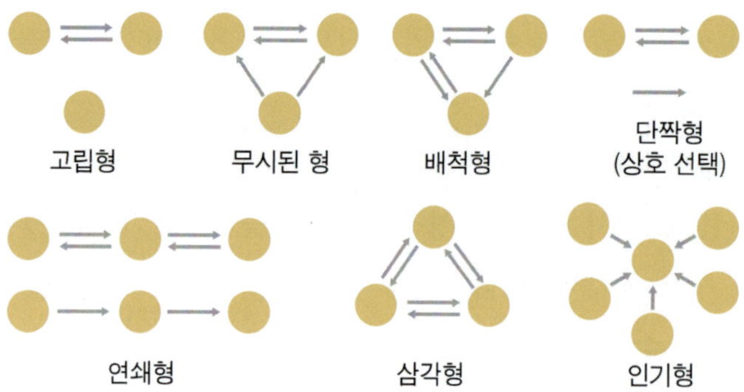

그림 13-1 사회도(sociogram)

출처: 황해익, 최혜진, 정혜영, 권유선(2014). 아동관찰 및 행동연구. 공동체.

선택자 \ 피선택자	은새	민성	대호	하은	선정	건희	희서	선택 수
은새		0	1	0	0	1	0	2
민성	0		1	0	0	1	0	2
대호	0	1		0	0	1	0	2
하은	1	0	0		1	0	0	2
선정		0	0	1		1	0	2
건희	0	1	1	0	0		0	2
희서	0	0	0	0	1	1		2
피선택 수	1	2	3	1	2	5	0	

• 세로줄은 선택한 유아, 가로줄은 선택받은 유아
• 1은 선택한 경우, 0은 선택하지 않은 경우
• 세로줄의 선택자별 합계는 집단에서의 사회적 지위, 수용도, 인기도를 나타냄
• 건희: 5로 인기아
  희서: 0으로 고립되거나 경시되는 경우

그림 13-2 사회성 측정 행렬표

출처: 황해익 외(2014). 아동관찰 및 행동연구. 공동체.

또래관계를 형성하고 또래관계를 유지하는 데 영향을 미치는 요인으로 이기숙 외(2015)는 다음과 같은 요인을 제시하고 있다.

첫째, 영유아의 성이다. 영유아는 성장하면서 자신이 남성인지, 여성인지 알게 되는 성정체감을 획득하면서 부모자녀관계, 또래관계를 통해 자신에게 적합한 성 역할에 대한 모델링을 하게 된다. 이 과정에서 여아는 여아끼리, 남아는 남아끼리 집단을 형성하고 그럼으로써 동성의 또래와 관계를 형성하게 된다.

둘째, 영유아의 놀이경험이다. 영유아는 놀이를 하면서 엄마, 아빠, 미용사, 소방관, 의사, 간호사, 집배원, 경찰관, 우주인, 판매원 등 다양한 역할을 경험하게 된다. 이러한 역할을 순조롭게 수행하기 위해서는 각각의 가상인물들의 역할과 행동 등을 사전에 관찰했거나 또래의 놀이를 보고 모방함으로써 가능하게 된다. 또한 이러한 놀이과정을 통해 영유아들은 상호공평한 관계에서 역할을 정하고, 놀잇감을 나누어 가지고, 규칙을 정하고, 과제를 나누고, 협력하는 과정을 겪게 된다. 즉 또래관계를 통해 상황에 따라 양보나 타협을 해야 하는 경우가 생기게 되고 이러한 경험을 통해 자기중심적 사고나 행동은 줄어들고 사회적 상호작용을 위해 필요한 규범이나 기술을 배우게 된다(Rubin, Bukowski, & Parker, 1998). 또한 또래와 함께 하는 집단놀이나 게임을 통해서 탈중심화, 자율성, 협동심, 공동체 의식 같은 친사회적 행동을 발달시킬 뿐만 아니라 경쟁이나 갈등이 유발되는 상황에서 규칙준수, 상호협의, 공정성 등의 가치를 내면화시켜 도덕성을 발달시키는 데 도움을 준다(이기숙 외, 2015).

셋째, 영유아의 언어능력이다. 또래와의 관계를 맺는 데 있어 친구관계 시작하기, 지속하기, 갈등 협상하기 등의 모든 과정에서 언어능력을 중요한 영향을 미치게 된다. 또한 또래와의 놀이과정에서 또래의 말을 이해하고, 놀이를 지속시키고, 가작화 상황에서 인물과 상황에 맞는 적절한 언어를 구사하여 흥미 있게 놀이를 진행시키는 것은 또래와의 관계를 원활하게 해주고, 또래로 하여금 받아들여지는 요인이 될 수 있다.

넷째, 영유아의 정서조절능력이다. 영유아는 점차 연령이 높아지면서 자신의 정서를 이해하고 적절하게 표현하고 조절하는 방법을 알아가게 된다. 또래와의 관계에서 자신의 정서를 상황에 적절하게 조절하고 표현한다면 또래와 긍정적인 관계를 형성하게 된다. 반면 이러한 과정이 순조롭게 이루어지지 않아 자신의 분노를 여과 없이 표현하고 또래와 적대적인 관계를 형성하게 된다면 긍정적인 또래관계를 형성하는 데 어려움을 가지게 된다.

다섯째, 성인의 지원이다. 부모나 교사는 영유아기에 긍정적인 또래관계를 형성할 수 있도록 적절히 기회와 여건을 마련해 주고 지원해 주어야 한다. 특히 외동아이의 경우 또래관계를 경험할 수 있도록 비슷한 나이의 친구와 함께 놀이할 수 있는 기회를 제공하거나 영유아교육기관의 친구들과 또래관계를 맺을 수 있도록 한다.

2. 보육과 영유아발달

현대사회가 다양화되면서 영유아가 부모의 품을 떠나 장기간 보육기관에 머무르는 시간이 길어지고 있다. 영유아시기에 보육기관에 다녔던 경험의 유무가 영유아의 발달에 어떤 영향을 미치는지에 많은 보육학자들이 관심을 보였다.

그 대표적인 연구로 루빈스타인과 하우즈(Rubinstein & Howes, 1983)는 가정보육 영아와 시설 보육 영아의 발달상의 차이를 비교, 검토하였다. 조사대상 영아는 경제적으로 중산층에 속하는 영아 30명으로 이들의 연령은 생후 17~20개월로 이중 15명은 보육시설에서 나머지 15명은 가정보육이었다. 관찰결과 두 집단 간에 상이한 점보다 유사한 점이 더 많았으나 놀이전개 방법, 놀이수준 면에서는 시설보육을 경험한 영아가 가정보육 영아보다 놀이발달의 수준이 높게 나타났다. 연구대상 영아들이 3세에서 4세가 되었을 때 한 번 더 조사가 이루어졌는데 시설보육을 경험한 유아가 사회적 발달이나 정서적 발달에 문제가 발견되지 않았으며, 실제적으로 언어검사에 있어서 시설보육경험의 유아가 가정보육경험 유아보다 더 우수한 것으로 나타났다. 즉 좋은 환경을 갖춘 보육시설에서 보육을 받는다고 하면 시설에서의 집단 보육이 발달에 미치는 부정적 영향에 대해 염려할 필요가 없다는 것을 나타낸다고 할 수 있다.

표 13-1 2019 어린이집 평가매뉴얼

구분 영역(4)	평가인증제 지표(21)	항목(79)
Ⅰ. 보육과정 및 상호작용 (31 → 18)	1-1. 보육계획 수립 및 실행	4
	1-2. 일과 운영	5
	1-3. 교수-학습방법 및 놀이 지원	6
	1-4. 교사-영유아 상호작용	6
	1-5. 영유아 간 상호작용 시 교사 역할	4
	1-6. 평가	4
	1-7. 일상생활	2
	소계	31
Ⅱ. 보육환경 및 운영관리 (19 → 14)	2-1. 실내 공간 구성	5
	2-2. 실외 공간 구성	3
	2-3. 기관 운영	4
	2-4. 가정 및 지역사회와의 연계	5
	2-5. 어린이집 이용 보장	2
	소계	19
Ⅲ. 건강·안전 (15 → 15)	3-1. 실내외 공간의 청결 및 안전	4
	3-2. 급·간식	3
	3-3. 건강증진을 위한 교육 및 관리	3
	3-4. 등·하원의 안전	2
	3-5. 안전교육 및 사고 대책	3
	소계	15
Ⅳ. 교직원 (14 → 12)	4-1. 원장의 리더십	4
	4-2. 보육교직원의 근무환경	3
	4-3. 보육교직원의 처우와 복지	3
	4-4. 보육교직원의 전문성 제고	4
	소계	14

구분 영역(4)	평가제 지표(18)	항목(59)
Ⅰ. 보육과정 및 상호작용 (31 → 18)	1-1. 영유아 권리 존중 필수	2
	1-2. 보육계획 수립 및 실행	6
	1-3. 놀이 및 활동 지원	3
	1-4. 영유아 간 상호작용 지원	4
	1-5. 보육과정 평가	3
	소계	18
Ⅱ. 보육환경 및 운영관리 (19 → 14)	2-1. 실내 공간 구성 및 운영	4
	2-2. 실외 공간 구성 및 운영	3
	2-3. 기관 운영	4
	2-4. 가정 및 지역사회와의 연계	3
	소계	14
Ⅲ. 건강·안전 (15 → 15)	3-1. 실내외 공간의 청결 및 안전	3
	3-2. 급·간식	3
	3-3. 건강증진을 위한 교육 및 관리	3
	3-4. 등·하원의 안전	3
	3-5. 안전교육과 사고예방	3
	소계	15
Ⅳ. 교직원 (14 → 12)	4-1. 원장의 리더십	3
	4-2. 보육교직원의 근무환경	3
	4-3. 보육교직원의 처우와 복지	3
	4-4. 보육교직원의 전문성 제고	3
	소계	12

* 3-2, 3-4, 3-5 지표 내 필수요소 8개 포함
출처: 보건복지부, 한국보육진흥원(2019). 2019 어린이집 평가매뉴얼 어린이집용. p.12.

따라서 보육과 영유아발달에서 중요한 것은 보육시설의 경험 유무보다는 얼마나 질적으로 우수한 보육시설을 경험하였는가가 중요한 초점이라고 할 수 있다. 관련 연구를 살펴보면, 질적으로 우수한 보육시설의 영유아는 안정성, 협동성, 교사와의 관계, 집중력, 교구의 이용능력, 자립심, 언어표현 능력, 교사의 지시를 이해하는 능력, 사회성 영역에서 적응을 잘하는 것으로 나타났으며(김현주, 1995), 보육시설의 전반적 질적 수준이 높을수록 협력성이 높고 불안정성이 낮은 것으로 나타났다(양연숙, 1995). 위의 연구에서와 같이 영유아의 보육시설 경험 유무가 영유아의 발달에 미치는 영향보다는 보육시설의 질적인 수준이 더욱 중요함을 보여준다고 할 수 있다.

이에 미국의 전국유아교육협회(NAEYC, 1984)는 교사 대 유아의 상호작용, 교사 대 부모의 상호작용, 교사 자격 및 발달, 운영관리, 교사편제, 물리적 환경, 건강과 안정, 영양 및 음식, 교육과정, 평가 등 10개 영역에서 인준기준에 적합한 기관에 전문성을 부여하고 있다(Berk, 2006). 우리나라도 「영유아보육법」에 근거하여 평가인증사업을 실시하고 있다. 평가인증제도란 평가인증을 신청한 어린이집이 평가인증지표를 기준으로 질적 수준을 자체적으로 점검, 개선하도록 한 후, 공정한 평가과정을 수행하여 인증을 부여하는 제도로 어린이집 질적 수준을 보장하기 위한 제도라고 할 수 있다.

보육시설의 질적수준을 결정하는 것은 어린이집 평가인증 기준에서 제시하는 것과 같이 여러 가지 요인이 필요하나 그중 가장 중요한 것은 보육시설에서 근무하는 교사의 질적 수준이라고 할 수 있다. 어린이집에 재원하는 영유아가 늘어나고 입학 연령이 하향화되고, 어린이집에 머무는 시간도 길어지면서 교사는 매우 광범위하고도 중요한 역할을 가지게 되었다. 즉 영유아를 양육하고 보살피는 역할에서부터 전인적 발달을 도모할 수 있는 교육자의 역할을 할 수 있어야 한다.

영유아의 전인적 발달을 위한 교사의 역할을 구체적으로 제시하면 다음과 같다.

첫째, 영유아를 진정으로 사랑하고 존중하여야 한다. 영유아가 장시간 어린이집에 머물게 되면 신체적으로나 심리적으로 피로감을 느낄 때 교사는 부모와 같이 신뢰하고 의존할 수 있어야 한다. 따라서 영유아에게 따뜻하고 허용적인 자세로 보살펴 주어 정서적 안정감과 자신감을 가지고 적극적으로 어린이집에서의 생활을 할 수 있도록 도와주어야 한다.

둘째, 영유아의 발달에 대해 깊이 이해하고 있어야 한다. 교사는 각 연령별로 신체적, 인지적, 정서적, 사회적, 언어적 발달 특성을 이해하여 영유아 행동의 의미를 이해하여 어떤 행동은 격려하고 어떤 행동은 제한해야 하는지 판단할 수 있어야 한다. 또한 영유아의 최적 발달을 돕기 위해 환경구성, 상호작용, 또래와의 상호작용 등을 발달에 대한 지식을 기초로 지원할 수 있어야 한다.

셋째, 영유아의 기질과 특성 등 개인차를 존중해주어야 한다. 영유아는 같은 연령이라고 할지라도 월령에 따라, 혹은 개인의 발달적 특성에 따라 개인차가 나타날 수 있다. 또한 기질에 따라 같은 상황이라고 할지라고 각각의 영유아가 다른 반응을 보이기도 한다. 따라서 교사는 유아의 이러한 개인차와 기질적 특성을 고려하여 적절한 상호작용을 할 수 있어야 한다.

넷째, 놀이를 통해 또래와 적절한 상호작용을 할 수 있도록 돕는다. 영유아들은 놀이를 통해서 다양한 경험을 하고 폭넓은 학습을 하게 된다. 특히 또래와의 놀이를 통해 또래간 갈등을 해결하기도 하고, 도움을 요청하기도 하며, 자신이 가지고 싶은 물건을 친구가 가지고 있을 때 적절히 요청하는 방법을 배우기도 한다. 이때 교사는 영유아가 바람직한 상호작용 기술을 익힐 수 있도록 지도해야 한다. 즉 또래에게 어떻게 부탁을 하는지, 다른 또래가 가지고 있는 놀잇감을 가지고 놀고 싶을 때 어떻게 해야 하는지, 이미 놀이하고 있는 놀이집단에 들어갈 때 어떻게 해야 하는지 등을 모델링 해줄 수 있다.

다섯째, 일상생활을 적절히 지원해준다. 현대의 영유아는 어린이집에 머무는 시간이 길어지면서 일상생활과 관련된 먹고, 자고, 배변하기, 놀이하기, 실외활동 하기 등의 일련의 활동을 어린이집에서 하게 된다. 따라서 교사는 영유아의 일상생활을 영위하는 데 있어서 신체적, 정서적 욕구를 충족시킬 수 있어야 하며 아울러 영유아가 일상생활에서의 자조능력을 기를 수 있도록 기본생활습관에 대한 지도가 이루어져야 한다.

3. 대중매체와 영유아발달

사회가 발전하면서 대부분의 가정에 텔레비전뿐만 아니라 인터넷 보급이 확대되고 더불어 스마트폰 사용이 증가하고 있다. 이러한 대중매체는 생활의 편리함을 더하고 즐거움을 주는 동시에 원하는 정보에 손쉽게 접근할 수 있다는 장점을 가지고 있다. 반면에 오락성이 있고 가정에서 영유아들에게 접근성이 높다는 점에서 무방비로 노출되었을 때 영유아의 정상적 발달을 저해할 수 있다는 점에서 주의를 요한다고 할 수 있다.

1) 텔레비전

영유아기는 오감각을 사용하여 다양한 구체적인 사물을 접하고 성인과 또래와 상호작용하면서 전인적 발달을 이루게 된다. 그러나 영유아는 텔레비전을 시청하면서 놀이나 활동을 멈추고 텔레비전에 빠져들게 된다. 부모의 경우 영유아가 텔레비전을 보면 조용해지기 때문에 양육에서 벗어나기 위한 방법으로 텔레비전을 이용하는 경우도 있다. 또는 영유아가 텔레비전을 시청하면서 집중하는 모습을 보고 긍정적인 몰입이라고 오해하는 경우도 있다. 그러나 이러한 무분별한 텔레비전 시청은 영아기 감각운동기능을 저해할 수 있으며 텔레비전에서의 폭력적인 장면이나 공격적인 장면을 보면서 그 행동을 모방하는 부정적인 결과를 낳게 될 수도 있다. 이기숙 외(2004)의 연구에 의하면 영유아들의 과잉 텔레비전 시청의 경우 뇌세포를 활발하게 형성하지 못하게 하며, 언어발달이 지연되고, 주의가 산만해지는 원인이 될 수 있다고 하였다.

영유아기 바람직한 텔레비전 시청을 지도하기 위한 방법은 다음과 같다(이기숙 외, 2015).

① 텔레비전 시청 시간을 미리 계획한다. 하루에 얼마 동안, 어떤 프로그램을 시청할 것인가를 유아와 합의하여 미리 정해놓는다.

② 지루하거나 심심하다고 텔레비전을 보게 하지 않는다.

③ 텔레비전 시청 여부를 보상이나 벌로 이용하지 않는다. "이것을 다하면 텔레비전을 보여줄게."라고 하거나 "오늘은 밥을 다 먹지 않았기 때문에 텔레비

전을 볼 수 없어."라고 하지 않는다

④ 부모와 유아가 함께 보고 그 프로그램에 대해 추후 이야기를 나누어 본다. 텔레비전 시청 후 기억에 남는 것을 단어로 이야기하는 등 유아의 반응을 통해서 유아의 느낌을 전달받을 수 있도록 한다.

⑤ 부모 스스로 올바른 텔레비전 시청습관을 지니면 좋은 본보기를 보인다. 어린 자녀가 있는 가정은 가능한 자녀가 잠든 후에 텔레비전을 시청한다.

⑥ 부적절한 채널에 대한 제어장치를 마련한다.

⑦ 텔레비전 시청을 대신할 수 있는 대안을 마련한다. 함께 책을 보거나 놀이를 하는 것이 가장 좋은 대안이다.

다음은 텔레비전을 교육적으로 활용할 수 있는 방법 및 대안이다(박찬옥 외, 2007).

① 뉴스: 아이들이 다소 이해하기 어렵고 부정적인 내용도 있지만 어려서부터 시사적인 내용에 관심을 갖고, 가족과 더불어 대화를 나누는 것은 텔레비전의 다양한 기능을 인식하고 세상을 경험하는 기회를 준다.

② 일기예보: 오늘과 내일의 날씨는 어떠한지, 날씨에 맞추어 무엇을 준비하는 것이 좋은지 이야기 나눌 수 있다. 이런 경험을 통해 날씨에 따라서 우리의 행동이나 하루 생활이 달라질 수 있음을 유아 스스로 인식할 뿐 아니라 텔레비전을 통해 전달되는 정보를 생활에 반영하고 적응하는 데 소중한 기초가 될 수 있다.

③ 광고: 광고의 대상, 방법, 기법 등에 대해 간략히 이야기를 나눈 뒤 광고 만들기를 할 수 있다. 글과 그림, 사진 등의 방법으로 광고를 만들어 본다.

④ 자연다큐 프로그램: 다큐 프로그램은 살아 있는 자연 교과서와도 같다. 아이와 함께 보면서 동식물의 생태, 특징, 환경과의 관계 등에 대해 이야기를 나눌 수 있다. 텔레비전에서 본 동식물을 직접 관찰할 수 있는 경험을 주는 것은 매우 효과적이다.

2) 스마트폰

최근 몇 년간 스마트폰이 빠르게 보급되고 있다. 스마트폰의 보유율은 매년 크게 증가하고 있으며 이용 빈도도 증가하고 있다. 대부분의 초등학생이 스마트폰을 보유하고 있으며 스마트폰 보육 연령이 점차로 하향화되어가고 있는 추세이다. 영유아기 부모들이 자녀에게 스마트폰을 구입하여 주지 않는다 할지라고 어린 영유아들은 부모나 언니, 형 등의 스마트폰에 노출되어 있다고 할 수 있다.

스마트폰 바르게 사용하기 위한 약속

부모님께 허락받고 사용해요.
부모님과 함께 사용시간을 정해요.
사용시간이 끝나면 스마트폰을 스스로 꺼요.
스마트폰 더하게 해 달라고 떼쓰지 않아요.
스마트폰에서 아이템을 사지 않아요.
차 안아서 스마트폰을 사용하지 않아요.
스마트폰 사용 후 운동해요.

출처: 한국정보화진흥원 인터넷 중독 대응센터(2015).

TIP '유아스마트폰증후군' 조심... 0~2세 우뇌발달기 악영향

스마트폰 사용률이 높아지면서 부작용도 하나둘 불거지고 있다. 특히 0~2세 아기들의 스마트폰 사용으로 인한 '유아 스마트폰증후군'을 전문가들은 경고한다.

아이들은 0~6세까지 비언어적인 기능(눈짓, 몸짓 등)을 담당하는 우뇌가 먼저 발달하고, 3세부터는 언어적인 기능을 담당하는 좌뇌가 발달하게 된다. 하지만 스마트폰은 우뇌가 발달해야 하는 시기에 좌뇌의 기능을 활성화시켜 우뇌가 발달할 여지를 줄여버린다.

뇌의 불균형은 초기에는 주의가 산만하거나 물건에 집착하는 행동, 또래보다 말이 늦는 등의 증상으로 나타난다. 계속 진행될 경우 주의력결핍 과잉행동장애(ADHD), 틱장애, 발달장애 등으로 이어질 수 있다.

뇌균형운동치료센터에서는 "스마트폰 사용으로 인해 생긴 뇌불균형을 바로 잡기 위해선 뇌에 자극을 줄 수 있는 짐볼 운동 같은 공 운동과 복근·요근을 튼튼하게 하는 근육운동을 하는 것이 좋다"고 조언했다.

김민지 기자(minji@metroseoul.co.kr)
출처: http://www.metroseoul.co.kr/news/newsview?newscd=2012091700003

영유아기 자녀를 둔 부모는 스마트폰이 어린 자녀의 발달에 좋을 수만은 없다는 사실을 알고 있지만 스마트폰을 달라고 조르는 아이들의 성화에 못 이겨서라도 또는 스마트폰을 쥐어주면 자녀들이 조용해지기 때문에 일과 양육에 지친 부모들은 자신의 스마트폰을 잠시 사용하라고 주기도 하고 한다.

부모들도 집에 있는 시간은 스마트폰을 들여다보는 대신 자녀와 신체적 접촉, 정서적 교감, 감각을 통한 직접적 놀이, 자녀와의 대화 등을 하며 시간을 보내도록 하는 것이 바람직하다. 미래창조과학부(2013)에서는 영유아기 스마트폰 예방교육을 실시를 지원하기 위해 유아용 예방교육 보조교구, 교육 콘텐츠 등을 제공하고 있다.

3) 컴퓨터와 인터넷

컴퓨터와 인터넷은 현대인의 필수품이 되었다. 컴퓨터로 다양한 업무를 처리하며 인터넷으로 정보를 검색하고 세상과 소통한다. 영유아 시기에도 유아교육기관의 교실에 컴퓨터가 설치되어 있어 다양한 정보를 검색하고 바람직한 컴퓨터 사용을 지원하기도 한다. 유아기 컴퓨터 사용과 인터넷의 바른 사용과 주의점을 알아보면 다음과 같다.

유아 컴퓨터 교육

- 컴퓨터의 모니터, 본체, 키보드 마우스, 프린터 등 명칭에 대해 알아본다.
- 컴퓨터의 기능, 즉 문서 작성, 그림 그리기, 사진 저장, 음악 듣기, 계산기, 포토샵 등에 대해서도 검색해보고 활동해 본다.
- 컴퓨터 주변 기기 켜고 끄기, 마우스 다루는 방법, CD-Rom 다루는 방법, 기록된 정보가 손상되지 않도록 하기 등의 사용법에 대해 익힌다.

출처: 박찬옥(2007).

인터넷 게임 중독 예방수칙

- 게임은 하루에 1시간 이내로 한다.
- 식사는 거르지 않고 제때 한다.
- 잠은 정해진 시간에 잔다.
- 낮 시간에 30분 이상 햇볕을 쬔다.
- 가족이나 친구와 함께하는 시간을 보낸다.
- 일주일에 2회 이상 운동을 한다.
- 혼자 게임하지 않는다.
- PC방에서 게임을 하다가 음식을 먹지 않는다.
- 컴퓨터 안 켜는 날을 일주일에 2번 이상 정한다.

출처: 주니어네이버(2015).

4. 지역사회와 육아지원

현대사회가 되면서 영유아의 양육은 부모를 넘어서 지역사회, 국가의 책임에 대한 관심으로 높아지고 있다. 우리나라도 한부모가족, 다문화가족, 조손부모 가족 등의 증가로 영유아 양육은 우리 사회 공동체의 책임이 되었다고 할 수 있다.

따라서 지역사회의 인적, 물적 네트워크를 활용해 영유아 육아지원이 도움이 되는 방법을 적극적으로 모색할 필요가 있다. 먼저 조기 퇴직과 고령화로 늘어나고 있으므로 돌봄이 필요한 영유아와 일을 찾는 노인의 요구를 맞추어 이 두 집단을 연결하는 프로그램을 시행할 수 있다. 재능이 있는 어르신을 모집하여 영유아교육의 질적 수준을 향상시키는 프로그램으로 학부모교육 도우미(유치원 하모니) 프로그램은 맞벌이 가정이나 저소득층 자녀 대상 돌봄, 자기주도적 학습지원, 다양한 영역의 학습지도(학습보조, 독서지도, 과제해결, 외국어 학습지도, 학습치료, 학생상담)와 보조교사의 역할을 할 수 있다(김정원, 전선옥, 2016).

최근에는 각 지역의 육아종합지원센터에서 영유아 양육지원을 위한 다양한 정보와 프로그램을 진행하고 있다.

그림 13-3 중앙육아종합지원센터 홈페이지

출처: 중앙육아종합지원센터(http://central.childcare.go.kr/ccef/main.jsp)

육아종합지원센터에서 진행하는 영유아 가정의 부모가 자녀양육에 필요한 다양한 정보를 제공받고 부모로서의 자기역할을 정립할 수 있도록 돕는 클로버 부모교육이 실시되고 있다. 클로버 부모교육이란 다양한 가족 환경의 변화 속에 영유아 가정에 긍정적 부모역할을 증진하고자 보건복지부 연구용역으로 개발된 육아종합지원센터의 공통 부모교육이다. 부모대상 교육은 소중한 나, 멋진 아이, 긍정의 가족, 아름다운 이웃 주제로 구성된 2회차 교육으로 진행되며 부모자녀 체험활동은 긍정의 가족과 아름다운 이웃 주제로 영아대상 12개, 유아대상 20개 총 32개의 활동으로 구성되어 있다.

표 13-2 클로버 부모교육

구분	나	아이	가족	이웃
제목	소중한 나	멋진 아이	긍정의 가족	아름다운 이웃
내용 특성	성격유형검사를 통해 '나'에 대한 강점을 발견하고, 긍정적 가치 향상에 초점	아이의 자아존중감 향상을 위한 대화법, 양육 효능감 향상에 초점	가족 신뢰를 바탕으로 건강한 성장을 위한 교육에 초점	이웃과 함께 하는 리더십 역량강화, 함께 성장하는 자세에 초점

출처: 클로버 부모교육(http://central.childcare.go.kr/lcentral/d1_40000/d1_600061/d1_600062.jsp)

이외에도 어린이집 이용정보(어린이집 이용안내, 어린이집 검색, 입소대기 신청안내), 양육정보(육아상식, 건강발달, 영양정보, 나들이 정보, 시간제 보육안내), 맞춤형 부모교육(클로버 부모교육, 자녀권리존중 부모교육, 가정 내 놀이환경점검 부모교육, 아동학대예방 부모교육, 포괄적 양육정보 안내 부모교육), 맞춤형 양육서비스(온라인 양육상담, 아이사랑플래너 상담, 부모양육태도 척도 및 역할 가이드 개발, 장난감 도서대여 및 놀이실 운영지원), 열린부모참여지원, 부모교육자료실(동영상 자료실) 등을 운영하고 있다.

TIP 우리 동네 보육반장

우리 동네 보육반장이란?

- 우리 동네에는 아이들을 키우는 데 도움을 주는 다양한 육아 자원이 있다.
  [어린이집, 유치원, 병원, 복지관, 상담소, 도서관, 박물관],
  [육아종합지원센터의 부모교육, 영유아 놀이프로그램],
  [보육교사, 보육전문가, 육아도우미, 재능기부자, 자원봉사자] 등
  모두 영유아발달에 중요한 자원들이다.

이러한 육아와 관련된 물적·인적 자원을 서로 연계하고 관리하여 양육자에게 One-Stop으로 육아서비스를 제공하는 사업을 우리 동네 보육반장 사업이라고 한다.

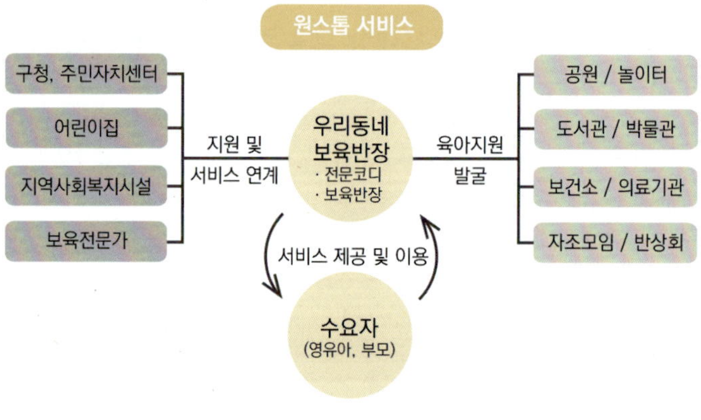

❙ 우리 동네 보육반장의 역할

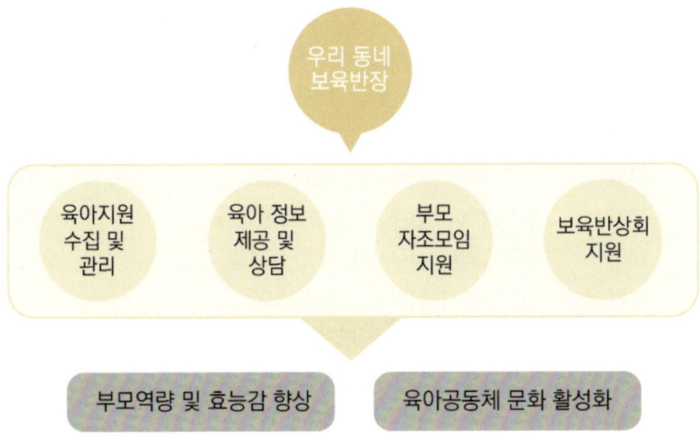

❙ 우리 동네 보육반장 이용안내

전화상담 가능 시간	월~금 오전 9시부터 오후 6시까지
상담 내용	영유아가정을 위한 일반 상담, 출산 가정에 대한 육아정보, 자조모임 관련 정보
이용방법	[전화] 국번없이 120-3번 [인터넷] 서울시보육포털서비스 > 우리동네보육반장 [스마트폰] '엄마와' 앱

출처: https://seoul.childcare.go.kr/lseoul/d2_20000/d2_20007/d2_20040.jsp

TIP 전국 육아종합지원센터

연번	센터명	소재지	개소일
		중앙 및 시·도 센터 19개소	
1	중앙	서울특별시 용산구 청파로 345	1995.06.20
2	서울	서울특별시 중구 서소문로 135	2000.03.23
3	부산	부산광역시 연제구 거제천로 262	1995.03.01
4	대구	대구광역시 서구 달구벌로 371길 30	1997.03.15
5	인천	인천광역시 남동구 소래로 500	1998.01.16
6	광주	광주광역시 서구 상무자유로 73	1998.02.05
7	대전	대전광역시 유성구 월드컵대로 32	1998.03.16
8	울산	울산광역시 동구 바드래1길 61	1997.03.02
9	세종	세종특별자치시 도움 1로 116	2014.11.04
10	경기	경기도 수원시 권선구 호매실로 46-16	2003.11.12
11	경기북부	경기도 의정부시 둔야로 9	2008.02.28
12	강원	강원도 춘천시 성심로 47번 길 35	2003.12.15
13	충북	충청북도 청주시 흥덕구 공단로 87	2003.06.09
14	충남	충청남도 예산군 삽교읍 예학로 10-22	2003.11.25
15	전북	전라북도 전주시 덕진구 들사평로 38	2004.09.17
16	전남	전라남도 무안구 삼향읍 어진누리길 30	2005.01.29
17	경북	경상북도 영천시 금호읍 금호로 360	2005.04.29
18	경남	경상남도 창원시 의창구 창원대학로 20	2004.08.26
19	제주	제주특별자치도 제주시 해안마을북길 13-26	2004.04.29

연습문제

- 영유아 또래관계의 중요성에 대해 설명하시오.
- 질적으로 우수한 보육의 조건을 열거하시오.
- 올바른 스마트폰 이용방법을 제시하시오.
- 영유아의 육아를 지원할 수 있는 지역사회의 자원을 검색해보시오.

참고문헌

곽노의, 김경철, 김유미, 박대근(2011). **영유아발달**. 파주: 양서원.

교육과학기술부(2011). 유치원 기본과정 내실화를 위한 창의성교육 프로그램.

고은영(2009). 유아 듣기 발달 및 듣기교육 연구동향. 건국대학교 대학원 석사학위논문.

김미영(2011). **아동발달**. 파주: 정민사.

김미영(2017). **영유아발달**. 파주: 정민사.

김상림, 양성운, 이윤선, 한준아, 배선영, 김지현(2017). **영유아발달**. 파워북.

김연희, 박경자(2001). 아동이 지각한 사회적 지지 및 귀인 성향과 아동의 자아존중감의 관계. **아동학회지, 21**(4), 243-258.

김유미(2006). 뇌 발달 접근에서 본 유아교육의 방향. **유아교육연구, 26**(6), 31-49.

김은미(1997). 동화만들기 활동경험이 유아의 언어표현력 및 창의성에 미치는 영향. 중앙대학교 교육대학원 석사학위논문.

김은심, 조정숙(2015). **영유아 언어교육의 이론과 실제**. 파주: 정민사.

김정원, 전선옥(2016). **영유아교육기관의 부모교육**. 서울: 창지사.

김태련, 이은화(2005). **우리 아기랑 함께 하는 24개월간의 이야기**. 서울: 세새대육영회.

김태임, 김혜금, 최용득(2012). **아동간호학**. 파주: 정민사.

김태희(2016). 한국 웩슬러 유아지능검사 4판(K-WPPSI-Ⅳ) 수행의 안정성: 단기 종단연구. 울산대학교 대학원 석사학위논문.

김현호, 김기철, 오선영, 정윤희, 최용득(2017). **영유아발달**. 파주: 정민사.

노명완, 이차숙, 조정숙(2002). **유아언어교육**. 서울: 한국방송대학교출판부.

노소영(2002). 유아 창의성 검사도구의 비교분석. 인제대학교 교육대학원 석사학위논문.

도영미(2010). 제왕절개분만 여부에 영향을 미치는 산모 및 태아의 임상적 특성에 관한 연구. 연세대학교 보건대학원 석사학위논문.

문혁준, 김정희, 안선희, 양성은, 임연진, 한세영(2009). **아동발달**. 서울: 창지사.

문혁준, 서소정, 김정희, 김혜연, 김태은, 이종신, 성미영(2015). **아동학개론**. 서울: 창지사.

문혁준, 양성은, 김혜금, 천희영, 권영인, 조한숙 (2012). **가족관계**. 서울: 창지사.

박성연, 도현심(2001). **아동발달**. 서울: 동문사.

박옥선(2008). 무통분만 여부가 산모와 신생아에게 미치는 영향. 경희대학교 행정대학원 석사학위논문.

박찬옥, 구수연, 이옥임 (2010). **영아-교사 상호작용의 이론과 실제**. 파주: 정민사.

박찬옥, 김낙흥, 구수연, 이옥임, 노희연, 이선영(2013). **영유아 프로그램 개발과 평가**. 파주: 정민사.

박찬옥, 조형숙, 김선월(2007). **유아를 위한 전자미디어교육**. 교육인적자원부.

박혜원, 곽금주, 박광배, 1996. K-WPPSI(Korean-Wechsler Preschool and Primary Scale of Intelligence). 서울: 특수교육.

백영숙(2007). 교수-학습과정의 역동적 평가를 통한 유아교사의 창의성 변화 탐구. 중앙대학교 대학원 박사학위논문.

보건복지부, 한국보육진흥원(2019). 2019 어린이집 평가매뉴얼 어린이집용.

서동미, 엄은나, 이혜경, 박성희(2008). **통합적 교과운영의 실제**. 서울: 파란마음.

서동미, 이옥임, 박지선, 조재은(2010). **영아 교육 프로그램 개발 및 평가**. 파주: 정민사.

성현란(2008). 인지발달: 영아기에서 유아기 동안의 지능 안정성: 4년 종단연구. **한국심리학회지: 발달, 21**, 75-87.

손홍숙(2010). **아동발달론**. 고양: 공동체.

신의진(2011). 영유아의 사회 · 정서발달과 두뇌 기반 교육, 두뇌발달 이론에 기초한 영유아교육 방안 모색. 한국영유아교원교육학회 2011년도 춘계학술대회.

양진희(2005). 가족과 또래 관계에 대한 유아의 이해. 한국교원대학교 대학원 박사학위논문.

우은숙(2003). 형제자매 구성 형태에 따른 유아의 정서 지능의 차이. 중앙대학교 교육대학원, 석사학위논문.

원미주(2017). 조부모 대리양육 유아의 사회정서능력에 관한 연구. 덕성여자대학교 교육대학원 석사학위논문.

유영주(1989). **신가족관계학**. 서울: 교문사.

윤경숙(2001). 수중분만 산모군과 통상분만 산모군의 분만 경험 비교. 연세대학교 보건대학원 석사학위논문.

이경화(2002). 4, 5세 유아의 창의적 능력과 창의적 성격. **교육심리연구, 16**(3), 147-160.

이경화, 유승희(2010). 글로벌 리더 프로그램이 유아의 인지 · 창의 · 리더십 향상에 미치는 효과. **교육심리연구, 24**(3), 507-523.

이기숙, 장영희, 이윤경, 정미라, 손순복, 김영아(2015). **유아발달**. 파주: 양서원.

이선경, 하승연(2010). **발달심리**. 서울: 교육아카데미.

이슬아(2015). 베일리 영유아 발달검사 3판 인지척도의 유아기 지능 예측에 대한 단기종단연구. 이화여자대학교 대학원 석사학위논문.

이영, 이미란, 홍희영, 한성희, 민성혜, 박신진, 유영미, 신혜원, 민현숙, 정지나, 문영경(2015). **영아발달**. 서울: 학지사.

이옥임(2011). 영유아의 사회 · 정서발달과 두뇌 기반 교육 실제 토론, 두뇌발달 이론에 기초한 영유아교육 방안 모색. 한국영유아교원교육학회 2011년도 춘계학술대회.

이하영(2016). 글 없는 그림책을 활용한 창작음악극활동이 유아의 창의성과 음악표현능력에 미치는 영향. 중앙대학교 대학원 석사학위논문.

전경원(2005). **유아 종합 창의성 검사 요강**. 서울: 학지사.

정말예, 윤태영, 최중명, 최봉근, 박순영, 류동준(2001). 특수 분만병원의 선택에 관한 연구: 라마즈 분만을 중심으로. **경희의대논문집. 26**(1), 91-102.

정옥분(2002). **아동발달의 이해**. 서울: 학지사.

정옥분(2015). **영아발달**. 서울: 학지사.

정옥분, 정순화, 홍계옥(2005). **결혼과 가족의 이해**. 서울: 시그마프레스.

정진경(1990). 한국 성역할 검사(KSRI). **한국심리학회지: 사회, 5**(1), 82-92.

조복희, 정옥분, 유가효(2002). **인간발달**. 서울: 교문사.

조형숙, 박은주, 강현경, 김태인, 배정호(2015). **유아발달**. 서울: 학지사.

주영희(2001). **유아언어발달과 교육**. 서울: 교문사.

최인수(2011). **창의성의 발견**. 서울: 샘앤파커스.

한국정보화진흥원 인터넷 중독 대응센터(2015). 컴퓨터 건강체조.

홍길회, 한성희(2019). **교사와 부모가 알아야 할 영유아발달**. 파주: 정민사.

홍연림(2000). 형제지위 변인과 형제관계가 아동의 성격 특성에 미치는 영향. 숙명여자대학교 대학원 석사학위논문.

홍정선(2008). 뇌발달 연구모임을 통한 영아반 교사의 전문성 성장 과정. 한국교원대학교 대학원 박사학위논문.

황해익, 최혜진, 정혜영, 권유선(2014). **아동관찰 및 행동연구**. 고양: 공동체.

Ainsworth, M. D. S., & Blehar, M., Waters, F., & Wall, S.(1978). *Patterns of attachment*. Hillsdale, NJ: Erlbaum.

Albrecht, K., Miller, L. G.(2001). *Innovation: Infant & toddler development*. MD: Gryphon House, Inc.

Bandura, A.(1977). *Social learning theory*. Englewood Cliffs, NJ: Prentice-Hall.

Bloom, B. S.(1964). *Stability and change in human characteristics*. New York: Wiley.

Bowlby, J.(1969). *Attachment and Loss*(Vol. 1). NY: Basic Books.

Bullock, M., & Lutkerhaus, P.(1990). Who am I: Self-understanding in toddlers. *Merrill-Palmer Quarterly, 36*, 217-238.

Caspi, A., & Silva, P. A.(1995). Temperamental qualities at age three predict personality traits in young adulthood: Longitudinal evidence from a birth cohort. *Child Development, 66*, 486-498.

Elena Bodrova, Deborah J. Leong(1999). *Tools of Mind: The Vygotskian Approach to Early Childhood Education*. (**정신의 도구: 비고츠키 유아교육**)(김억환, 박은혜 역). 서울: 이화여자대학교 출판부(원본 발간 1996).

Gardner, H.(1983). *Frames of mind: The theory of Multiple Intelligences*. New York: Basic Books.

Golden, M., Montare, A., & Bridger, W.(1977). Verbal control of delay behavior in two-year-old boys as a function of social class. *Child Development, 48*, 1107-1111.

Goleman, D.(1998). *Working with emotional intelligence*. New York: Bantam Doubleday Dell.

Gross, A. L., & Ballif, B.(1991). Children's understanding of emotion from facial expressions and situations: A review. *Developmental Review, 11*, 368-398.

Guilford, J. P.(1967). *The Nature of Human Intelligence*. New York: McGraw Hill.

Hamner, T. J., & Turner, P. H.(2001). *Parenting in contemporary society*(4th ed.). Boston: Allyn & Bacon.

Harlow, H. F., & Zimmerman, R. R.(1959). Affectional responses in the infant monkey. *Science, 130*, 421-432.

Howes, C., & Olenick, M. (1986). Family and childcare influence on toddler's compliance. *Child Development, 57*, 202-216.

Izard. C. E., & Malatesta, C. Z.(1987). *Perspectives o emotional development I*. New York: Wiley.

Katz, J. R. & C. E. Snow(2000). Language development in early childhood. In D. Cryer & Harms(Eds.), *Infants and Toddlers in out of home care*(49-87). Baltimore, MD: Brookes Publishing.

Klinnert, M. D., Campos, J. J., Sorce, J. F., Emde, R., & Svejda, M.(1983). Emotions as behavior regulations: Social referencing in infancy. In R. Plutchik, & H. Kellerman (Eds.)., *Emotional in early development, Vol. 2*. New York: Academic Press.

Kohlberg, L.(1984). *The psychology of maral development: The nature and validity of moral stage, Vol. 2*. New York: Harper & Row.

Lamb, M. E.(1977). The development of mother-infant and father-infant attachments in the second year of life. *Developmental Psychology, 13,* 637-648.

Laura E. Berk(1994). *Infants and Children: Prenatal thought Early Childhood*. Pearson Education.

Laura E. Berk(2007). *Infants and Children: Prenatal thought Middle Childhood, 5E*. Pearson Education. (**아동발달**) (박낭자 외 역). 파주: 정민사(원본 발간 2007).

Luria, A. R. (1982). *Language and cognition*. New York: Wiley.

Maclean, P. D.(1990) *The triune brain in evolution: Role in paleocerebral functions*. New York: Plenum.

Michel, W., Shoda, Y., & Rodriguez, M. L.(1989). Delay of gratification in children. *Science, 244*, 933-938.

Perner, J.(1991). *Understanding the representational mind*. Cambridge, MA: MIT press.

Rubin, K. H., & Bukowski, E.(1982). Social perspective-taking in young children. In S. Moore & C. Cooper(eds.). *The young child*, Washington, D. C. : NAEYC Publications, 1982.

Rubinstein, J. L., & Howes, C.(1983). Social-emotional development of toddler in day care, *Advances in Early Education and Day Care, 3*, 13-45.

Shaffer, D. R.(1993). *Developmental psychology: Theory, research, and applications*. Monterey, Calif.: Brooks/Cole.

Stipek, D. J. & Maclver, D.(1989). Developmental change in children's assessment of intellectual competence. *Child Development, 60*, 531-538.

Sullivan, M. W., & Lewis, M.(2003). Emotional expressions of young infants and children: A practitioner's primer. *Infants and Young Children, 16*(2), 120-142.

Thomas, A., Chess,S., Birch, H. G., Hertzig, M. E., & Korn, S.(1963). *Behavioral individuality in early childhood*. NY: New York University Press.

Thomas, A., & Chess, S.(1977). *Temperament and development*. New York: Brunner/Mazel.

Thomas, A., Chess, S., & Korn, S. J.(1982). The reality of different temperament. *Merill-Parlmer Quarterly, 28*, 1-20.

Thompson, R. A.(1998). Early sociopersonality development. In W. Damon & & N. Eisenberg(Eds.), *Handbook of child psychology*(Vol. 3, 5th ed., 25-104). New York: John Wiley & Sons.

Torrance. E. P.(1979). *The search for satori and creativity. Creativity Education Foundation*. New York: Bafflo.

Walker, H., Messinger, D., Fogel, S., & Kams, J.(1992). Social and communicative development in infancy. In V. B. V. Hasselt & M. Hersen(Eds.), *Handbook of social development: A lifespan perspective*(157-181). New York: Plenum.

Wellman, H. M.(1990). *The child's theory of mind*. Cambridge, MA: Bradford Books.

브리태니커 비주얼사전 인간(2012). (http://www.ikonet.com).

질병관리예방본부 예방접종도우미(https://nip.cdc.go.kr/irgd/index.html)

중앙육아종합지원센터(http://central.childcare.go.kr/lcentral/d1_40000/d1_600061/d1_600062.jsp)

중앙육아종합지원센터(http://central.childcare.go.kr/ccef/main.jsp)

찾아보기

인명

내용

기타

저자약력

황인주

• 이화여자대학교 대학원 유아교육과(문학박사)

• 현재, 부천대학교 아동보육과 교수

신희이

• 가톨릭대학교 대학원 아동가족학과(이학박사)

• 현재, 부천대학교 유아교육과 교수

이옥임

• 중앙대학교 대학원 유아교육학과(문학박사)

• 현재, 부천대학교 아동보육과 교수

영유아발달

1판 1쇄 발행 2020년 9월 1일
1판 2쇄 발행 2024년 2월 15일

저 자 황인주 신희이 이옥임
발 행 인 회장 박철용 · 대표 박세원
발 행 처 정민사
주 소 경기도 파주시 직지길 522 파주출판도시
전 화 031-955-8030
팩 스 031-955-8025
홈 페 이 지 http://www.jmpub.co.kr
이 메 일 yswgroup@naver.com
출 판 등 록 1979년 1월 22일 No. 406-2004-000130호

I S B N 978-89-5809-850-8
정 가 22,000원